Franz Filser

Die kriminalitätsvermindernde Perspektive der Menschheitswerte

Progressive Kriminalsoziologie

Centaurus Verlag & Media UG 1996

Die Deutsche Bibliothek – CIP-Einheitsaufnahme

Filser, Franz:
Die kriminalitätsvermindernde Perspektive der Menschheitswerte :
Progressive Kriminalsoziologie / Franz Filser. –
Pfaffenweiler : Centaurus Verl.-Ges., 1996
(Schriftenreihe der Pädagogischen Hochschule Freiburg ; 9)
ISBN 978-3-8255-0100-6   ISBN 978-3-86226-367-7 (eBook)
DOI 10.1007/978-3-86226-367-7
NE: Pädagogische Hochschule <Freiburg, Breisgau>:
    Schriftenreihe der Pädagogischen ...

ISSN 0177-2805

Gestaltung: Michael Klant, Dietrich Lensch
Satz: Margot Dannenfeld

Schriftenreihe der Pädagogischen Hochschule Freiburg
Band 9
Herausgegeben vom Rektor

Arnold Bergstraesser und Alfred Weber gewidmet

Franz Filser · Die kriminalitätsvermindernde Perspektive der Menschheitswerte

Inhalt

Vorwort

Der Verfasser untersucht seit längerem die hohe Kriminalitätsbelastung Freiburgs. Das generelle Ergebnis dieser Untersuchungen ist, daß die spezifisch lokalen Bedingungen von allgemeinen Verhältnissen verursacht sind, die sich lokal und regional unterschiedlich durchsetzen. Zu einem solchen Ergebnis kam bereits auch die vergleichende Betrachtung des Weltkriminalitätsproblems von Freda Adler „Nations not obsessed with Crime".[1] Adlers Werk ist in Zusammenarbeit mit der Abteilung für Kriminalitätsverhütung bei den Vereinten Nationen entstanden. Es ist erschienen als 50. Publikation des Projektes für vergleichende Strafrechtsforschung der Wayne State University Detroit. In einem Vorwort erklärt Thorsten Sellin (University of Pennsylvania): Es gibt Nationen in der Welt, die niedrigere Kriminalitätsraten aufweisen. Freda Adler habe entdeckt, daß „soziale Solidarität" der Grundzug von Gesellschaften mit niedrigeren Kriminalitätsraten sei. - Doch wie entsteht sie? Darüber erfahren wir von Adler nichts. An diesem Punkt setzten wir geschichts- und kultursoziologische Forschungen an. Wir gelangten zu folgender These: Die Kriminalitätsraten verschiedener Zeiten und der einzelnen Länder korrelieren mit der ethischen Progression aus der Achsenzeit[2] und später, den Menschheitswerten. Soll also Kriminalität vermindert werden, so ist die gesellschaftlich-historische Entwicklung an der ethischen Progression zu orientieren. Eine Kriminalsoziologie, die diesem Ziel dient, nennen wir progressiv. Unsere Studie arbeitet Hinweise auf geistige Quellen einer progressiven Kriminalsoziologie heraus und will auf diese Weise der Kriminalpolitik und Gesellschaftspolitik eine kriminalitätsvermindernde Perspektive erschließen, die auch das lokale und regionale Schicksal zum Besseren wenden kann.[3]

Die deutschsprachigen und übersetzten Quellen sollen möglichst viel selbst zu Wort kommen, so daß Begriffe, Kategorien und Thesen überprüfbar werden. Chinesische Termini und Namen werden im Eigentext des Verfassers ausschließlich in Pinyin wiedergegeben, russischsprachige nach den Transkriptionsrichtlinien der deutschsprachigen Bibliotheken.[4] Übersetzte französisch- und russischsprachige Quellen sind auch im Original nachgewiesen; fast alle Originale waren beschaffbar.

Anmerkungen

[1] Adler 1983.

[2] Siehe Jaspers 1957, S.14ff.: Die Achsenzeit.

[3] Die Arbeit ist eine Fortsetzung von Filser 1983 (UTB 1217).

[4] Abweichend: ë und э = e.

11

A. Einleitung

Wir weisen das Kriminalitätsproblem, von dem die Bundesrepublik Deutschland betroffen ist, als Weltproblem auf. Wie sich dabei zeigt, sind die Länder recht unterschiedlich belastet. Unsere Feststellungen münden in die These, daß exzessive Kriminalität aus dem historischen Bruch seit 1500 und 1750 zu erklären ist.

1. Das Kriminalitätsproblem - ein Weltproblem

Die Kriminalitätsforschung zeigt, daß - ausgehend von Großbritannien (19. Jh.) und den USA (20. Jh.) - eine exzessive Kriminalitätsbelastung zum Weltproblem geworden ist. Allerdings sind die einzelnen Länder und Kulturen, gerade auch die hochindustrialisierten Gebiete, unterschiedlich belastet. Dies ist nach unserer These wesentlich auf die unterschiedliche Wirksamkeit von weltkulturellen[1] Werten, von Menschheitswerten, zurückzuführen. Da die Durchsetzung von Werten von außerethischen gesellschaftlichen Bedingungen abhängt, gibt es eine Korrelation zwischen exzessiver Kriminalität bzw. gemäßigter Kriminalität und der Wirksamkeit von Menschheitswerten. Wo eine der Ausformungen weltkultureller Ethik noch oder wieder erheblich wirksam ist, expandiert die Kriminalität weniger stark, wo die Wirksamkeit herabgesetzt ist, dagegen erheblich und im Extremfalle exzessiv. Extremfall herabgesetzter Wirksamkeit von Menschheitswerten ist der historische Bruch und dessen Folgen (siehe A.3.). Für die Soziologie folgert daraus: Bisher vorliegende soziologische Kriminalitätstheorie ist daraufhin zu überprüfen, ob sie sich von elementaren Menschheitswerten leiten läßt. Vertritt sie einen Standpunkt, der den Menschheitswerten hart zuwiderläuft, ist sie als wissenschaftliche Niete und als gesellschaftspolitisch reaktionär (hinter die ethische Progression zurückfallend) zu verwerfen. Im anderen Fall ist sie zu fördern, damit sie Grundlage einer kriminalitätsvermindernden Gesellschaftspolitik wird.

2. Unterschiede des Kriminalitätsproblems in einzelnen Ländern

Die Kriminalitätsraten in einzelnen Zeiten und einzelnen Ländern sind unterschiedlich.[2] Am höchsten ist seit einiger Zeit die Belastung der USA. In den wenigen Jahrzehnten des Bestehens der Bundesrepublik Deutschland ist eine Vervielfachung zu verzeichnen. Massenhafte Drogenkriminalität, Handtaschenraub am hellen Tage als Massenerscheinung und manches andere ist hier ganz neu.[3] Es gibt in der Gegenwart hochindustrialisierte Länder mit hohen und solche mit relativ niedrigen Kriminalitätsraten.[4] Das höchstindustrialisierte Land, Japan, weist eine verhältnismäßig niedrige Kriminalitätsrate auf.[5] Andererseits gibt es ärmere Länder wie die südamerikanischen mit sehr hohen Kriminalitätsraten und arme Länder mit relativ niedrigen Kriminalitätsraten.[6] Aufschlußreich ist der Vergleich mit der Entwicklung seit dem Zweiten Weltkrieg in der Südbaden benachbarten Schweiz.

2.1 BR Deutschland
Das Bundesinnenministerium stellte 1989 fest: „Rasanter Wertewandel": Bedrohliche Entwicklung der Kriminalität.[7]

Kurze Übersichten aus den Polizeilichen Kriminalstatistiken 1993 und 1994.[8] 1993 wurden in der Bundesrepublik Deutschland 6,8 Millionen Straftaten regi-

striert. Es wurden 100.984 Taschendiebstähle gezählt. Die Zahl der Wohnungs-
einbrüche betrug 227.090. Es wurden 120.015 Kraftfahrzeuge gestohlen. Opfer
eines Delikts der Gewaltkriminalität wurden 148.705 Personen. Mehr als die
Hälfte dieser Fälle sind gefährliche und schwere Körperverletzungen. Es wurden
122.240 Fälle von Rauschgiftkriminalität erfaßt, davon 1.160 in den neuen
Bundesländern.[9] Gegenüber 1993 ist 1994 die Zahl der ermittelten Straftaten um
3,2% zurückgegangen. Nach Feststellungen des Bundeskriminalamtes hat sich
die organisierte Kriminalität einschließlich der Erpressung von Schutzgeldern
inzwischen in der Bundesrepublik Deutschland etabliert.

Kriminalitätsverteilung nach Ländern 1994

Land	Einwohner (01.01.94)	erfaßte Fälle	Häufig- keitszahl 1994[1]
Baden-Württemberg	10 234 026	583 476	5 701
Bayern	11 863 313	681 143	5 742
Berlin	3 475 392	550 843	15 850
Brandenburg	2 537 661	328 499	12 945
Bremen	683 096	101 221	14 818
Hamburg	1 702 887	260 416	15 293
Hessen	5 967 305	472 537	7 919
Mecklenburg-Vorpommern	1 843 455	218 899	11 874
Niedersachsen	7 648 004	588 017	7 689
Nordrhein-Westfalen	17 759 300	1 331 219	7 496
Rheinland-Pfalz	3 925 863	244 949	6 239
Saarland	1 084 522	63 306	5 837
Sachsen	4 607 660	386 106	8 380
Sachsen-Anhalt	2 777 935	301 297	10 846
Schleswig-Holstein	2 694 875	261 536	9 705
Thüringen	2 532 799	164 284	6 486
Bundesgebiet insgesamt	81 338 093	6 537 748	8 038
alte Länder mit Gesamt-Berlin	67 038 583	5 138 663	7 665
neue Länder	14 299 510	1 399 085	9 784

[1] pro 100.000 Einwohner

Geschlechtsverteilung der Tatverdächtigen bei den einzelnen Straftaten(gruppen) 1993

Straftaten(gruppen)	Tatverdächtige				
	insgesamt 100%	männlich Anzahl	in %	weiblich Anzahl	in %
Mord u. Totschlag	4 294	3 888	90,5	406	9,5
Vergewaltigung	4 668	4 628	99,1	40	0,9
Raub, räuberische Erpressung und räuberischer Angriff auf Kraftfahrer	33 077	30 520	92,3	2 557	7,7
Gefährliche und schwere Körperverletzung	91 597	81 372	88,8	10 225	11,2
(Vorsätzliche leichte) Körperverletzung	158 381	139 272	87,9	19 109	12,1
Straftaten gegen die persönliche Freiheit	88 396	80 491	91,1	7 905	8,9
Diebstahl ohne erschwerende Umstände	697 983	472 645	67,7	225 338	32,3
Diebstahl unter erschwerenden Umständen	176 708	164 803	93,3	11 905	6,7
Betrug	294 013	226 053	76,9	67 960	23,1
Veruntreuungen	12 966	10 355	79,9	2 611	20,1
Unterschlagung	45 020	36 543	81,2	8 477	18,8
Urkundenfälschung	72 396	62 243	86,0	10 153	14,0
Widerstand gegen die Staatsgewalt und Straftaten gegen die öffentliche Ordnung	97 487	84 018	86,2	13 469	13,8
Begünstigung, Strafvereitelung und Hehlerei	27 396	23 591	86,1	3 805	13,9
Brandstiftung	11 099	9 220	83,1	1 879	16,9
Straftaten im Amt	3 686	3 302	89,6	384	10,4
Verletzung der Unterhaltspflicht	13 785	13 308	96,5	477	3,5
Beleidigung	85 589	66 934	78,2	18 655	21,8
Sachbeschädigung	129 944	118 153	90,9	11 791	9,1
Straftaten gegen die Umwelt (StGB)	19 711	18 170	92,2	1 541	7,8
Straftaten gegen strafrechtliche Nebengesetze auf dem Wirtschaftssektor	20 166	17 230	85,4	2 936	14,6
Straftaten gegen § 92 AuslG und das AsylverfG	202 255	169 999	84,1	32 256	15,9
Straftaten gegen das WaffG u. gegen das KriegswaffenkontrollG	21 996	21 109	96,0	887	4,0
Rauschgiftdelikte	95 190	82 316	86,5	12 874	13,5
Straftaten insgesamt	2 051 775	1 612 359	78,6	439 416	21,4

17

Tatverdächtigenanteile Nichtdeutscher 1994

	Tatverdächtige insgesamt	davon: Nichtdeutsche Anzahl	davon: Nichtdeutsche in %	Nichtdeutsche[1] in %
Baden-Württemberg	205 943	79 416	38,6	31,5
Bayern	295 886	116 463	39,4	27,0
Berlin	153 649	51 318	33,4	27,4
Brandenburg	106 549	34 105	32,0	18,9
Bremen	26 001	7 515	28,9	27,0
Hamburg	64 358	23 434	36,4	32,7
Hessen	143 750	56 910	39,6	33,8
Mecklenburg-Vorpommern	56 095	8 023	14,3	7,1
Niedersachsen	175 568	43 297	24,7	19,6
Nordrhein-Westfalen	386 010	106 682	27,6	25,2
Rheinland-Pfalz	90 211	23 721	26,3	20,8
Saarland	23 975	5 521	23,0	18,4
Sachsen	100 358	23 294	23,2	10,1
Sachsen-Anhalt	81 774	11 359	13,9	8,9
Schleswig-Holstein	72 528	17 071	23,5	16,0
Thüringen	55 074	4 859	8,8	6,5
Bundesgebiet insgesamt	2 037 729	612 988	30,1	23,3
alte Länder mit Gesamt-Berlin	1 637 879	531 348	32,4	26,6
neue Länder	399 850	81 640	20,4	11,0

[1] ohne Straftaten gegen Ausländergesetz und Asylverfahrensgesetz

Großgewerblich verübte Kriminalität ist in der Bundesrepublik Deutschland vornehmlich ein Einwanderungsprodukt. 58% der Delikte organisierter Kriminalität (Rauschgifthandel, Fälschungskriminalität, Nachtleben, Schleusungen, Waffenhandel usw.) entfielen 1994 auf ausländische Staatsangehörige. In zahlreichen Verfahren wurden Verbindungen zur italienischen Mafia und Camorra festgestellt. Die großgewerbliche Kriminalität ist charakterisiert durch Einschüchterung und Gewaltanwendung. Sie reichen von der offenkundigen oder verschlüsselten Androhung über Quälerei bis zum Mord. Tätliche Angriffe und Körperverletzungen, Warnschüsse, Wohnungsaufbrüche, Brandlegungen, Sprengstoffanschläge und die Bedrohung und Drangsalierung von Angehörigen sind festzustellen. (Siehe Bundeskriminalamt: Lagebild Organisierte Kriminalität

Bundesrepublik Deutschland 1994, Wiesbaden 1995)

Seit dem Jahre 1955 haben die Zahlen der polizeilich bekanntgewordenen Delikte in der Bundesrepublik jährlich - von einigen unbeachtlichen Ausnahmen abgesehen - zugenommen. Im Jahre 1955 betrug die Häufigkeitszahl 3.018, im Jahr 1990 7.108. Die Häufigkeitszahl der Gewaltkriminalität belief sich im Jahre 1955 auf 69, im Jahre 1990 auf 175. Im selben Zeitraum ist die Gesamtaufklärungsquote von 72,6% auf 47% und die Aufklärungsquote der Gewaltkriminalität von 84,9% auf 69,9% gesunken.

Aus einem Vergleich der Entwicklung der angezeigten Kriminalität in verschiedenen Industrieländern zwischen 1979 und 1989 folgt, daß es Länder mit einem noch steileren Anstieg (z.b. USA), aber auch Länder mit einer wesentlich flacheren Expansion (z.b. Japan) als die Bundesrepublik Deutschland gibt.[10]

2.2 USA
Im 19. Jahrhundert war ,,die britische Nation ... die verbrecherischste der Welt geworden".[11] Im 20. Jahrhundert sind die USA an der Spitze der kriminalitätsbelasteten Länder. Viele andere Länder werden von dort aus in größerem oder geringerem Maße beeinflußt. Für Westeuropa stellte Jean Pinatel schon 1971 fest: ,,... die Kriminalität in Europa ist in Bewegung und tendiert dahin, sich nach der Kriminalität in den USA zu richten."[12] Ebenso weist Günther Kaiser später hin auf die inzwischen ,,triviale Erfahrung, daß uns in der Kriminalitätsentwicklung 'Amerika' stets um einige Zeit voraus ist, so daß aus dem dortigen Zustand der Gegenwart wiederum Schlüsse auf die künftige Entwicklung in Europa möglich werden".[13]

2.3 Japan
Günther Kaiser stellt fest, der ,,Zuwachs der allgemeinen Kriminalität ist zu einer durchgängigen Erscheinung in den westlichen Gesellschaften geworden".[14] Indes: Die erheblichen Unterschiede zwischen Japan und der Bundesrepublik Deutschland zeigen, ,,daß die Tatsache der Industrialisierung und Urbanisierung allein noch keine bestimmte Verbrechensrate determiniert ...".[15] Ähnlich Hans Joachim Schneider: ,,Wie alle modernen Industriestaaten hat auch Japan durchaus ein Kriminalitätsproblem ... Dieses Problem ist aber bei weitem nicht so schwerwiegend wie in den kapitalistischen Industrieländern Nordamerikas und Westeuropas."[16] Japan sei ein Beispiel dafür, daß Industrialisierung, Verstädterung und Mobilisierung Kriminalität hervorrufen können, daß sie sie aber nicht automatisch und notwendigerweise verursachen müssen.[17] Nach Interpol betrug 1990 die Kriminalitätsziffer auf 100.000 Einwohner in der Bundesrepublik Deutschland 7.108, in Japan 1.396.

2.4 Volksrepublik China
Gravierend in der Volksrepublik China sind die altüberkommene Korruption[18] und die neuentstandene Jugendkriminalität.

Auf einem von der Chinesischen Forschungsgesellschaft für Jugendkriminalität veranstalteten Symposion, das 1987 stattfand, wurde berichtet, daß die Zahl der Straftaten von Jugendlichen seit 1982 stark zugenommen habe. Raubüberfälle von Jugendlichen habe es 1986 im Vergleich zu 1985 80v.H. mehr gegeben, Morde 20v.H., Vergewaltigungen 10v.H. Die bürgerliche Lebensweise übe einen negativen Einfluß auf die Jugendlichen aus.[19] Als Ergebnis der Forschung legte der Neue Stern Verlag 1991 eine Übersicht ,,Juvenil Delinquency" vor.[20] Darin werden die Angaben für Kinder, jugendliche Heranwachsende und junge Erwachsene zusammengefaßt.[21] Nach 1949 sei die Rate der Jugendkriminalität sehr niedrig gewesen, noch unter der sehr niedrigen allgemeinen Kriminalitätsrate. 1983 dann aber habe der Anteil der Jugendkriminalität bis zu 80v.H. der empfindlich erhöhten allgemeinen Kriminalität betragen. Während die Gesamtkriminalität seitdem wieder etwas zurückging, ist die Jugendkriminalität weiter angestiegen.[22] Dabei sind die Delinquenten jünger als es früher der Fall war, es werden mehr Taten als früher in Gruppen begangen, und die kriminellen Handlungen sind gewalttätiger als früher.[23] Als Ursachen für diese Sachverhalte werden genannt: Viele Jugendliche würden geblendet vom Leben in kapitalistischen Ländern, von dorther flössen geistige Narkotika ein; es gebe zu wenig Arbeitsplätze für die jedes Jahr um 17 Millionen zunehmende Bevölkerung; die Zahl der Scheidungen und die Zahl der unvollständigen Familien habe zugenommen.[24]

,,Warum laufen Jugendliche von zu Hause fort?" lautet der Titel eines Artikels der Beijing-Rundschau vom 28.9.1993. Beispiele: Am 22. April 1993 verschwanden sechs 14jährige Mädchen aus ihren Shenyanger Familien. Wang Liyan, eine der sechs Vermißten, hinterließ ihrer Mutter einen Brief. Sie schrieb: ,,Ich verlasse Shenyang, um mich anderswo aus eigener Kraft hochzuarbeiten." An Lihong schrieb, daß sie ,,eines Tages etwas Besonderes zustande bringen" werde. Eine Woche vor ihrem Davonlaufen blieben die sechs Mädchen nach Schulschluß in ihrem Klassenzimmer, tranken Bier, gelobten sich ,,schwesterliche Treue" und weinten bitterlich. Die Lehrer, die davon erfuhren, kümmerten sich nicht um den Vorfall. In Shanghai wagte eine Schülerin nicht, ihrem Vater ihr Zeugnis zu zeigen, weil sie die von ihm erwarteten Zensuren nicht erreicht hatte. Sie verließ daher ihr Zuhause und schrieb eine Notiz, in der es heißt: ,,Vati, ich habe das Zeugnis erhalten und es versteckt. Ich habe Dich enttäuscht und betrogen. Auf Wiedersehen." Jungen aus Shanghai bestahlen ihre Familien und fuhren nach Wuxi, um dort Geschäfte zu machen. Sie hinterließen ihren Eltern ein Zettelchen. Darin hieß es, daß sie ihnen die Dankesschuld zurückzahlen wollten, sobald sie ,,reich geworden" seien.[25] Auf sich selbst gestellt und in Not, verüben solche Kinder und Jugendlichen schließlich Straftaten.

Mit der Öffnungspolitik Deng Xiaopings drangen seit den 80er Jahren wieder Drogen in China ein. Kommentar der Beijing-Rundschau 1992: Als das Neue China in den 50er Jahren den Drogenkonsum, der in den letzten hundert Jahren in China gewuchert hatte,[26] beseitigte, genoß China in der Welt das Ansehen als ,,rauschgiftfreies Land". Jedoch lebte die Drogenproblematik in China Anfang der 80er Jahre wieder auf. Das in China verkaufte Rauschgift stammte haupt-sächlich aus dem Ausland. Südlich von China befindet sich das sogenannte goldene Dreieck, das größte Anbaugebiet von Mohn und der größte Produzent von Heroin in der Welt. 1991 haben die chinesischen Behörden 829 ausländische Rauschgifthändler festgenommen, darunter 605 aus Myanmar und 107 aus Vietnam. Insgesamt 86 Rauschgifttäter wurden 1991 zum Tode oder zu lebens-länglichem Zuchthaus verurteilt.[27] Prostitution: ,,China daily" zufolge stieg die Zahl der Fälle von Prostitution im 1. Halbjahr 1992 im Vergleich zum Vorjahr um 32,4v.H. auf 131.000 Fälle. Nach Angaben eines Vertreters des Ministeriums für Öffentliche Sicherheit ist eine der entscheidenden Ursachen für den Anstieg die Tätigkeit von kriminellen Vereinigungen. Außerdem: ,,Some hotels turn a blind eye to the practice on their premises, while sex-related activities employed by some dance halls, bars and beauty parlors to lure more customers also contribute to rampant prostitution ..."[28] Qiao Shi vom Ständigen Komitee des Politbüros rief die lokalen Behörden auf, kriminelle Vereinigungen, die in Drogenhandel, Prostitution, Schmuggel, Glücksspiel und Pornographie invol-viert sind, energisch zu bekämpfen. Hotels, vermietete Räume und Arbeitsmarkt müßten sorglicher verwaltet werden.[29]

2.5 Rußland und SNG (GUS)

Die Lage in den Staaten der SNG (Sodružestvo Nezavisimych Gosudarstv) ist schwierig zu beurteilen. Die Kräfte, die eine Änderung erstreben, weisen darauf hin, daß u.a. das in der Verfassung verbriefte Recht auf Leben und körperliche Unversehrtheit unter den gegenwärtigen Bedingungen gefährdet sei. Als Bei-spiel ein Auszug aus einem Kommentar der ,,Pravda" vom 18.10.1994 zur Ermordung eines Journalisten, der sich gegen Korruption und organisiertes Verbrechen engagierte: ,,Dmitrij Cholodov schrieb gegen die Korruption und das organisierte Verbrechen. Der Anschlag auf ihn ist ein Anschlag auf die deklarierten Freiheiten und die Grundlagen der Verfassungsordnung - dies ist heute unsere Realität."[30] Auch Präsident El'cin (= Jelzin) hat die Kriminalität 1995 als Bedrohung der nationalen Sicherheit gewertet.

2.6 Die Schweiz

1978 kam eine Untersuchung vor Ort durch den US-Amerikaner Marshall B. Clinard zu dem Ergebnis, daß die Kriminalität in der Schweiz wesentlich niedriger ist als z.B in der Bundesrepublik Deutschland oder gar in Schweden und in den USA. Der Umfang der Kriminalität in der Schweiz stelle eine Ausnahme dar von der allgemeinen Erscheinung einer Korrelation zwischen dem Kriminalitätsproblem und hohem Grad von Verstädterung und Wohlhabenheit. Schweizer treffen daher wenig Vorkehrungen gegen Raub, und sie lassen oft Gegenstände unbeaufsichtigt. Sie bewahren große Bargeldbeträge zu Hause auf. Beim Abheben von Geld sehen sie sich kaum vor, stellt Clinard fest. Im Unterschied zur gewöhnlichen Kriminalität bemerkt der Autor jedoch eine stärkere Kriminalitätsbelastung auf dem Gebiet der Wirtschaft und Finanz. Diese Kriminalität werde u.a. begünstigt vom schweizerischen Bankgeheimnis und davon, daß die Verfolgungsorgane der einzelnen Kantone den komplexen Wirtschaftstransaktionen nicht gewachsen seien. Bei sonst niedriger Jugendkriminalität gebe es eine beträchtliche Drogenszene.[31]

Auch nach Freda Adler ist die Kriminalitätsrate in der Schweiz niedrig.[32] Doch habe die mit einer jugendlichen Gegenkultur und Drogen verbundene Kriminalität seit einiger Zeit auch die Schweiz erreicht. Ebenfalls zeige die Wirtschaftskriminalität steigende Tendenz. Bei der Schweiz handle es sich um eine der „führenden" Industrienationen in der Welt. Damit korreliert die Autorin einen der höchsten Lebensstandards, der in der Welt anzutreffen sei. Weiter: Die Inflationsrate ist gering, es besteht praktisch Vollbeschäftigung. Die Gesellschaft bestehe aus ziemlich gleichen Individuen, daher seien die sozialen Spannungen zwischen den Klassen gering. (Diese Bemerkung ist allerdings ein Widerspruch in sich!) Das Land ist auf direkte Demokratie und auf Föderation gegründet. Basis sind die 3.000 Gemeinden und die 26 Kantone. 60v.H. der Bevölkerung leben in dem Kanton, in dem sie geboren wurden und aufgewachsen sind. Auch wenn die Menschen in benachbarten Städten arbeiten, bleiben sie in ihren Heimatorten wohnen. Die Schweiz ist eine hochkonservative Gesellschaft, die hochmodern, aber wenig ver(groß)städtert ist. Strenge Familiendisziplin, vergleichsweise weniger wackeliger Lebensstil der Jugendlichen und weniger permissives Schulsystem, gute Beziehungen zwischen den Generationen, sind von der Autorin hervorgehobene Merkmale im familiären und schulischen Bereich. Außerhäuslich erwerbstätige Mütter würden immer noch nicht gern gesehen. Unter allen „westlichen" Ländern habe die Schweiz den geringsten Anteil verheirateter erwerbstätiger Frauen. Andererseits sei das System der sozialen Sicherung schwach ausgebaut, erst seit 1976 gebe es eine obligatorische Arbeitslosenversicherung.

Der Schweizer Soziologe Jean Ziegler stellt die sozialstrukturellen Befunde Freda Adlers grundsätzlich in Frage.[33] Die Schweiz werde „von einer schmalen, aber überaus mächtigen Banken-Oligarchie verwaltet".[34] 3,3 v.H. der Bevölkerung kontrollierten mehr als die Hälfte des Volksvermögens. Zwar lebten die Schweizer in einem der formell demokratischsten Staaten der Welt. „Doch ihr Staat, ihr Land ist ihnen irgendwie abhanden gekommen. Sie sind wieder Untertanen geworden ... Nur: Der Kaiser sitzt heute nicht mehr auf der fernen Habsburg, sondern in den klimatisierten Verwaltungs-Tempeln der Großbanken und Konzerne an der Zürcher Bahnhofstraße, in Vevey, Basel und Genf."[35] Ein Sekundär-Imperialismus, der vom Primär-Imperialismus der USA abhänge, habe sich der ökonomischen Positionen des Landes bemächtigt und übe eine „unsichtbare Regierung" aus. Und diese unsichtbare Regierung sei mit kriminellen Praktiken verbunden. Im Rahmen des weltweiten imperialistischen Systems übernehme die schweizerische Bank eine unentbehrliche Funktion: die des Hehlers. Bei ihr werde die Beute in Sicherheit gebracht und profitträchtig reinvestiert. Dafür seien Schmugglerorganisationen tätig. „Die Liste der durch das Bankgeheimnis gedeckten kriminellen Handlungen ist praktisch endlos."[36] Ziegler nennt: illegale Transfers, Steuerbetrug, verwickelte Finanzierung auf den Gebieten des Waffen- und Drogenhandels, Spekulationen mit Lebensmitteln, internationale Währungsmanipulationen, Hehlerei,[37] Geldwaschen der Mafia[38].

Günther Kaiser weist dann Ende der 80er Jahre darauf hin, daß „das Ausmaß der Delinquenz auch in der Schweiz nicht unbeachtlich ist".[39] Das zeigten u.a. die neueren Opferbefragungen. Nach der Statistik stellen neben den Verkehrsdelikten (50 v.H.) die Eigentums- und Vermögensdelikte die zweitgrößte Deliktsgruppe dar (40 v.H.). Dabei herrschen der einfache Diebstahl und der Betrug vor. Vergehen gegen Leib und Leben machen 3 v.H. aus. 52 v.H. der Straßenverkehrsdelikte beziehen sich auf Fahren in angetrunkenem Zustand. Zusammenfassend: „Auch in der Schweiz ist die registrierte Kriminalität in den letzten drei Jahrzehnten erheblich angestiegen, obschon weniger ausgeprägt als in Österreich und der Bundesrepublik Deutschland."[40] Wirtschaftskriminalität und neuerdings sogar das organisierte Verbrechen rufen besondere Besorgnis hervor.

Hans Joachim Schneider nennt 1993 folgende Ursachen für die niedrigere Kriminalität der Schweiz: Das Leben in der Schweiz ist überschaubarer als in der Bundesrepublik. Ihre Organisationseinheiten sind - wie in Österreich - in der Regel kleiner. Die Industrieansiedlung ist dank der fast überall vorhandenen Wasserreserven über die gesamte Schweiz verteilt. Ausgesprochene industrielle Ballungsräume mit sozial desorganisierten Gebieten haben sich nicht gebildet. Die Eigenverantwortlichkeit der Bürger und der Gemeinschaftssinn des Schweizers sind auch nach Industrialisierung und Verstädterung erhalten geblieben, was sich in einer kraftvollen (freiwilligen) informellen Kontrolle auswirkt. Die schweizerische Bevölkerung ist bodenständiger als die Bevölkerung der Bundesrepublik. Die meisten verbringen ihr ganzes Leben in dem Kanton, indem sie geboren worden sind.[41]

2.7 Österreich, Bayern

Auch Österreich schneidet günstiger ab als die Bundesrepublik Deutschland.[42] Ebenso liegt Bayern wesentlich besser als der Bundesdurchschnitt. Im Jahr 1993 verzeichnete Bayern 5.690 Straftaten je 100.000 Einwohner. Im Bundesdurchschnitt beträgt die Vergleichszahl 8.337, das sind 46 v.H. mehr. Aufklärungsquote 1993: Bayern 61,8 v.H., Bundesdurchschnitt 43,8 v.H..[43]

2.8 Weitere Vergleiche

In den USA nahm von 1966 bis 1986 die Zahl der Gewaltdelikte um 209 v.H. zu, davon die Vergewaltigung 257 v.H. Die Häufigkeitsziffer des Raubes betrug in der Bundesrepublik Deutschland 46,8 auf 100.000 Einwohner, die der USA 225,1.[44]

Nach einer statistischen Aufstellung der Frankfurter Allgemeinen Zeitung kamen 1988 auf 100.000 Einwohner in Japan 1,4 Raubüberfälle, in der Bundesrepublik Deutschland 47 und in den USA 221.[45]

Gewaltdelikte in den Vereinigten Staaten und der Bundesrepublik Deutschland[1]

Straftaten	Grundzahlen der Delikte				Häufigkeitsziffer[*]			
	BRD		USA		BRD		USA	
	1966	1986	1966	1986	1966	1986	1966	1986
1. Mord und Totschlag (ohne Versuche)	534	893	10 920	20 613	0,9	1,5	5,6	8,6
2. Vergewaltigung	6 060	5 604	25 330	90 434	10,2	9,2	12,9	37,5
3. Raub	9 010	28 581	153 420	542 375	15,1	46,8	78,3	225,1
4. Schwere u. gefährliche Körperverletzung (einschl. Mord- und Totschlagsversuche)	32 151	66 018	231 800	834 322	53,9	108,1	118,4	346,1

[1]Günter Kaiser: Kriminologie. Heidelberg 1989, S. 382
[*]Straftaten auf 100 000 Einwohner
Quellen: Crime in the USA 1966, 59; 1986, 41; BRD: PKS 1966, 1986

Vergleicht man die Häufigkeit der Gesamtkriminalität Japans, der Bundesrepublik und der Vereinigten Staaten, so fällt auf, daß die Bundesrepublik eine mittlere Position einnimmt. Sie hat zwar weniger Kriminalität als die USA, aber mehr als Japan. Im Jahre 1990 hatte Japan weniger als ein Fünftel der Kriminalität der Bundesrepublik. In der Schwere der Kriminalität nimmt die Bundesrepublik gleichfalls einen mittleren Platz zwischen den USA und Japan ein. Das kann man z.B. an den Häufigkeitszahlen, also an den Fallzahlen pro 100.000 Einwohner, für die Tötungsdelikte und den Raub verdeutlichen. Im Jahre 1989 beliefen sich die Häufigkeitszahlen für die Tötungsdelikte in den USA auf 8,7, in der Bundesrepublik auf 3,9 und in Japan auf 1,1. Im selben Jahr machten die Häufigkeitszahlen für Raub in den USA 233,0, in der Bundesrepublik 48,6 und in Japan 1,3 aus.[46]

Chinesischen Angaben zufolge betrage bei Vergewaltigungen die Verhältniszahl USA/China 70:4.[47]

3. These: Exzessive Kriminalität ist Folge des historischen Bruches seit 1500 und 1750

Eine These dieser Arbeit lautet, daß die exzessive Kriminalität Folge des ab 1500 - „Entdeckung" Amerikas und deren Folgen - und 1750 - Übergang zur sogenannten „Industriellen Revolution" - eingetretenen historischen Bruches ist. Die These wird unter D dargelegt.[48]

Anmerkungen

[1] Der Begriff der Weltkultur wird unter B.1. definiert.

[2] Siehe Schneider 1987, S. 221-301.

[3] Vgl. Fiez/Jach (Hrsg.) 1994.

[4] Siehe Polizeiliche Kriminalstatistik der Bundesrepublik Deutschland und die Kriminalstatistiken einzelner anderer Länder. Verschiebungen ergeben sich durch das Dunkelfeld. Hierzu siehe Filser 1983, S. 50ff.

[5] Siehe unten, S. 19.

[6] Alles nach Interpol sowie zahlreichen nationalen Kriminalstatistiken und Dunkelfeldforschungen.

[7] Innenpolitik, 28.2.1989, S. 37.

[8] Bundeskriminalamt 1994, S. 76, Bundeskriminalamt 1995, S. 40, 114.

[9] Polizeiliche Kriminalstatistik 1993, in: Innenpolitik v. 30.6.1994, S. 2ff.

[10] Schneider 1993, S. 61.

[11] Engels 1972, S. 356f.

[12] Pinatel 1971, S. 7.

[13] Kaiser 1988, S.404. - Details zur Kriminalitätsbelastung der USA unten, S....

[14] Kaiser 1989, S. 218.

[15] ebd.

[16] Schneider 1987, S. 262.

[17] ebd. Hierzu „Sozialstrukturelle Ursachen niedriger Kriminalität: das Beispiel Japans", in: Schneider 1993, S. 176-196.

[18] Zum Beispiel Meldung der Beijing-Rundschau v. 16.8.1994, S. 6: „Antikorruptionskampf - drei Verbrecher hingerichtet".

[19] Jugendliche Straftäter im Blickpunkt, in: Beijing-Rundschau v. 12.5.1987, S. 8.

[20] New Star Publishers (Hrsg.): Juvenile Delinquency, Beijing 1991.

[21] ebd., S. 1.

[22] ebd., S. 2f.

[23] ebd., S. 4ff.

[24] ebd., S. 11ff.

[25] Beijing-Rundschau v. 28.9.1993, S. 26ff.

[26] Britannien wollte China durch Opium zersetzen (Opiumkriege 1840/42, 1856/1860). 1949 gab es 20 Millionen Drogensüchtige.

[27] Verstärkte Bekämpfung von Rauschgiftverbrechen, in: Beijing-Rundschau v. 7.7.1992, S. 7. - Ähnlich: Hartes Strafmaß für Drogenhändler, in: Beijing-Rundschau v. 5.7.1994, S. 7f. 1995 wird mitgeteilt: „Gegenwärtig gibt es in China 250.000 registrierte Drogensüchtige, von denen die

[28] meisten Jugendliche sind." (Beijing-Rundschau v. 3.1.1995, S. 18).

[28] China daily v. 26.9.1992.

[29] ebd.

[30] Pravda v. 18.10.1994, S. 1.

[31] Clinard 1978.

[32] Adler 1983, S. 15ff.

[33] Ziegler 1976 (Paris 1976). Französisch- und deutschsprachige Ausgabe stimmen nicht ganz überein. Wir zitieren nur die deutschsprachige Ausgabe.

[34] ebd., S. 21.

[35] ebd., S. 10.

[36] ebd., S. 54 (51).

[37] ebd., S. 56 (53).

[38] ebd., S. 68f. (64).

[39] Kaiser 1989, S. 212.

[40] ebd., S. 214.

[41] Schneider 1993, S. 84.

[42] ebd., S.75f.

[43] Vgl. Günther Beckstein: Der Bürger auf Streife. In: Fietz/Jach (Hrsg.) 1994, S. 142ff. - In der Kriminalstatistik 1994 ist Bayern vom jahrzehntelang eingenommenen ersten Platz knapp auf den zweiten Platz gerückt, was besonders auf die Lage in München zurückzuführen ist.

[44] Kaiser 1989, S. 383.

[45] Frankfurter Allgemeine Zeitung v. 15.10.1992, S. 12.

[46] Schneider 1993, S. 178f.

[47] Beijing-Rundschau v. 4.10.1994, S. 28.

[48] Siehe unten, S. 119ff.

B. Die Menschheitswerte
nach Karl Jaspers und Albert Schweitzer

Unsere Hauptthese (siehe Vorwort und A.1) lautet, daß die Kriminalitätsraten verschiedener Zeiten und der einzelnen Länder mit der ethischen Progression der Menschheitswerte korrelieren. Die Kategorie der Menschheitswerte wird nun geschichts- und kultursoziologisch bestimmt von der Achsenzeit her.

1. Geschichts- und kultursoziologische Grundbegriffe: Hochkulturen, Entwickelte Hochkulturen, Weltkultur

,,Orient und Okzident sind nicht mehr zu trennen." (Goethe)
Die Menschheitswerte sind konstituierende Elemente von entwickelten Hochkulturen. Deren Entstehung ist in Stichworten geschichts- und kultursoziologisch aus dem Gang der Geschichte abzuleiten.

Mit dem Übergang von der biologischen zur gesellschaftlichen Evolution, mit der Herausbildung des homo sapiens sapiens und der Gesellschaft vor etwa 40.000 Jahren, beschleunigt sich die Entwicklung der Gattung Mensch, der Menschheit.[1] Es sind folgende Schritte zu unterscheiden:

1. Sippengesellschaft, die von Jagen (sog. ,,höhere Jagd" mit Fernwaffen: Wurfspeer, Pfeil und Bogen), Sammeln und Fischen lebt: aneignende Wirtschaft;

2. Übergang vom Sammeln und Jagen zur planmäßigen Erntewirtschaft und schließlich zur Landwirtschaft (Hackbau) und Viehzucht vor etwa 10.000 Jahren: produzierende Wirtschaft statt bloß aneignende, Seßhaftigkeit, Entstehen kleiner territorialer Verbände: Dörfer der Jungsteinzeit.[2]

Von Gesellschaftsdenkern der entwickelten Hochkulturen wird hier das friedliche Zeitalter gesehen: hier und keinesfalls in vor der Landwirtschaft liegenden Stadien. Jene werden als primitiv gekennzeichnet. Die Dörfer der Jungsteinzeit und Bronzezeit aber weisen für Denker wie Laozi das rechte Maß auf.[3]

3. Seit 5.800 Jahren gibt es den Pflugbau, womit die Männer sich der Landwirtschaft bemächtigen: Einsatz von Großtieren, tiefes Aufreißen der Erde, Erosionsschäden.

4. Vor 7.000 Jahren Anfänge der Großlandwirtschaft in den Tälern des Euphrat und Tigris, später des Nil, des Indus und des Huanghe. Daraus resultieren nach und nach größere territoriale Gebilde zur Regulierung der Bewässerung und zum Hochwasserschutz: Staaten, Klassengesellschaften, Hochkulturen.

5. Seit 5.000 Jahren gibt es die Schrift. Die Erfinder der ersten Schrift sind die Sumerer in Mesopotamien.

6. Mehrprodukt, Staatlichkeit und Schrift sind grundlegende Kriterien für die Hochkultur. Demnach können wir seit 5.000 Jahren von Hochkulturen sprechen.

7. Durch die Gewinnung von Metallen aus Erzen beschleunigt sich die Entwicklung. Seit 8.000 Jahren hat sich Kupfer verbreitet, seit 5.000 Jahren Bronze, seit 3.000 Jahren Eisen.

8. Seit 2.500 Jahren, seit der von Karl Jaspers so benannten ,,Achsenzeit"[5], kennen wir entwickelte Hochkulturen. Aus ihnen schöpft die Menschheit einen Maßstab für die Menschheitswerte.[6]

Es sind also zu unterscheiden frühe Hochkulturen und entwickelte Hochkulturen, dazwischen ist ein evolutiver Sprung. Die Gesamtheit der entwickelten Hochkulturen ist die Weltkultur. Anders herum: Die einzelnen entwickelten Hochkulturen sind die Elemente der Weltkultur. Das entscheidende Kriterium für die entwickelten Hochkulturen ist das der hochentwickelten Ethik, wie es von

Albert Schweitzer formuliert wurde.[7] Bis heute ist die Weltkultur nur potentiell vorhanden, als Strebung. Die Menschheitswerte sind Forderung. Entfaltet eine Ethik nach dem Kriterium Albert Schweitzers Wirksamkeit, handelt es sich um eine entwickelte Hochkultur.

Die Herausbildung der Hochkulturen ab -3000 war eine zwiespältige Sache. Dies erkannt zu haben, ist das Verdienst u.a. des Daoismus, von Rousseau und von Marx. Die Urgesellschaft der Jäger und Sammlerinnen und die Dörfer des Neolithikums und der Bronzezeit waren geprägt von Gleichheit, Solidarität und gegenseitiger Hilfe. Der Kampf der Menschen mit der Natur und gegen die Natur, die Werkzeugentwicklung, die Reichtumsmehrung vertrieben die Menschheit aus dieser Zeit. Menschliche Arbeit brachte im Verlaufe der Zeit mehr Güter hervor, als zur einfachen Lebensfristung unbedingt nötig waren. Bald ging es darum, wer sich dieses Mehrprodukt aneignet. Die Menschheit steht damit am Beginn der Klassengesellschaften. Hochkultur ist zugleich Klassengesellschaft. Ein kleinerer Teil der Bevölkerung macht sich zur herrschenden Klasse, verschafft sich Vorteile, eignet sich das Mehrprodukt, den Mehrwert an und bringt zugleich Hochkultur hervor, indem er die Mehrheit zu intensivierter Arbeit zwingt, deren Erträge neue Produkte hervorbringen, die neue Bedürfnisse nach sich ziehen.[8] Die Zwiespältigkeit der Hochkulturen drückt sich in den Gesellschaftsverfassungen und den ethischen Konzepten der frühen und einiger späterer Hochkulturen besonders kraß aus: in Ägypten die Despotie, in Indien die Kastenzerklüftung, in Griechenland und Rom die Sklaverei.

Auf die Schrecklichkeit der frühen Hochkulturen weist der iranische Soziologe Ali Schariati als Frucht einer Reise nach Ägypten hin: ,,Sklaven haben achthundert Millionen große Felsblöcke aus Assuan nach Kairo geschafft. Neun Pyramiden haben sie gebaut, von denen sechs klein sind und drei andere groß und weltberühmt. Achthundert Millionen Steine haben sie aus einer Entfernung von 980 Kilometern nach Kairo geschafft, übereinandergeschichtet und einen Bau errichtet, um die mumifizierte Leiche des Pharao und der Königin unter ihm zu begraben. Die eigentliche Grabkammer bildet einen großen Raum und besteht aus nur fünf massiven Marmorblöcken, von denen vier große Blöcke die Mauer und der fünfte Block die Decke der Kammer ergeben. Um eine Vorstellung von der Dicke und dem Gewicht des Steines, der die Decke bildet, zu bekommen, genügt es uns zu wissen, daß er aus Marmor besteht, daß man einige Millionen gewaltiger Steinblöcke bis zum Gipfel der Pyramiden auf eben diese Decke geschichtet hat und daß seit fünftausend Jahren diese Decke dieses Gewicht trägt ... Dreißigtausend Sklaven haben dreißig Jahre lang solch gewaltige Steinblöcke aus einer Entfernung von tausend Kilometern auf den Schultern herangeschleppt. Scharenweise kamen sie unter dieser schweren Last um, und täglich gab man dem Pharao Meldung vom Tode hunderter Leute. Aber das System der Sklaverei warf ohne das geringste Mitleid die zermalmten Körper der Sklaven in Gruben und zog andere Sklaven zum Steineschleppen heran."[9]

Die Grundlehren aus der Achsenzeit trachten der Zwiespältigkeit der frühen

Hochkulturen ein Ende zu setzen, wollen von ihrem ethischen Kern aus entwickelte Hochkulturen entfalten.

2. Karl Jaspers' Begriff der Achsenzeit

Was stellt Karl Jaspers (1883-1969) fest? Er findet die ,,Achse der Weltgeschichte" in der Zeit ,,rund um 500 vor Christus", in dem geistigen Prozeß zwischen 800 und 200: ,,In China lebten Konfuzius und Laotse, entstanden alle Richtungen der chinesischen Philosophie, dachten Mo-Ti, Tschuang-Tse, Lie-Tse und ungezählte andere, - in Indien entstanden die Upanischaden, lebte Buddha, wurden alle philosophischen Möglichkeiten bis zur Skepsis und bis zum Materialismus, bis zu Sophistik und zu Nihilismus, wie in China, entwickelt, - in Iran lehrte Zarathustra das fordernde Weltbild des Kampfes zwischen Gut und Böse, - in Palästina traten die Propheten auf von Elias über Jesaias und Jeremias bis zu Deuterojesaias, - Griechenland sah Homer, die Philosophen - Parmenides, Heraklit, Plato - und die Tragiker, Thukydides und Archimedes. Alles, was durch solche Namen nur angedeutet ist, erwuchs in diesen wenigen Jahrhunderten annähernd gleichzeitig ..."[10] Hier ,,wurden die Grundkategorien hervorgebracht, in denen wir bis heute denken, und es wurden die Ansätze der Weltreligionen geschaffen, aus denen die Menschen bis heute leben. In jedem Sinne wurde der Schritt ins Universale getan."[11] ,,Das Menschsein im Ganzen tut einen Sprung."[12] Mit der Achsenzeit hörten die frühen Hochkulturen auf, an der Spitze zu stehen, stellt Jaspers fest. Zwischen den Welten der Achsenzeit ist nach Jaspers ein gegenseitiges Verständnis bis in die Tiefe möglich, ein Vermögen, das seit der Differenzierung der Weltregionen nach dem Neolithikum verlorengegangen war. Das heißt, z.B. die Araber sind Chinesen und Indern unendlich näher als Ägyptern und Babyloniern.

Ergebnis: Jaspers begreift die ganze Struktur der Weltgeschichte von der Achsenzeit her:

1. Die jahrtausendealten Hochkulturen hören mit der Achsenzeit überall auf, die Achsenzeit schmilzt sie ein, übernimmt sie, läßt sie versinken, sei es, daß das gleiche Volk das Neue trug, sei es, daß es andere Völker waren. Was vor der Achsenzeit war, konnte großartig sein, wie babylonische, ägyptische, Induskultur und chinesische Urkultur, aber alles dies wirkt wie unerwacht.

2. Von dem, was damals geschah, was damals geschaffen und gedacht wurde, lebt die Menschheit bis heute. In jedem ihrer neuen Aufschwünge kehrt sie erinnernd zu jener Achsenzeit zurück, läßt sich von dorther neu entzünden.

3. Die Achsenzeit beginnt räumlich begrenzt, aber sie wird geschichtlich allumfassend.[13] ,,Aus der Anschauung der Achsenzeit erfolgen die Fragen und Maßstäbe an alle vorhergehende und alle weitere Entwicklung."[14]

3. Das ethische Kriterium Albert Schweitzers

Nach Albert Schweitzer (1875-1965) ist der Grundcharakter der entwickelten Hochkultur in ihrer Ethik zu finden.[15] Es muß sich um hochentwickelte Ethik handeln. Wir schließen uns Karl Jaspers' Analyse im wesentlichen an. Dem Kriterium Albert Schweitzers folgend, sind aber spätere Kristallisationskerne von Weltkultur hinzuzufügen: die christliche Lehre, die Lehre des Islam, der deutsche Bildungshumanismus, der christliche Humanismus Rußlands und die Lehre Gandhis. Die hochentwickelte Ethik zusammengenommen bildet die Menschheitswerte.

Es ist nun das ethische Kriterium Albert Schweitzers näher zu betrachten. Was ist Kultur? fragt Albert Schweitzer und gibt als Antwort eine Definition der entwickelten Hochkulturen, der Weltkultur.

,,Ganz allgemein gesagt, ist Kultur Fortschritt, materieller und geistiger Fortschritt der einzelnen wie der Kollektivitäten. Worin besteht er? Zunächst darin, daß für die einzelnen wie für die Kollektivitäten der Kampf ums Dasein herabgesetzt wird. Die Schaffung möglichst gedeihlicher Lebensverhältnisse ist eine Forderung, die an sich und im Hinblick auf die geistige und sittliche Vollendung des einzelnen, die das letzte Ziel der Kultur ist, aufgestellt werden muß. Der Kampf ums Dasein ist ein doppelter. Der Mensch hat sich in der Natur und gegen die Natur und ebenso unter den Menschen und gegen die Menschen zu behaupten. Eine Herabsetzung des Kampfes ums Dasein wird dadurch erreicht, daß die Herrschaft der Vernunft über die Natur sowohl wie über die menschliche Natur sich in größtmöglicher und zweckmäßigster Weise ausbreitet. Die Kultur ist ihrem Wesen nach also zwiefach. Sie verwirklicht sich in der Herrschaft der Vernunft über die Naturkräfte und in der Herrschaft der Vernunft über die menschlichen Gesinnungen.

Welcher von beiden Fortschritten ist der wesentlichste? Der unscheinbarere: die Herrschaft der Vernunft über die menschlichen Gesinnungen. Warum? Aus zwei Gründen. Erstens stellt die Herrschaft, die wir durch die Vernunft über die Naturkräfte erringen, nicht einen reinen Fortschritt dar, sondern einen solchen, in dem neben den Vorteilen auch Nachteile auftreten. Die die Kultur gefährdenden wirtschaftlichen Verhältnisse unserer Zeit gehen zu einem Teil darauf zurück, daß wir uns die Naturkräfte in Maschinen dienstbar gemacht haben. Sodann aber bietet nur die Herrschaft der Vernunft über die menschlichen Gesinnungen die Gewähr dafür, daß die Menschen und die Völker die Macht, die ihnen die dienstbar gemachten Naturkräfte verleihen, nicht gegeneinander brauchen und sich so gegenseitig in den Kampf ums Dasein bringen, der viel furchtbarer ist als der des Menschen im Naturzustande."[16]

Worin besteht die Herrschaft der Vernunft über die Gesinnungen? Darin, daß die einzelnen und die Kollektivitäten ihr Wollen durch das materielle und geistige Wohl des Ganzen und der vielen bestimmt sein lassen, das heißt ethisch sind. Der ethische Fortschritt ist also das Wesentliche und das Eindeutige, der materielle das weniger Wesentliche und das Zweifelhafte in der Kulturentwicklung.[17]

Den Kriterien Albert Schweitzers entsprechend ist das alte Griechenland bei den anschließend zu behandelnden Grundlehren aus der Achsenzeit nicht zu berücksichtigen. Albert Schweitzer stellt fest: Wie sich Plato und Aristoteles „nicht zur allgemeinen Idee des Volksstaates heraufarbeiten können, so auch nicht zu der des Menschen. Streng scheiden sie zwischen Unfreien einerseits und Freien andererseits."[18] Auf die entscheidende Frage nach dem Guten „wissen Aristoteles und Plato eigentlich nur die Antwort, daß er es einer Anzahl seiner Angehörigen, den Freien, ermöglichen soll, ohne materielle Sorgen ganz ihrer körperlichen und geistigen Bildung zu leben und die öffentlichen Aufgaben zu leiten".[19]

Warum wir die Lehre Zarathustras, obwohl sie dringlich auf das Kulturgut Landwirtschaft abhebt, nicht zu den Grundlehren aus der Achsenzeit rechnen, begründen wir unten.[20]

4. Neue Lehren (1. und 2. Phase)

Neue Lehren, die dem Kriterium sowohl von Jaspers als auch von Schweitzer entsprechen, sind

1. Christliche Lehre, Lehre des Islam,
2. Deutscher Bildungshumanismus, Christlicher Humanismus Rußlands, Lehre Gandhis.

1. Christliche Lehre und Lehre des Islam verbreiteten Gedanken auf der Höhe der genannten Kriterien auch in Gebieten, die vorher wenig oder gar nicht davon erfaßt wurden. Allerdings sind diese Lehren zwiespältig. Sie sind einerseits auf der Höhe der Menschheitswerte: Mitleid, Nächstenliebe, andererseits gründen sie nicht auf den Gedanken friedliebender Ackerbauern, sondern auf aggressiven nomadischen Vorstellungen, die dogmatische Verhärtungen und brachiale Tendenzen zur Folge hatten. Dadurch unterscheiden sie sich sowohl von den Grundlehren aus der Achsenzeit als auch von den späteren neuen Lehren, die durch den historischen Bruch ungeheuer herausgefordert waren und dadurch auf die Höhe der Grundlehren gelangten.

2. Deutscher Bildungshumanismus, Christlicher Humanismus Rußlands und Lehre Gandhis sind Antworten auf den unten[21] zu behandelnden historischen Bruch. Sie fundieren die Handlungsreflexion neu auf der Höhe der Grundlehren.

Ein drittes Kriterium, das dieser praxisgerichteten Arbeit zugrunde liegt, ist ein politisches. Es ist die Entfaltung historischer und gegenwärtiger Kraft in einer territorial langdauernden und umfassenden bis in die Gegenwart reichenden entwickelten Hochkultur. Dies ist einer der Gründe, warum die Lehre Zarathustras unberücksichtigt bleibt.[22] Viele einstmals kräftige Kulturen sind verweht und vernichtet worden.

Anmerkungen

[1] Feustel 1990. Steitz 1979. Herrmann/Ullrich (Hrsg.) 1991.

[2] Müller-Karpe 1966-1980.

[3] Laudse (Laozi) 1985, Kap. 80. - Nomadische Überlieferung Westasiens hingegen träumt von einem „Paradies". Landarbeit ist dort nicht Segen, sondern Fluch.

[4] Siehe Toynbee 1988.

[5] Siehe unten, S. 31.

[6] Toynbee, ebd.

[7] Siehe unten, S. 32f.

[8] Marx 1974, S.375ff.

[9] Schariati o.J., S. 14f.

[10] Jaspers 1957, S. 14f.

[11] ebd., S. 15.

[12] ebd., S. 17.

[13] ebd., S. 25f.

[14] ebd., S. 27.

[15] Schweitzer 1990, S. 34ff.

[16] ebd., S. 35f.

[17] ebd., S. 36.

[18] ebd., S. 142.

[19] ebd., S. 143.

[20] Siehe unten, S. 37 u. 128.

[21] Siehe unten, S. 119ff.

[22] Siehe S. 37.

C. Grundlehren und neue Lehren 2. Phase

In diesem Teil der Arbeit wird die Kategorie der Menschheitswerte von Laozi an bis hin zum deutschen Bildungshumanismus und zu Gandhi entfaltet.

Die von der Achsenzeit hervorgebrachten Grundlehren stammen aus den größten Landwirtschaftskulturen der Erde: China und Indien. Im Falle Chinas läßt sich die Kultur aus eigener Wurzel bis ins Neolithikum zurückverfolgen. Schon diese tiefe historische Verankerung verleiht ihr Stabilität und Potenz. Von großer Bedeutung im Sinne des politischen Kriteriums sind auch die anderen historischen, geistigen, demographischen und ökonomischen Ressourcen der beiden Länder, deren Kulturen die Hälfte der Menschheit umfassen.

1. Grundlehren aus der Achsenzeit: Daoismus, Konfuzianismus, Buddhismus

Es ist zunächst die negative (und positive) geschichtsprägende Kraft der Großviehnomaden für die Herausbildung der entwickelten Hochkulturen zu beachten. Eingehend kommen wir auf die Pferdenomaden, besonders die Reiternomaden, zu sprechen unter D.2.

Eindrucksvoll greifbar ist der Gegensatz zwischen Hochkultur und Großviehnomaden bei dem iranischen Religionsgründer Zarathustra (630-557). Er, der die Nomaden zur Seßhaftigkeit bewegen will, spricht vom Standpunkt der Landwirtschaft. Da der Iran für die mittelasiatischen und osteuropäischen Nomaden völlig offen lag, ist die Reaktion des Iran äußerst zugespitzt. So finden wir im Awesta den Ursprung der antagonistischen Lehre von Gut und Böse. Gut ist der hochkulturell entwickelte Ackerbauer und seßhafte friedliche Viehzüchter, böse sind die aggressiven Nomaden (Gegensatz von Iran und Turan). Die antagonistische Lehre von Gut und Böse und die daran anschließende vom Jüngsten Gericht, ist später auch in die jüdische, die christliche und die islamische Lehre eingegangen. Nach dem Awesta werden die Bösen im Jüngsten Gericht vernichtet. Die Guten erlangen das ewige Leben. Indien und China bedurften einer solchen Dichotomie nicht. Hier konnte der Ackerbau bald gewissermaßen - mit großen Einschränkungen gesagt - in sich selber ruhen. Die Pflege des Rindes, die das Awesta[1] prägt, wird für Indien selbstverständlich und überhöht. Diese Linie des Mitleids mit dem gezähmten Tier taucht in der christlichen Lehre - stark daoistisch-kosmisch beeinflußt - deutlich mit dem Heiligen Franziskus auf.

1.1 Daoismus
Nach der Bestimmung des dao sind die Aussagen Laozis und Zhuangzis über den entfremdenden Verlust des Himmelsdaos und dessen Wiedergewinnung zu skizzieren.

Laozi (ca. -6. bis -5. Jh.) hat die Lehre vom dao klassisch formuliert. Zhuangzi (370-300) enthält teilweise daoistische Gedanken. Das Werk von Laozi trägt den Titel Daodejing = Buch vom Weg und von der Urtugend.

Ausgaben des Daodejing: Ernst Schwarz: Laudse, Daudedsching, München 1985. Lao-tse: Tao-Te-King, Stuttgart 1983. Lao Tse: Tao Te King, München

37

1983. Laotse, Frankfurt a.M. 1958. Die weitaus beste deutschsprachige Ausgabe ist die von Ernst Schwarz.

Beim Daoismus und Konfuzianismus ist es erforderlich, besonders viele Quellen (in vorliegenden Übersetzungen) selbst sprechen zu lassen, weil gesellschaftswissenschaftlich systematisierte Darlegungen erst nach und nach erarbeitet und veröffentlicht werden.[2] Auf diese Weise wird unsere eigene kategoriale Analyse detailliert (aus übersetzten Quellen) überprüfbar.

Der Daoismus geht vom Verlust des dao beim Menschen nach Beginn der Metallzeit und nach dem Entstehen der patriarchalischen Gesellschaft (in China ab ca. -3000) aus. Seither befinde sich die Menschheit (tian xia = alles unter dem Himmel) in Verwirrung, im Zustand der Entfremdung. Der Daoismus strebt danach, den Einklang, die Harmonie des Menschen mit sich und mit der außermenschlichen Natur der Biosphäre wieder zu gewinnen durch Rückkehr zum dao, zum Maß. Das gesellschaftliche Maß ist der ursprüngliche Ackerbau. Es geht also nicht etwa um den Rousseauschen ,,bon sauvage", sondern um den frühen Bauern bzw. die Bäuerin. Deswegen kennt der Daoismus Kulturheroen. Diese sind u.a. der männliche Fu Xi und die weibliche Nüwa, die Überwinder der wilden Tiere und die Stifter der Ehe und Shen Nong, der Urbauer sowie Leizu Xiling, die Seidenspinnerin, die Frau von Huangdi. Der legendäre Urkaiser Huangdi, der Gelbe Kaiser, Nachfolger des Shangdi, des Urahns der Chinesen, zeichnet sich dadurch aus, daß er kaum von oben eingreift in das Geschehen, sondern die Kräfte von unten wirken läßt. Von unten wirken möglichst still Urtugend und Weisheit. Huangdi ist also kein Herr, sondern von wu wei, vom Sanfthandeln bestimmt, das eine Harmonie der Kräfte von yin und yang, von Weiblichem und Männlichem bei tieferer Bedeutung von yin, dem Weiblichen, ausdrückt. In ihm findet Basisdemokratie die gewaltlose Einheit des Ganzen.

1.1.1 Das dao und seine Erkenntnis

Am Anfang ist das Nichtseiende. Aus ihm geht das Seiende als Urchaos hervor. Die in diesem sich kristallisierende Ordnung heißt dao. Sie qualifiziert sich als dao des Kosmos, dao der Biosphäre, dao des Himmels, das heißt der Ahnen, der Geschichte, dao des lebenden Menschen. Der Bereich der Natur umfaßt sowohl die außermenschliche Natur als auch die Natur des Menschen. Dem dao der Natur folgen heißt also auch der Natur des Menschen folgen. Wenn der entfremdete Mensch[3] Nichtseiendes wu, Chaos hun, Himmel tian, Erde di und sich selbst als Gattung und als Individuum - das heißt: die Bedingungen seines Lebens und sein Wesen - erkennt, dann kann er seinem dao und dem dao überhaupt folgen, indem er wieder die Urtugend de hervorbringt über das Sammeln der Atemkraft qi. Erst über die Verbindung mit dem Außermenschlichen und mit dem Historischen gelangt der Mensch also zur Harmonie.

Wie zu sehen, ist der Weltprozeß nicht von Anfang an gesetzmäßig. Die Naturgesetze sind im Prozeß der Weltbildung aus dem Chaos heraus entstanden. Es folgten die biologischen Gesetze, die Gesetzmäßigkeiten der Gattung Mensch, und schließlich die historischen Gesetze. Jedes Gattungswesen hat demgemäß sein besonders dao, auch der Mensch.

Daß der Mensch ein Lebewesen ist wie andere und insofern das gleiche dao hat, zeigt Zhuangzi an einer erkenntnistheoretischen Lehrerzählung, der ,,Freude der Fische".

Die Freude der Fische
Dschuang Dsï ging einst mit Hui Dsï spazieren am Ufer eines Flusses.
Dschuang Dsï sprach: ,,Wie lustig die Forellen aus dem Wasser herausspringen! Das ist die Freude der Fische."
Hui Dsï sprach: ,,Ihr seid kein Fisch, wie wollt Ihr denn die Freude der Fische kennen?"
Dschuang Dsï sprach: ,,Ihr seid nicht ich, wie könnt Ihr da wissen, daß ich die Freude der Fische nicht kenne?"
Hui Dsï sprach: ,,Ich bin nicht Ihr, so kann ich Euch allerdings nicht erkennen. Nun seid Ihr aber sicher kein Fisch, und so ist es klar, daß Ihr nicht die Freude der Fische kennt."
Dschuang Dsï sprach: ,,Bitte laßt uns zum Ausgangspunkt zurückkehren! Ihr habt gesagt: Wie könnt Ihr denn die Freude der Fische erkennen? Dabei wußtet Ihr ganz gut, daß ich sie kenne, und fragtet mich dennoch. Ich erkenne die Freude der Fische aus meiner Freude beim Wandern am Fluß." (XVII.12.)[4]

Aber zugleich hat der Mensch sein eigenes dao, ren xing. Deswegen kann er das was die Fische (nur) sind, auch erkennen. Den Tieren ist solche Erkenntnis verschlossen. Sie sind an sich selbst gebunden. Das wird ersichtlich an der Geschichte vom Brunnenfrosch.

Der Brunnenfrosch
,,Kennt Ihr nicht die Geschichte vom Frosch im alten Brunnenloch, der einst zu einer Schildkröte des Ostmeeres sprach: 'Wie groß ist doch meine Freude! Ich kann emporspringen auf den Rand des Brunnens. Will ich wieder hinunter, so kann ich auf den zerbrochenen Ziegelstücken der Brunnenwand ausruhen. Ich begebe mich ins Wasser, ziehe meine Beine an mich, halte mein Kinn steif und wühle im Schlamm; so kann ich tauchen, bis meine Füße und Zehen ganz bedeckt sind. Wenn ich um mich blicke, so sehe ich, daß von all den Muscheln, Krabben und Kaulquappen in ihren Fähigkeiten mir keine gleichkommt. Auf diese Weise das Wasser eines ganzen Loches zur Verfügung zu haben und all das Behagen des alten Brunnens nach Belieben auszukosten: das gehört zum Höchsten. Wollt Ihr nicht, mein Herr, zuweilen kommen und Euch die Sache besehen?' - Als aber die Schildkröte des Ostmeeres ihren linken Fuß noch nicht im Wasser hatte, da war der rechte schon steckengeblieben. Darauf zog sie sich vorsichtig wieder zurück und erzählte ihm vom Meer, das weit über tausend Meilen groß und weit über tausend Klafter tief sei. Als zu Zeiten des Herrschers Yü neun Jahre unter

zehn Wassersnot geherrscht, da sei das Wasser des Meeres nicht größer gewor-
den; als zu Zeiten des Herrschers Tang von acht Jahren je sieben große Dürre
gewesen, da sei es nicht von seinen Ufern zurückgewichen. Alle äußeren Einflüs-
se, ob sie lang oder kurz wirkten, ob sie groß oder klein seien, brächten keine
Veränderungen hervor: das sei die Freude des Ostmeeres. - Als der Frosch vom
alten Brunnen das hörte, da erschrak er sehr." (XVII.9.)[5]

Über die Erkenntnis, auf die der Mensch nach dem Verlust seines dao angewiesen
ist, gibt es keine Orakel, keine Offenbarungen, der einzelne Mensch muß sich
selber um Erkenntnis und ihre Verwirklichung bemühen.

Bei Zhuangzi heißt es: ,,Himmel und Erde sind von großer Schönheit, aber sie
machen darüber keine Worte. Die vier Jahreszeiten haben klare Gesetze, aber sie
führen darüber keine Diskussionen. Die Einzeldinge haben feste Bestimmungen,
aber sie sprechen nicht darüber. Ein Weiser ergründet die Schönheit des Himmels
und der Erde und erfaßt die Gesetzmäßigkeiten der Dingwelt. Wenn deshalb ein
Mensch, der beim dao angekommen ist, nicht handelt, ein großer Shengren nicht
fungiert, so heißt das: Sie haben dies Himmel und Erde abgeschaut."[6]

Über das dao des Lebendigen hinaus verbindet sich der Weise demnach mit
der Gesetzlichkeit aus der unbelebten Natur.

1.1.2 Verlust des Himmelsdaos: Entfremdung

Dem daoistischen Wissen von der Einbindung des Menschen in die außermenschliche Natur und in die Urtugend de geht die schmerzliche Erfahrung von
deren Verlust voraus. Vor der Trennung lebten die Menschen der Hackbau-Ur-
gemeinde im Einklang mit sich, mit der außermenschlichen Natur und miteinan-
ander. Die Einheit der Urgemeinde wird zerstört durch das Aufkommen des
Staates, der Zivilisation und des Kalküls, des cleveren Denkens.

Die Auflösung geschieht im einzelnen durch:

a) die Entwicklung der Technik und der Produktion. Diese Entwicklung schädigt
die außermenschliche Biosphäre und damit bald auch die Lebensbedingungen
und die Natur des Menschen;

b) die Entstehung der Herrschaft, die sich zum Staat fortbildet;

c) die Einrichtung der späteren Moral li. Sie zersetzt die Urtugend, die als
natürliche Güte in ihrer Substanz moralischer war als es Moral als Moral je sein
könnte nach Auffassung der Daoisten;

d) die Herausbildung der materiellen und geistigen Kultur, die durch immer neue
Verfeinerungen den Eigennutz auf den Plan ruft, die Begierden weckt, die Sucht
nach Ruhm und Genuß anstachelt und schließlich die ursprüngliche Schlichtheit
zerstört.[7]

Laozi:

,,Verloren ging das große dao -
güte und rechtschaffenheit entstand
hervortrat die klugheit -

die große heuchelei entstand
zerrissen war die sippe -
der familiensinn entstand
in wirrnissen zerfiel der staat -
der treue minister entstand.” (18)[8]

Jedes Gattungswesen besitzt, wie gesagt, seine besondere Natur, sein besonderes dao, dem es folgen soll. Zhuangzi: ,,Wenn die Menschen an einem feuchten Ort schlafen, so bekommen sie Hüftweh, und die ganze Seite stirbt ab; geht es aber einem Aale ebenso? Wenn sie auf einem Baum weilen, so zittern sie vor Furcht und sind ängstlich besorgt; geht es aber einem Affen ebenso? Wer von diesen drei Geschöpfen nun weiß, welches der richtige Wohnort ist? Die Menschen nähren sich von Mastvieh; die Hirsche nähren sich von Gras; der Tausendfuß liebt Würmer, und der Eule schmecken Mäuse. Welches dieser vier Geschöpfe weiß nun, was wirklich gut schmeckt? Die Paviane gesellen sich zu Äffinnen, die Hirsche zu Hindinnen, die Aale schwimmen mit den Fischen zusammen, und schöne Frauen erfreuen der Menschen Augen. Wenn die Fische sie sehen, so tauchen sie in die Tiefe; wenn die Vögel sie sehen, so fliegen sie in die Höhe; wenn die Hirsche sie sehen, so laufen sie davon. Welches von diesen Geschöpfen weiß nun, was wahre Schönheit unter dem Himmel ist?” (II.8.)[9]

Der einzige, der seiner Natur seit langem nicht mehr folgt, der seine eigene Natur ruiniert und zudem noch auch der aller anderen Wesen sein schlechtes Maß aufzwingen will, ist der Mensch der Zivilisation. Statt mit der außermenschlichen Natur zu harmonieren, steht er ihr als Herrscher gegenüber. Zhuangzi fordert dazu auf, mit dieser Vergewaltigung Schluß zu machen:

,,Solang die Pferde auf den Steppen weilen, fressen sie Gras und saufen Wasser. Haben sie eine Freude aneinander, so kreuzen sie die Hälse und reiben sich; sind sie böse aufeinander, so drehen sie sich den Rücken und schlagen aus. Darin besteht ihre ganze Kenntnis. Spannt man sie aber an die Deichsel und zwingt sie unters Joch, dann lernen die Pferde scheu umherblicken, den Hals verdrehen, bocken, dem Zaum ausweichen und die Zügel heimlich durchbeißen. So werden die Pferde klug und geschickt in allerhand Kniffen. Das alles ist die Schuld des ersten Pferdebändigers.” (IX.)[10]

Selbst beim besten Willen ist es verderblich, die außermenschliche Natur mit den Vorstellungen des Zivilisationsmenschen zu beglücken.

Zhuangzi: ,,Auf dem Anger der Hauptstadt von Lu ließ sich einst ein Seevogel nieder. Der Fürst von Lu gab ihm einen Empfang und bewirtete ihn im Ahnentempel. Er ließ die Neun-Shao-Musik aufspielen, um ihn zu erfreuen, und ließ ein Großopfer darbringen, um ihm den Gaumen zu kitzeln. Da blickte der Vogel verwirrt umher und verfiel in Trauer. Er wagte weder ein einziges Stück Fleisch zu essen, noch ein Schälchen Wasser zu trinken. Nach drei Tagen starb er. Dies bedeutet, mit dem, was einem selbst dienlich ist, einem Vogel dienlich sein zu wollen, und nicht, dem Vogel mit dem dienlich zu sein, was dem Vogel dienlich ist. Wer einem Vogel mit dem dienlich sein will, was dem Vogel dienlich ist, der soll ihn am besten in den tiefen Wäldern hausen, über Sandbänke und Inseln ziehen, sich von Schlammpeitzkern und Elritzen ernähren und der Formation (seiner Artgenossen) folgend (an seinen Rastplätzen) niedergehen und in Behaglichkeit leben lassen."[11]

Zhuangzis Geschichte vom Ziehbrunnen und Nr. 80 des Daodejing zeigen, welche Grenze der Daoismus der technischen Umgestaltung außermenschlicher Natur zieht:

Der Ziehbrunnen
Dsï Gung war im Staate Tschu gewandert und nach dem Staat Dsin zurückgekehrt. Als er durch die Gegend nördlich des Han-Flusses kam, sah er einen alten Mann, der in seinem Gemüsegarten beschäftigt war. Er hatte Gräben gezogen zur Bewässerung. Er stieg selbst in den Brunnen hinunter und brachte in seinen Armen ein Gefäß voll Wasser heraus, das er ausgoß. Er mühte sich aufs äußerste ab und brachte doch wenig zustande. Dsï Gung sprach: ,,Da gibt es eine Einrichtung, mit der man an einem Tag hundert Gräben bewässern kann. Mit wenig Mühe wird viel erreicht. Möchtet Ihr die nicht anwenden?" Der Gärtner richtete sich auf, sah ihn an und sprach: ,,Und was wäre das?" Dsï Gung sprach: ,,Man nimmt einen hölzernen Hebelarm, der hinten beschwert und vorn leicht ist. Auf diese Weise kann man das Wasser schöpfen, daß es nur so sprudelt. Man nennt das einen Ziehbrunnen." Da stieg dem Alten der Ärger ins Gesicht, und er sagte: ,,Ich habe meinen Lehrer sagen hören: Wenn einer Maschinen benützt, so betreibt er all seine Geschäfte maschinenmäßig; wer seine Geschäfte maschinenmäßig betreibt, der bekommt ein Maschinenherz. Wenn einer aber ein Maschinenherz in der Brust hat, dem geht die reine Einfalt verloren. Bei wem die reine Einfalt hin ist, der wird ungewiß in den Regungen seines Geistes. Ungewißheit in den Regungen des Geistes ist etwas, das sich mit dem wahren dao nicht verträgt. Nicht daß ich solche Dinge nicht kennte: ich schäme mich, sie anzuwenden." Dsï Gung errötete und wurde verlegen. Er blickte zur Erde und erwiderte nichts. Es verging eine Weile, dann fing der Gärtner wieder an: ,,Wer seid Ihr denn eigentlich?" Dsï Gung sprach: ,,Ich bin ein Schüler des Kung Dsï."

Als er ins Land Lu zurückgekehrt war, teilte er dem Kung Dsï sein Erlebnis mit. Kung Dsï sprach: ,,Jener Mann ist einer, der sich damit abgibt, die Grundsätze der Urzeit zu pflegen. Vor einem solchen Menschen hattest du Grund zu erschrecken. Die Grundsätze der Urzeit zu verstehen, bin ich ebensowenig fähig wie du." (XII.11.)[12]

Laozi:
,,*Klein sei das land, das volk gering an zahl*
so viele werkzeuge es gibt, gebraucht sie nicht!
lehrt das volk den tod scheuen und weites wandern meiden!
gibt es auch boote und wagen
man besteige sie nicht

gibt es auch harnisch und waffen
man hole sie nicht hervor
das schreiben schafft ab
lehrt die menschen wieder quippu-knoten knüpfen
die speise sei ihnen süß
die kleidung schön
die hütten bequem
die sitten fröhlich
die nachbarstaaten liegen dicht beisammen
man hört die hühner gackern, die hunde bellen
und doch verkehrt man bis zum tode
mit seinen nachbarn nicht." (80)[13]

1.1.3 Zurückfinden: Friedliche Lebensweise
Die Menschheit soll also zurückkehren zum Neolithikum. Wie ist das zu erreichen? Die Harmonie des Neolithikums, der Vormetallzeit, ist wiederzugewinnen

1. durch individuelles wu wei (Nichthandeln)
„Immer begehrlos
und schaubar wird der dinge geheimnis
immer begehrlich
und schaubar wird der dinge umrandung." (1)[14]
„Darum tut der weise ohne taten
bringt belehrung ohne worte
so gedeihen die dinge ohne widerstand
so läßt er sie wachsen und besitzt sie nicht
tut und verlangt nichts für sich
nimmt nichts für sich, was er vollbracht
und da er nichts nimmt
verliert er nichts." (2)[15]
„Durch nichthandeln bleibt nichts ungeordnet." (3)[16]
„Zum schlichten und echten zurückkehren
wenig wollen, nicht viel begehren." (19)[17]
„Wer sich zu begnügen weiß, ist reich." (33)[18]
„Reine stille gibt der welt
das rechte maß zurück." (45)[19]
„Der weise handelt nicht und vollendet doch." (47)[20]
„Nichts bleibt ungetan
wo nichts überflüssiges getan wird." (48)[21]
„Von den menschen aber
treiben sich selbst in den tod
drei von zehn
und warum?

weil sie zuviel tun für das leben." (50)[22]
„Tu - doch nicht der taten wegen." (63)[23]

Wu wei heißt *Nichthandeln*, sanft handeln. Man darf es auf keinen Fall mit dem
Oblomov'schen *Nichts-Tun*, auf dem Diwan liegen, übersetzen, denn das dao zu
finden, verlangt viel vom Menschen, der Faule verfehlt das dao, der Faule wird
manipuliert von anderen und von der seit einigen Jahrtausenden fehlgegangenen
Gesellschaft. Manipuliert wird freilich erst recht, wer sich in der Betriebsamkeit
verliert. Wu wei heißt Handeln aus Tugendkraft, aus der Kraft der Urtugend. Im
einzelnen:

a) Wu wei bedeutet, nicht erwerben wollen
„Schätzt nicht schätzenswerte güter
und es wird nicht räuber geben im volk
zeigt nichts begehrenswertes
und es wird keine verwirrung sein im herzen des volkes." (3)[24]
„Hetzen und jagen verwirren das herz
seltene güter führen zu verbotenem." (12)[25]
„Begehrt man sehr, gibt man viel her." (44)[26]
„Es ist kein übel ärger als begehren
kein unheil böser als sich-nicht-begnügen
kein fehler größer als erwerben-wollen." (46)[27]

b) Und es heißt, nicht gegen die Natur handeln
„So weiß ich denn:
nicht wider die natur handeln
fördert der dinge gedeihen." (43)[28]
„Handle - doch nie der natur zuwider." (63)[29]
„Der weise geht zurück den weg, den die menschen gingen
um den dingen zurückzuhelfen zu ihrer natur
und wagt nur eines nicht: wider die natur zu handeln." (64)[30]

c) Auf andere gerichtet, bedeutet wu wei Mitleid
„Höchste güte ist wie das wasser
gut tut es den dingen und streitet mit keinem." (8)[31]
„Vergelte übelwollen mit güte." (63)[32]
„Ich habe drei schätze
die halte ich fest
der erste - mitleid
der zweite - sparsamkeit
der dritte - angst, sich vorzudrängen
wer mitleid fühlt, kann mutig sein
wer sparsam ist, freigiebig sein

wer sich nicht vordrängt, aller wesen erstes sein
wer mitleidlos, doch mutig ist
nicht sparsam, doch freigiebig ist
sich vordrängt, statt sich hintennach zu stellen
der stirbt
von großer macht ist mitleid
im kampf verleiht es sieg
im widerstand festigkeit
und wen der himmel schützen will
den schützt er mit der macht des mitleids." *(67)*[33]
,,Wo sich im kampfe gleiche gegner messen
siegt der mitleidige." (69)[34]

2. durch gesellschaftliche Gleichheit
,,Die große ordnung braucht die spaltung nicht." *(28)*[35]
,,Urtiefe gemeinsamkeit sei dies genannt.
So kann keiner verwandt sein
keiner fremd sein
keiner gewinn erringen
keiner verlust erleiden
keiner edel sein
keiner gemein sein
das ist das edelste der welt." (56)[36]

3. durch Frieden nach innen und außen
,,Was andere lehrten
lehre auch ich:
eines gewaltsamen todes muß
der gewaltsame sterben
so dient auch der gewalttätige mir
als lehrmeister." (42)[37]
,,Wer fürsten dient im dienste des dao
erzwingt nicht mit waffen gehorsam im reich
sie schlagen zurück auf den schlagenden
dornengestrüpp überwuchert den boden
wo kriegsvolk gehaust hat
hinter den großen armeen
ziehen hungerjahre
gut ist siegen - und damit genug
man wage nicht, zwingherr zu sein
siegen und sich nicht brüsten
siegen und sich nicht rühmen
siegen und nicht stolz auf den sieg sein

gezwungen nur sei man ein sieger -
nicht, um zu zwingen
die kraft mißbrauchen bringt verfall
das heißt: dem dao zuwiderhandeln
wer ihm zuwiderhandelt, endet früh." (30)[38]
„Glückverheißend allein ist friedvolles tun
unglückverheißend das handwerk des krieges
und steht der flügelführer zur linken
zur rechten der mächtige feldherr
zu trauerfeiern rüstet euch
mit trauer und tränen gedenkt
der hingemetzelten scharen
mit trauerfeiern feiert den sieg!" (31)[39]

4. durch Ausrichten auf das Weibliche
„Unsterblich ist der tiefe geist des tals
der dunkle mutterschoß sei er benannt
und dieses dunklen mutterschoßes pforte -
genannt wird sie die wurzel des alls
sich hinschlingend durch alles, allgegenwärtig
wirkt sie und wirkt doch mühelos." (6)[40]
„Kann sich öffnen und schließen das himmelstor
ohne das weibliche?" (10)[41]
„Ein etwas gibt es, aus dem chaos geworden
früher als himmel und erde entstanden
ein einsam-stilles, endlos-weites
in sich allein, unwandelbar
kreisend, nie sich erschöpfend
des alls urmutter könnte man es nennen
ich kenne seinen namen nicht
ich nenne es dao." (26)[42]
„Ewig besiegt das weibliche durch stille das männliche." (61)[43]

Das Weichhandeln besiegt das Harthandeln:
„Das weiche besiegt das harte." (36)[44]
„Nichts in der welt ist weicher und schwächer als wasser
und doch gibt es nichts, das wie wasser
starres und hartes bezwingt
unabänderlich strömt es nach seiner art
daß schwaches über starkes siegt
starres geschmeidigem unterliegt
wer wüßte das nicht?
doch wer handelt danach!" (78)[45]

46

1.1.4 Neue Weltheimat: Eine Gesellschaft von einfachen Weisen
Wenn die Menschheit weise wird, handelt sie antikriminogen und ökologisch.
Wu wei bedeutet gerade nicht Rückzug von der Welt, sondern die sanfte
Verbindung mit allen Schichten des Seins bis hin zum Spüren der Grenze, des
Weltabgrundes, des Dekadenzchaos. Die einzelnen Menschen unterscheiden
sich nach dem Ausmaß der Wiederaneignung des dao.

„Hört ein verständiger vom dao
folgt er ihm unbeirrt
hört ein mittelmäßiger vom dao
folgt er ihm schwankend und verliert es
hört ein unverständiger vom dao
so lacht er laut auf." (41)[46]

Jeder ist befähigt, weise zu werden. Er bedarf dazu keines Erlösers, keiner
Offenbarung und keiner heiligen Schrift, er sucht und findet den Weg für sich in
Verbindung mit den Ahnen. Cheng dao bedeutet, die angeborenen Anlagen und
Potenzen in optimaler Weise entfalten, das Himmelsdao in sich vollenden, um
anderen dienen zu können.[47]

Der Weise findet die Urtugend de wieder:
„Wer im dao fortschreitet, scheint rückwärts
zu gehen." (41)[48]
„So stellt der weise sein selbst zurück
und ist den anderen voraus
wahrt nicht sein selbst
und es bleibt ihm bewahrt
denn ohne eigensucht
vollendet er das eigene." (7)[49]
„Klarheit, die alles ringsum erreicht
braucht sie denn tätigsein?
der weise läßt sie wachsen und nährt sie
läßt die dinge wachsen und besitzt sie nicht
tut und verlangt nichts für sich
behüter, nicht beherrscher
das sei genannt das tiefste de." (10)[50]
„So hält sich der weise ans eine
und wird zum vorbild für alle
er zeigt sich nicht
so wird er sichtbar
er will nicht recht behalten
so wird sein recht offenbar
er pocht nicht auf verdienste

so schafft er verdienstvolles
er tut sich nicht hervor
so fällt ihm der vorrang von selbst zu." *(22)*
"Der weise speichert nicht für sich
und da er anderen dient
wächst sein besitz
und da er anderen gibt
so mehrt er sich
das dao des himmels:
nutzen ohne schaden
das dao des weisen:
handeln ohne streit." (81)[52]

Alle Individuen werden aufgefordert, weise zu werden
und an der Bildung einer neuen Gesellschaft mitzuwirken:
"Haltet fest am dao der alten
mit ihm zu leiten das neue." (14)[53]
"Den uranfang erkennen
nenn ich leitspur des dao." (14)[54]

Mit anderen Worten: Wen die Entfremdung bedrückt und wer sich der Gefahr
des Absturzes ins Dekadenzchaos und des Verschwindens ins Nichts bewußt ist,
der weiß, warum er sich ans dao hält.

Heimkehr ins Neolithikum auf höherer Stufe: dörfliche Selbstverwaltung und
verwirklichte Welteinheit zugleich.[55] Die Weisen verwalten sich selbst. Prinzip
ihrer Regierung ist wu wei. Also gegen den Zentralismus der bisherigen Staaten,
erst recht gegen den Zentralismus der Blöcke wie etwa des früheren Ostblocks
oder des derzeitigen ökonomischen und militärischen Westblocks. Die Regierung der Weisen ist historisch rückverbunden durch die Versammlung der Ahnen
bzw. ihrer Hauchseelen hun als tian (Himmel). Damit ist sie, stufenweise vermittelt,
an das dao gebundene Regierung für tian xia, alles unter dem Himmel, sittlich
legitimierte Weltregierung, die der Selbstverwaltung aller Völker und Stämme
dient, anstatt wie der bisherige Staat und die bisherigen Blöcke die landsmann-
schaftlichen und Völkerindividualitäten zu vergewaltigen, sie herrschsüchtig an der
Rückkehr zum klassenlosen basisdemokratischen dao zu hindern.[56]

1.1.5 Ausblick

a) Es handelt sich bei den Gesetzmäßigkeiten, an denen der Daoist sich orientieren will, nicht um die Gesetzmäßigkeiten der sogenannten Naturwissenschaften,
wie sie seit Bacon in Westeuropa herausgefiltert wurden. Denn diese sind
einseitig, sind funktional auf Herrschaft über die Natur gerichtet. Dem Daoismus
geht es um die Natur der Biosphäre im vollen Wortsinn, nicht aber um deren
Ausbeutung, worauf die der Industrie dienende Naturwissenschaft zielt.[57]

48

b) Was ist jenseits der Biosphäre, falls sie zerstört wird? Dazu schweigen die funktionalisierten Natur- und Gesellschaftswissenschaften. Der Daoismus gibt folgende Antwort: Der Mensch, der sein eigenes dao verliert und das ihn umgebende dao zerstört, fällt aus der Ordnung des Kosmos heraus und zersetzt sich ins Chaos. Während das Urchaos potentiell das dao in sich trägt, fällt das Dekadenzchaos ins Nichtseiende zurück. Seit dem Ende des Neolithikums driftet die Menschheit nach Auffassung des Daoismus in die Richtung des Nichtseienden ab. - Auch Marx sieht den historischen Bruch, der mit den Klassengesellschaften beginnt. Doch im Unterschied zum Daoismus hält Marx den Bruch für unvermeidlich. Sogar die extremste Erscheinung des Bruches, der Kapitalismus, ist nach Marx notwendig. So spricht er vom ,,Idiotismus des Landlebens''.

c) Die Ur- und Frühgeschichte der Menschheit bis zum Spätpaläolithikum ist kein Maßstab für das den Menschen bestimmende dao, auf das Laozi reflektiert. Bestimmend ist das Neolithikum als Hackbaulandwirtschaft. Für den Konfuzianismus, den wir anschließend untersuchen, ist ebenfalls grundlegend das Neolithikum, darüber hinaus ist aber für ihn die Hochkultur und entwickelte Hochkultur das Maßgebende. Da der historische Fortschritt nach Kong Fuzi weit über den Stand des Neolithikums hinausführt, benötigt er, wie wir sehen werden, die Pflicht, die verhindern soll, daß einzelner Mensch und Menschheit auf dem gefährlichen Höhenweg, den der Konfuzianismus bejaht, nicht abstürzen. Indes muß dabei der aufs Einfache gehende Weg des Daoismus immer vor Augen bleiben. Denn jenseits der Verheißungen einer höheren Kultur durch den Konfuzianismus tut sich der Abgrund des Dekadenzchaos und des Nichts auf: beginnend mit der klassengesellschaftlichen Entfremdung, kulminierend im historischen Bruch ab +1500 und von diesem bedingten seit dem 19. Jahrhundert extrem hohen Kriminalitätsraten.

1.2 Konfuzianismus
,,*Das Erbe der Vergangenheit muß für künftige Geschlechter gewahrt werden. Es ist nicht etwas, worüber der einzelne frei verfügen könnte. Lieber sterben, als es preisgeben!"*
(Mengzi)

,,*Der Mensch kann nicht sein, was er sein soll, wenn der durchwanderte Weg und die auf ihm schritten, ihm nicht gegenwärtig sind.*"
(Reinhold Schneider: Winter in Wien)

Quellen: Ausgaben des Lunyu: Konfuzius. Gespräche des Meisters Kung, München 1992. Kungfutse: Gespräche, Köln 1982. Konfuzius: Gespräche, Frankfurt a.M. 1983. Mong Dsï (Mengzi), München 1994. Li Gi (Liji), Düsseldorf 1981. I Ging (Yijing), Köln 1983.

Quellen des Konfuzianismus - chinesisch rujia (Gelehrtenschule) - sind zunächst die von Kong Fuzi (551-479) redigierten ,,Fünf Klassiker" (wu jing):

Buch der Lieder (Shijing ab -11. Jh. mit Texten, die bis zum -20. Jh. zurückreichen), Buch der Urkunden (Shujing ab -11. Jh., behandelt Geschehnisse zwischen -2200 und -626), Buch der Wandlungen (Yijing, Schafgarbenorakel der frühen Zhouzeit), Frühlings- und Herbstannalen (Chunqiu, redigiert von Kong Fuzi), Buch der Sittlichkeit (Liji -2. Jh., aber vorkonfuzianische Quellen). Der spätere Konfuzianismus bezieht sich auf die vier Bücher (si shu): Lunyu (Gespräche des Kong Fuzi), Buch Mengzi (Menzius) und zwei Schriften aus dem Liji: Daxue (Große Lehre) und Zhongyong (Maß und Mitte). Wir wollen im folgenden den Konfuzianismus der vier Bücher betrachten. Sie fußen auf den fünf älteren Büchern, im Falle des Liji stellen sie Auszüge dar. Gelegentlich ziehen wir Lehrsätze des Neokonfuzianismus heran nach Zhu Xi (1130-1200).

Durch unsere Erörterung soll die Bedeutung der historischen Verankerung des Konfuzianismus ersichtlich werden: für dessen Lehre von der Notwendigkeit einer nachhaltigen, aber maßvollen Entwicklung der materiellen Produktivkräfte, für dessen Lehre vom entwickelten, vom gebildeten Menschen (junzi), für dessen Ethik und für dessen Lehre von der Herrschaft, wonach ein Herrscher, der nicht persönlich Vorbild ist, vom Volk abberufen werden kann (geming = Entzug des Mandats).

1.2.1 Einleitung
a) Daoismus/Konfuzianismus
Der Daoismus, so wissen wir, geht vom Begriff des dao aus, der in seiner umfassendsten Bedeutung die Gesetzmäßigkeiten des Kosmos und besonders der Biosphäre erfaßt. Der Mensch soll dem dao des Himmels, der Geschichte folgen.

Für den Konfuzianismus ist ebenfalls das dao des Himmels oberstes Richtmaß. Doch ist der Inhalt nicht identisch. Wie dem Daoismus, so ist zwar auch dem Konfuzianismus das Neolithikum Vorbild für das elementar Einfache. Darüber hinaus ist der Konfuzianismus aber von einem Willen zur Entwicklung auch der materiellen Produktivkräfte geprägt. Konfuzius bezieht sich daher
1. auf das Neolithikum;
2. auf die dem matriarchalen Neolithikum folgende Kupfer- und Bronzezeit, die außer von Kupfer und Bronze vom Pflugbau und von der Töpferscheibe charakterisiert ist. In dieser Zeit entstand heutiger Auffassung nach das Patriarchat und die Verehrung männlicher Ahnen;
3. auf die Xia-Dynastie (21.-16. Jh.);
4. auf die Shang-Dynastie (16.-11. Jh.), die einen höchsten Ahn Shang di verehrte. Besonders hält er sich
5. an die zur Zeit von Kong Fuzi nominell noch bestehende Zhou-Dynastie (11. Jh. bis -221)[58], von deren Stamm die tian-Vorstellung herrührt. Wie der Daoismus, so will auch der Konfuzianismus zurückkehren, jedoch auf eine spätere Stufe: die der frühen Hochkultur, woraus ähnlich wie beim Daoismus in der Reflexion des Kong Fuzi ein Wertesystem der entwickelten Hochkultur wird.

b) Das Gesetz des Himmels

Früh wurde in China erfaßt, daß nach dem Zerfall des menschlichen Körpers etwas übrigbleiben muß, das nicht mit ihm zusammen vergeht. Dieses wurde als Hauchseele hun bezeichnet. Die Versammlung der abgeschiedenen Hauchseelen ist tian, der Himmel. Lebende und Abgeschiedene sind in der Sippengemeinschaft vereint. Die Ahnen werden verehrt in einer Sippenfeier, bei der die Sippenmitglieder sich gegenseitig bewirten und beschenken. Sie hat den Sinn, „mit den Ahnen der Vorzeit Gemeinschaft zu haben", um des „himmlischen Segens teilhaftig zu werden".[59] Der Sinn ist, „umkehren zum Alten und zum Anfang, nicht vergessen, woraus das Leben entsprang".[60] Daraus entsteht li, das Ordnungsprinzip des Himmels, das in die Sphäre der lebenden Menschen eintritt: Tradition, Kulturerbe, Sittlichkeit.[61] Es handelt sich also um die geschichtlich akkumulierte Tätigkeit von (männlichen) Individuen. Daher kann weder die Vergangenheit statisch sein noch kann die Gegenwart die Verbindung zu ihren Ursprüngen zerreißen. Die ganze Erdenwelt (tianxia) ist auf diese Weise mit dem Himmel verbunden. Aufgabe des Kaisers, des Himmelssohnes tianzi ist es, dafür zu sorgen, daß gelebt wird unter der Anleitung des Himmels, das heißt sittlich (li). Der Kaiser selber muß Vorbild sein. Handelt er nicht sittlich, so wird ihm das Mandat des Himmels entzogen (geming). Dies bewirkt der Himmel durch das Volk. Geming ist heute der Terminus für Revolution. Der Terminus für Sozialismus lautet shehuizhuyi. She ist der Gebietstempel der Ahnen des Heimatbodens bis hinauf zum Reich, d.h. zur Ökumene, hui ist die am She-Altar zusammenkommende Kultgemeinde. Sozialismus bedeutet gemeindliche und gebietliche Verwurzelung, Heimat. Soziologie heißt shehuixue, die Lehre von der auf dem Heimatboden siedelnden Gemeinschaft.

c) Verankerung im Shujing

Dem Shujing zufolge gingen der Xia-Dynastie die Kulturheroen Yao, Shun und Yu voraus (2356-2198). Sie waren mit der Kultivierung der Erde beschäftigt, u.a. mit Wasserbauten. Schon von Yao wird gesagt, er sei zuständig für die ganze Erde (tianxia) gewesen und habe im Einklang mit dem Himmel geherrscht. Am Rande des Reiches hausen wilde Barbarenstämme. Yu gründet dann die Xia-Dynastie. Das Shujing beschreibt, wie den Xia das Mandat des Himmels schließlich entzogen und den Shang gegeben wird:

„*Der König sprach: Herbei, ihr Scharen, und lauscht meinen Worten. Nicht ich, das kleine Kind, bin es, das zu handeln wagt, als würde es eine Rebellion beginnen. Gar manche Schuld trägt der Hsia, (darum) der Himmel befahl mir, ihn zu töten.*"[62]

Das gleiche bezieht sich auf den Wechsel von den Shang auf die Zhou:

„*Als der Fürst des Westens (den Fürsten von) Li getötet hatte, da ergriff den Tsu Yi die Furcht, und er brach eilends auf, und er verkündete dem König: Sohn des Himmels, der Himmel hat dem Mandat der Yin ein Ende gemacht. Die weisen*

Männer und die Große Schildkröte wagten nicht, Günstiges vorherzusagen. Es ist nicht so, daß die einstigen Könige uns, den Menschen späterer Zeiten, nicht helfen, doch ein König, ist er ausschweifend und tyrannisch, zerschneidet selbst das Band (das ihn mit dem Himmel verbindet). Daher hat uns der Himmel fortgeworfen, und es ist uns nicht mehr gegeben, unser Brot in Frieden zu essen. Denn (der König) achtet nicht mehr auf seine himmlische Natur und er befolgt nicht mehr die (unveränderlichen) Gesetze. Jetzt gibt es in unserem Volke niemanden, der nicht (Euren) Ruin wünscht."[63]

Kong Fuzi schließt an die Verehrung der männlichen Ahnen sowie an die alten Bücher und Dynastien an.

d) Grundbegriffe

Die das li definierenden Begriffe des Konfuzianismus sind:
- junzi entwickelter Mensch, gebildeter Mensch
- ren Mitmenschlichkeit, Humanität, Güte
- yi Pflicht, Rechtschaffenheit. Sie ist li und ren gemäß. Quelle ist die Scham.
- zhong Treue
- xiao Ehrfurcht, Dankbarkeit
- zhi Wissen.

Die Inhalte dieser Begriffe konstituieren die zweite Natur des Menschen ren xing, ein Element der Hochkultur und besonders der entwickelten Hochkultur. Der Daoismus lehnt das Zwischenglied des li: Tradition, Sittlichkeit in konfuzianischer Ausprägung ab.

e) Das Ziel Kong Fuzis

Wie kam Kong Fuzi zu diesen Begriffen? Welche Lage veranlaßte ihn zum Sprechen? Um das zu erklären, muß die Geschichte der Zhou bis hin zu Konfuzius kurz betrachtet werden. Die Hauptstadt der Zhou befand sich zunächst in der Nähe des heutigen Xi'an: Westliche Zhou-Dynastie (11. Jh. bis 771). Unter dem Druck innerasiatischer Pferdenomaden, erst Streitwagenleute, zuletzt Reiter, wurde die Hauptstadt verlegt nach Luoyang: Östliche Zhou (770-221). Die Zeit der Östlichen Zhou besteht 1. aus der Chunqiu-Periode, die Periode der Frühlings- und Herbstannalen (770-476), die wir bereits kennen als Titel eines der „Fünf Bücher". Bei Kong Fuzi bezog das Buch sich auf Annalen des Staates Lu, seines Heimatstaates, dessen Hauptstadt das heutige Qufu war. Es folgte 2. die Periode der Kämpfenden Staaten Zhanguo (475-221). Seit der Übersiedlung nach Luoyang war es mit der Zhou-Dynastie bergab gegangen. Die Lehensherren verselbständigten sich, bekämpften einander und die stärkeren von ihnen strebten nach der Hegemonie. Kong Fuzi postulierte, derjenige werde von allen anderen anerkannt werden, der durch die Ausstrahlung seiner Tugend das Land leite. Das Ziel Kong Fuzis war es, Sittlichkeit und Politik wieder zu verbinden, die Politik der Weisheit und der Sittlichkeit unterzuordnen und so ein Erdenreich des Friedens, der Harmonie herbeizuführen. Doch Kong Fuzi blieb zunächst ohne

Erfolg. Die Reichseinigung vollzog sich unter Machtstaatsgesichtspunkten durch die Qin, deren Hauptstadt Xianyang war. Von den Qin stammt unsere Bezeichnung China. Die Chinesen nennen ihr Land Zhongguo - Reich der Mitte. Indes, die Herrschaft der Qin hielt nur 14 Jahre (221-207). Es folgte die Han-Dynastie (-206 bis +220). Nun setzten sich die Gedanken Kong Fuzis in der Politik durch. Nach der Han-Dynastie nennen sich die Bewohner Chinas, diejenigen, die wir Chinesen nennen, Han. Chinesische Sprache: Hanyu. Seit der Han-Zeit ist China meist stark von den Zielen Kong Fuzis beeinflußt. Ein Bruch war insofern die Kulturrevolution 1966-1976 einschließlich einer Vorphase dieser Bewegung von 1911 (vorläufiges Ende des chinesischen Kaiserreiches) bis 1949 (Sieg der Kommunisten) und von 1949-1966 (kommunistische Umwälzung). Heute formiert sich der Konfuzianismus neu in Ostasien, Mittelasien, Südostasien, Australasien und an der Pazifikseite Amerikas. Einflüsse sind auch in Rußland festzustellen. Die Konfuzianer sind sich bewußt, daß ihre Lehre am tiefsten von allen jetzt auf der Erde konkurrierenden Lehren in der Geschichte der Menschheit verankert ist. Sie sind der Überzeugung, ihre Lehre könne die Welt einen und zur Harmonie führen. Dabei verknüpfen sie ihre Lehre mit dem matriarchalisch getönten Daoismus und mit dem Buddhismus. Über letzteren ist die Verbindung mit der urchristlichen Lehre und mit dem islamischen Sufismus und somit ein weltweites Ansatzfeld gegeben. Philosophische Affinitäten sind am intensivsten mit dem deutschen Bildungshumanismus. Oskar Weggel bezeichnet die neue Weltlehre als „Metakonfuzianismus".[64]

Nun kommen einzelne Quellen des Konfuzianismus selbst zu Worte. Sie sollen ein Spektrum ethischer Inhalte der vier Bücher vermitteln. Wir werden aus dem Lunyu referieren, Argumentationen von Mengzi wiedergeben sowie abrunden mit Auszügen aus dem Liji.

1.2.2 Lunyu (Gespräche)

a) Der lehrende Meister

Der Meister sprach: Nicht daß die Menschen mich nicht kennen, bedrückt mich. Mich bedrückt, zu wenig sie zu kennen. (I.16.)[65]

Der Meister sprach: Wie dürfte ich je wagen, mich zu den Weisen oder wahrhaft Gütigen zu zählen! Nur das könnte man von mir sagen, das und sonst nichts: Er müht sich unablässig, ihnen nachzustreben, und er lehrt andere unermüdlich in ihrem Sinne. (VII.33.)

Der Meister sprach: Ich leite den nicht an, der sich nicht eifrig müht. Ich öffne dem den Sinn nicht, der den Mund nicht auftut. Und zeig ich eine Ecke - wer mir nicht mit den drei anderen begegnen kann, den werde ich nicht noch einmal belehren. (VII.8).

Der Fürst von Sche erkundigte sich bei Dse-lu über den Meister. Dse-lu antwortete nicht darauf. Der Meister sprach: Warum hast du ihm nicht gesagt, er ist ein Mensch, der im Eifer des Studierens zu essen vergißt; der, wenn er Grund zur Freude hat, vergißt, daß es auch Grund zur Trauer gibt, und der nicht merkt, daß ihm das Alter immer näher rückt. (VII.18.)

Der Meister sprach: Wer etwas kennt, reicht nicht heran an jenen, der es liebt; und der es liebt, reicht nicht heran an jenen, den es freut. (VI.18.)

b) Der entwickelte Mensch, der gebildete Mensch (junzi)

Was heißt, sittlich leben, sich nach dem Willen des Himmels richten?[66] Auf diese Frage gibt Kong Fuzi Antworten, die in China und Ostasien maßgebend geworden sind. Kong Fuzi erkennt aus dem früher von anderen Gesagten, was noch ungesagt ist. Den konfuzianischen Rechten Weg, das konfuzianische zheng dao verkörpert der junzi, der entwickelte Mensch. Es geht Kong Fuzi um die Bildung und Entwicklung des einzelnen. Im Typus des entwickelten Menschen faßt Kong Fuzi alle Eigenschaften zusammen, die den vollkommenen Menschen ausmachen. Es ist ein Ideal, das theoretisch für jeden Menschen erreichbar ist, es bedarf dazu eines ehrlichen Wollens, das in die Tat umgesetzt wird. Reichtum ist zur Erreichung dieses Ideals nicht erforderlich. Der entwickelte Mensch studiert unablässig und übt sich in sittlichem Verhalten.[67] Er will durch ren zu he Harmonie gelangen, Harmonie schaffen für andere und die Gesellschaft und so das höchste Gut verwirklichen. Er ist kein Werkzeug, läßt sich nicht funktionalisieren. Er redet wenig, vielmehr handelt er zuerst und spricht erst danach. Er strebt nicht nach Gewinn. Unablässig strebt er nach der Vollkommenheit seiner selbst. Der Gemeine dagegen ist auf Profit aus.

Der Meister sprach: Der entwickelte Mensch sucht nicht Sattheit, wenn er speist, Bequemlichkeit nicht, wenn er ruht. Klar ist sein Geist den Dingen zugewandt. Mit Vorsicht wählt er seine Worte. (I.14).

Der Meister sprach: Der Gütige, der sich selbst zu festigen sucht, hilft anderen sich zu festigen: Was er selbst zu erreichen sucht, das hilft er anderen zu erreichen. (VI.28.)

Der Meister sprach: Mit fünfzehn strebte ich nach Wissen. Mit dreißig war ich in mir selbst gefestigt. Mit vierzig gab es keine Zweifel mehr. Mit fünfzig kannte ich des Himmels Willen. Mit sechzig war mein Ohr ein willig Ding, aus allem nur herauszuhörn das Wahre. Mit siebzig konnt ich unbedenklich folgen des Herzens Wünschen, ohne je das rechte Maß zu übertreten. (II.4.)

Der entwickelte Mensch ist ein Lernender: Der Meister sprach: Ich habe oft den ganzen Tag nicht gegessen und die ganze Nacht nicht geschlafen, um nachzudenken. Es nützt nichts; besser ist, zu lernen.[68]

Entscheidend ist dabei die Achtsamkeit. Damit ist gemeint, persönliche Wünsche abzulegen. Erreicht werden soll dies durch „in Achtsamkeit verweilen" sowie durch das der Erweiterung und Vervollkommnung des Wissens dienende „Erforschen der Dinge". Dies bedeutet, sein Studium zu betreiben, indem man seine eigene tugendhafte Natur achtet. Es geht also ebenso um Pflege und Vervollkommnung der moralischen Natur wie um intellektuelle Studien. Man könnte hier von einem subjektbezogenen und einem objektbezogenen Vorgehen sprechen. Mit dem einen Bestandteil des Lernens, der Achtsamkeit, ist gemeint, sich auf das eine, d.h. auf die Wahrnehmung des allgemeinen Prinzips, zu konzentrieren. Dieses ,,sich auf das eine konzentrieren" bedeutet, sich nicht zu verzetteln, sondern vielmehr seinen Sinn ganz auf dieses Ziel zu richten. Zhu Xi bezeichnet die Achtsamkeit als das A und O des Konfuzianismus.[69]

Der Meister sprach: Altes Wissen üben und nach neuen Kenntnissen streben - das ist es, wodurch man sich zum Lehrer anderer eignet. (II.11)

Dse-hsja sagte: Tag für Tag erkennen, was einem an Verständnis noch fehlt; Monat für Monat sich ins Gedächtnis zurückrufen, was man bereits zu verstehen vermag - das könnte man wahren Wissensdurst nennen (XIX.5.)

Dse-hsja sagte: Allumfassendes Wissen und Willensfestigkeit, unnachgiebiges Fragen und Nachdenken über sich selbst - darin ist wahre Menschlichkeit zu finden. (XIX.6.)

Dschi Wen-dse bedachte alles dreimal, ehe er sich zu handeln entschloß. Als der Meister davon erfuhr, sprach er: Zweimal genügt. (V.19.)

c) Gutsein ohne Belohnung
Einen belohnenden Gott gibt es nicht

Die christliche Ethik verspricht Belohnung oder droht mit Bestrafung im Jenseits. Eine solche Verbindung scheidet im Konfuzianismus schon deshalb aus, weil es weder belohnende oder bestrafende Personen im Jenseits noch ein metaphysisches Weltgesetz gibt. Die Transzendenz des Himmels ist keine jenseitige, sondern sie verbindet diesseitig die historischen Zeiten: Lebende und Abgeschiedene. Ein der Natur vorausgehendes Chaos, von dem der Daoismus spricht, wird vom Konfuzianismus nicht anerkannt. Die einzelnen Dinge entstehen aus der Undifferenziertheit. Jedoch gibt es kulturellen Verfall und insofern Dekadenzchaos. Die Kräfte der entwickelten Hochkultur sind aber die stärkeren. Innerer Zerfall wird durch geming Revolution reguliert. Die niederen Kräfte außen dagegen, die Barbaren, sind hauptsächlich durch friedliche Mittel kultivierbar.

Der Kommentator Guo Xiang erläutert +312: ,,Konfuzius sagte, Naturhimmel und Erde haben schon immer existiert. Es gab nie eine Zeit, in der sie nicht existiert hätten. So wie das Nichts sich nicht in Sein verwandeln kann, kann auch das Sein nicht zum Nichts werden. Es ist unmöglich, daß Naturhimmel und Erde jetzt existieren, ohne bereits früher existiert zu haben. Was hätte denn vor den Dingen da sein sollen? Auch die Annahme, Yin und Yang wären vor den Naturdingen gewesen, ist unmöglich, denn sie gehören selbst dazu. Können wir glauben, es sei die Natur schon vor den Dingen dagewesen? Nein, denn die Natur ist nichts als das Aus-sich-heraus-Sein. Die Natur existiert schon immer und ohne je ein Ende zu nehmen. Ganz offensichtlich gibt es, da sie aus sich heraus so ist wie sie ist, nichts, was sie veranlaßt, zu sein."[70]

Han K'ang po: ,,Untersucht man, was hinter dem Wirken von Yin und Yang und der Bewegung aller Dinge steht, so kann man nichts außerhalb entdecken, was die Dinge veranlaßt, so zu sein, wie sie sind. Alles entsteht aus sich selbst heraus aus der Undifferenziertheit; es bringt sich unmittelbar selbst hervor. Es gibt kein Subjekt, das die Naturdinge schafft; sie sind vielmehr das Produkt einer Entsprechung zu dem ihnen zugrundliegenden Prinzip."[71]

Ergebnis
Dostoevskij sagte bei der Analyse des Mörders Raskol'nikov: ,,Ohne Gott ist alles erlaubt." Seine Schlußfolgerung ist aus konfuzianischer Sicht unzutreffend, wie sich aus der bisherigen Darlegung ergibt. Die konfuzianische Ethik verspricht keinerlei Nutzen, keinen Lohn, auch nicht in einem Jenseits. Ihre zentrale Maxime entspricht vielmehr derjenigen des kategorischen Imperativs von Kant: Was du selber nicht wünschst, anderen nicht zufügen. Da der Mensch von seiner historisch bestimmten Natur aus nach Gutsein strebt, trägt das gute Handeln seinen Lohn in sich. Der Gute handelt aus der Harmonie seiner Natur, erhält dadurch die Harmonie in der Natur (genauer: der Biosphäre), schafft gesellschaftliche Harmonie und hält sich selbst in Harmonie, jedenfalls strebt er danach.

d) Nichthandeln und Handeln des Herrschers
Ein moralisch guter Herrscher wirkt durch seine Sittlichkeit und Autorität auf das Volk ein. Gleich dem Polarstern verweilt er ruhig an seinem Ort, und alles kreist um ihn. Er hat es nicht nötig, durch Erlasse und Vorschriften geschäftig zu regieren.[72]

1.2.3 Mengzi
Mengzi (372-289) lehrte in einer späteren Phase des chinesischen Denkens als Konfuzius. Inzwischen traten andere, nichtkonfuzianische Denkschulen in Erscheinung. Eine Folge ist, daß Mengzi sich meist nicht auf knappe Sentenzen beschränken kann wie Kong Fuzi, er muß argumentieren. Ganz besonders zeigt sich dies in den Darlegungen über die Natur des Menschen.
   Der Konfuzianismus geht davon aus, daß der Mensch der entwickelten Hochkultur gut ist. Wie soll aus dieser Sicht die Regierung beschaffen sein? Und welche historische Entwicklung der materiellen Produktivkräfte ist erforderlich? Entsprechend diesen Fragen ist unsere Gliederung oben:

a) Die Natur des Menschen
Mengzi erinnert, daß Kultur und Tradition, die durch die Tätigkeit der verstorbenen Ahnen geschaffen wurden, bereits zur ,,angeborenen" Natur xing des Menschen geworden sind, eine zweite Natur, die den Menschen der entwickelten Hochkultur von der Zeit vor Beginn der Hochkultur bzw. vor der Seßhaftigkeit und dem Feldbau und räumlich von den Barbaren trennt. Unterhalb befinden sich neben den jungpaläolithischen Jägern in erster Linie die Reiternomaden, gegen welche die Große Mauer errichtet werden muß, sowie die Seepiraten, sprich Japaner und später die Westbarbaren, die kollektiv fast alles verletzen, was die

chinesische Tradition erfordert, die kollektiv dem Willen des Himmels zuwider-handeln. Alle den Stand der entwickelten Hochkultur nicht erreichenden Völker und Stämme sind Barbaren. Vom barbarischen Menschen kann nicht gesagt werden, daß er von Natur aus gut ist, erst vom Menschen der entwickelten Hochkultur. Letzterer hat potentiell die zweite Natur gewonnen, die zu erhalten er sich gleichwohl im individuellen Lebensprozeß anstrengen muß, sonst geht sie ihm wieder verloren, und er sinkt zurück auf das Niveau der Barbaren oder gar der Tiere. Doch auch der Barbar ist Mensch und kann sich in den Menschen der entwickelten Hochkultur verwandeln.

aa) Unterschied zwischen Mensch und Tier
,,Mengzi sprach: Der entwickelte Mensch ist freundlich zu Tieren und liebt die Menschen. Er liebt die Menschen und ist freundlich zu Tieren."

ab) Das Leben
Gau Dsï sprach: ,,Das Leben ist es, das man als Natur bezeichnet." Mong Dsï sprach: ,,Bezeichnet man das Leben als Natur, wie man weiß als weiß bezeich-net?" Gau Dsï bejahte. Mong Dsï sprach: ,,Ist das Weiß einer weißen Feder gleich dem Weiß des weißen Schnees, und ist das Weiß des weißen Schnees gleich dem Weiß des Marmors?" Gau Dsï bejahte. Mong Dsï sprach: ,,Dann ist also die Natur des Hundes gleich der Natur des Ochsen und die Natur des Ochsen gleich der Natur des Menschen?"[73]

Das ist eine scharfe Beweisführung gegen eine die Gattungsindividualitäten einebnende Auffassung.

ac) Die natürlichen Triebe
Mong Dsï sprach: ,,Die natürlichen Triebe tragen den Keim zum Guten in sich; das ist damit gemeint, wenn die Natur gut genannt wird. Wenn einer Böses tut, so liegt der Fehler nicht in seiner Veranlagung. Das Gefühl des Mitleids ist allen Menschen eigen, das Gefühl der Scham und Abneigung ist allen Menschen eigen, das Gefühl der Achtung und Ehrerbietung ist allen Menschen eigen, das Gefühl der Billigung und Mißbilligung ist allen Menschen eigen. Das Gefühl des Mitleids führt zur Liebe, das Gefühl der Scham und Abneigung zur Pflicht, das Gefühl der Achtung und Ehrerbietung zur Schicklichkeit, das Gefühl der Billi-gung und Mißbilligung zur Weisheit. Liebe, Pflicht, Schicklichkeit und Weisheit sind nicht von außen her uns eingetrichtert, sie sind unser ursprünglicher Besitz, die Menschen denken nur nicht daran. Darum heißt es 'Wer sucht, bekommt sie; wer sie liegen läßt, verliert sie.'"[74]

Die gute Veranlagung wirkt nicht von selbst. Der Mensch muß sich anstrengen.

Mong Dsï sprach: ,,Die Wälder auf dem Kuhberg waren einstens schön. Aber weil er in der Nähe der Markung einer Großstadt lag, wurden sie mit Axt und Beil gefällt. Konnten sie da schön bleiben? Doch wirkte Tag und Nacht die Lebenskraft, Regen und Tau feuchteten den Boden; so fehlte es denn nicht, daß neue Triebe und Sprossen wuchsen. Da kamen die Rinder und Schafe dahinter und weideten sie ab. Nun steht er kahl da. Und wenn die Menschen ihn in seiner Kahlheit sehen, so meinen sie, er sei niemals mit Bäumen bestanden gewesen. Aber wie will man behaupten, das sei die Natur des Berges? Und ganz ebenso verhält es sich mit den Menschen. Wie kann man sagen, daß sie nicht Liebe und Pflicht in ihrem Herzen haben? Aber wenn einer sein Herz verloren gehen läßt, so ist das gerade, wie wenn Beil und Axt in den Wald kommen. Wenn er Morgen für Morgen es verwüstet, kann es da gut bleiben? Doch das Leben wächst weiter Tag und Nacht; in der Kraft der Morgenstunden werden seine Neigungen und Abneigungen denen der anderen Menschen wieder ähnlich. Aber wie lange dauert's, dann schlagen seine Tageshandlungen sie wieder in Fesseln und zerstören sie. Wenn so seine besseren Regungen immer wieder gefesselt werden, so ist schließlich die Kraft der Natur nicht mehr stark genug, sie zu erhalten, und er sinkt herunter auf eine Stufe, da er vom Tier nicht mehr weit entfernt ist. Wenn nun die Menschen sein tierisches Wesen sehen, so meinen sie, er habe niemals gute Anlagen gehabt. Aber wie will man behaupten, das seien die wirklichen Triebe des Menschen? Darum: Es gibt nichts, das nicht wachsen würde, wenn ihm seine rechte Pflege zuteil wird, und es gibt nichts, das nicht in Verfall geriete, wenn es der rechten Pflege entbehren muß."[75]

ad) Gegen den Utilitarismus
Mong Dsï sprach: ,,Wer beim Hahnenruf aufsteht und an nichts anderes denkt als an Gutestun, der ist ein Genosse des heiligen Schun. Wer beim Hahnenruf aufsteht und an nichts anderes denkt als an seinen Nutzen, der ist ein Genosse des Räubers Dschi. Wollt ihr den Unterschied zwischen dem heiligen Schun und dem Räuber Dschi wissen? Er liegt nirgends sonst als in dem Abstand zwischen gut und nützlich (=Eigennutz)."[76]

ae) Mitleid, Nächstenliebe
Mong Dsï sprach: ,,Jeder Mensch hat ein Herz, das anderer Leiden nicht mit ansehen kann. Die Könige der alten Zeit zeigten ihre Barmherzigkeit darin, daß sie barmherzig waren in ihrem Walten. Wer barmherzigen Gemüts barmherzig waltet, der mag die beherrschte Welt auf seiner Hand sich drehen lassen." Mong Dsï sprach: ,,Der Weg ist nahe, und sie suchen ihn in der Ferne. Das Werk ist leicht, und sie suchen es in Schwierigkeiten. Wenn alle Menschen ihre Nächsten lieben und ihre Älteren ehren, so ist die Welt in Frieden."[77]

af) Selbsterziehung, Selbstbildung
Gung-Du-Dsï fragte den Mong Dsï und sprach: ,,Es sind doch alle in gleicher Weise Menschen. Wie kommt's, daß manche große Menschen sind und manche kleine?" Mong Dsï sprach: ,,Wer dem Großen in sich folgt, wird groß; wer dem Kleinen in sich folgt, wird klein." Jener sprach: ,,Es sind doch alle in gleicher Weise Menschen. Wie kommt es, daß manche dem Großen in sich folgen und

manche dem Kleinen?" Mong Dsï sprach: ,,Die Sinne des Gehörs und Gesichts werden ohne das Denken von dem Sinnlichen umnachtet. Wenn Sinnliches außer ihm auf Sinnliches in ihm trifft, so wird der Mensch einfach mitgerissen. Das Gemüt ist der Sitz des Denkens. Wenn es denkt, so erfüllt es seine Aufgabe, wenn es nicht denkt, so erfüllt es sie nicht. Wenn wir zuerst das Höhere in uns festigen, so kann es uns durch das Niedrigere nicht geraubt werden. Die das tun, das eben sind die großen Menschen."[78]

ag) Erkenntnis

Mong Dsï sprach: ,,Ein entwickelter Mensch, der tief eindringen will in die Wahrheit, strebt danach, sie selbständig zu erkennen. Hat er sie selbständig erkannt, so verweilt er bei ihr in Sicherheit. Verweilt er in Sicherheit bei ihr, so hat er sie reichlich zur Verfügung. Hat er sie reichlich zur Verfügung, so mag er nach rechts oder links greifen: Immer trifft er auf ihre Quelle. Darum strebt der entwickelte Mensch nach selbständiger Erkenntnis."[79]

ah) Doch die Verhältnisse ...

Mong Dsï sprach: ,,In fetten Jahren sind die jungen Leute meistens gutartig, in mageren Jahren sind die jungen Leute meistens roh. Nicht als ob der Himmel ihnen verschiedene Anlagen gegeben hätte; die Verhältnisse sind schuld daran, durch die ihr Herz verstrickt wird."[80] - ,,Die menschliche Natur neigt zum Guten, wie das Wasser nach unten fließt. Unter den Menschen gibt es keinen, der nicht gut wäre, ebenso wie es kein Wasser gibt, das nicht abwärts fließt. Man kann das Wasser, wenn man hineinschlägt, aufspritzen machen, daß es einem über die Stirn geht; man kann es durch eine Wasserleitung treiben, daß es auf einen Berg hinaufsteigt; aber ist das etwa die Natur des Wassers? Es ist nur die Folge äußerer Bedingungen. Ebenso ist die menschliche Natur so beschaffen, daß man sie dazu bringen kann, nicht gut zu sein."[81]

b) Das Volk als Maßstab
ba) Das Volk entscheidet über den Herrscher

Wan Dschang sprach: ,,Ist es wahr, daß Yau die Welt dem Schun übergeben hat?" Mong Dsï sprach: ,,Nein, der Herr der Welt kann die Welt nicht einem andern geben." Jener sprach: ,,Schun hat aber doch die Herrschaft über die Welt gehabt: Wer hat sie ihm dann gegeben?" ,,Der Himmel hat sie ihm gegeben." ,,Wenn der Himmel sie ihm gegeben hat, hat er dann mit deutlichen Worten ihm seinen Willen kundgemacht?" Mong Dsï sprach: ,,Nein, der Himmel redet nicht, sondern er unterweist nur durch Wirkungen und Geschehnisse." Jener sprach: ,,Unterweisungen durch Wirkungen und Geschehnisse, was heißt das?" ... ,,Yau hat Schun dem Himmel anempfohlen, und der Himmel hat ihn angenommen; er hat ihn dem Volk vorgestellt, und das Volk hat ihn angenommen."[82]

bb) Wohlstand und Sittlichkeit

Mong Dsï sprach: ,,Wenn man dafür sorgt, daß das Land gut bestellt wird und die Abgaben nicht zu schwer sind, so macht man, daß das Volk reich wird. Wenn man nur ißt, was an der Zeit ist, und nur aufwartet, was der Anstand erfordert, so werden die Güter unerschöpflich. Wasser und Feuer zum Beispiel sind unumgänglich nötige Lebensbedürfnisse. Wenn jemand noch spät am Abend seinem Nachbarn an die Tür klopft und ihn um Wasser oder Feuer bittet, so wird keiner sie ihm versagen, weil ja im Überfluß davon vorhanden ist. Wenn ein berufener Weiser den Erdkreis ordnet, so sorgt er dafür, daß die Nahrungsmittel ebenso reichlich vorhanden sind wie Wasser und Feuer. Wie sollte es da unter den Leuten noch Ungüte geben!"[83]

bc) Sorge für das Volk

Mong Dsï sprach: ,,Ohne festen Lebensunterhalt dennoch ein festes Herz zu behalten, das vermag nur ein Gebildeter. Wenn das Volk keinen festen Lebensunterhalt hat, verliert es dadurch auch die Festigkeit des Herzens. Ohne Festigkeit des Herzens aber kommt es zu Zuchtlosigkeit, Gemeinheit, Schlechtigkeit und Leidenschaften aller Art. Wenn die Leute so in Schlechtes verfallen, hinterher sie mit Strafen verfolgen, das heißt dem Volke Fallstricke stellen. Wie kann ein milder Herrscher auf dem Thron sein Volk also verstricken? Darum sorgt ein klarblickender Fürst für eine geordnete Volkswirtschaft, damit die Leute einerseits genug haben, um ihren Eltern zu dienen, und andererseits genug, um Weib und Kind zu ernähren, also daß in guten Jahren jedermann satt zu essen hat und selbst in üblen Jahren niemand Hungers zu sterben braucht. Dann mag man auch mit Ernst an die Hebung des Volkes gehen, denn es ist den Leuten leicht zu folgen. Heutzutage aber ist es so um die Volkswirtschaft bestellt, daß die Leute auf der einen Seite nicht genug haben, um ihren Eltern zu dienen, und auf der anderen Seite nicht genug, um Weib und Kinder zu ernähren. Selbst in einem guten Jahr ist jedermann in Not, und kommt ein übles Jahr, so sind die Leute nicht sicher vor dem Hungertode. Unter solchen Verhältnissen sind sie nur darauf bedacht, ihr Leben zu fristen, besorgt, es möchte ihnen nicht hinausreichen. Da haben sie wahrlich keine Muße, Ordnung und Recht zu pflegen."[84]

c) Historische Entwicklung der materiellen Produktivkräfte

Der Konfuzianismus weist eine technikfördernde und eine technikhemmende Seite auf. Technikfördernd: Die außermenschliche Natur, wie sie ist, genügt nicht, der Mensch muß Kultur schaffen. Technikhemmend: Die außermenschliche Natur darf nicht vergewaltigt werden, deswegen Ablehnung der Zivilisation.

ca) Die Frühzeit

,,In den Zeiten des Yau war das Land unter dem Himmel noch nicht geregelt. Sintfluten strömten regellos und überschwemmten alles Land unter dem Himmel. Büsche und Bäume wuchsen als Urwälder. Vögel und Tiere mehrten sich zahllos. Kein Korn konnte wachsen. Vögel und Tiere bedrängten die Menschen. Der Tiere Fährten und der Vögel Spuren durchzogen kreuz und quer das mittlere Reich. Yau allein nahm sich's zu Herzen. Er erhob den Schun, und Ordnung wurde verbreitet. Schun befahl dem J, das Feuer zu handhaben. J legte Feuer an die Berge und Dschungel und verbrannte die Urwälder. Da flohen die Tiere und Vögel und zogen sich zurück. Yü trennte die Läufe der neun Flüsse, regulierte das Bett der Flüsse Dsi und To und führte ihre Wasser dem Meere zu. Er reinigte den Lauf des Ju und Han und öffnete den Lauf des Huai und Si und leitete sie in den großen Strom (Giang). Dadurch erst wurde das Reich der Mitte ein Land, das seine Bewohner ernährte."[85]

cb) Arbeitsteilung und -qualifikation

Mong Dsï trat vor den König Süan von Tsi und sprach: ,,Wenn Ihr ein großes Schloß bauen wollt, so laßt Ihr den Werkmeister sicher nach großen Bäumen suchen, und wenn der Werkmeister große Bäume findet, so seit Ihr zufrieden und haltet dafür, daß sie ihren Zweck erfüllen. Wenn dann beim Bearbeiten der Zimmermann sie zu klein macht, so werdet Ihr böse und haltet dafür, daß sie ihren Zweck nicht mehr erfüllen. Wenn nun ein junger Mensch sich durch Lernen darauf vorbereitet, was er, erwachsen, ausüben will, und Eure Hoheit sprechen zu ihm: 'Laß einmal dein Lernen beiseite und folge mir nach!' Was ist davon zu halten? Angenommen, hier wäre ein kostbarer, aber noch roher Stein, er mag zweihunderttausend Lot schwer sein, man müßte dennoch erst einen Steinschneider kommen lassen, um ihn zu schneiden und zu glätten. Wenn es sich aber um die Ordnung eines Reiches handelt, da sollte es angehen, zu sagen: 'Laß einmal dein Lernen beiseite und folge mir nach!' Was berechtigt dazu, es hier anders zu machen, als bei einem Edelstein, den man dem Steinschneider übergibt, um ihn zu schneiden und zu glätten?"[86]

cc) Kultur und Staatseinkünfte

Bai Gui sprach: ,,Ich möchte nur den Zwanzigsten erheben. Wie wäre das?" Mong Dsï sprach: ,,Eure Art ist die Art der mongolischen Nomaden. Wenn eine Stadt von zehntausend Häusern nur einen Töpfer hätte, ginge das an?" Jener sprach: ,,Nein, das Geschirr würde da nicht ausreichen." Mong Dsï sprach: ,,In der Mongolei wachsen nicht die fünf Kornarten; nur Hirse gedeiht dort. Es gibt dort keine ummauerten Städte, keine Gebäude und Tempel, nicht die Bräuche der Opfer; es gibt keine Fürsten, keine Geschenke an Seide, keine Hoffeste; es gibt keine Beamten und Angestellten: Darum kommt man dort mit dem Zwanzigsten aus. Nun leben wir aber im Reich der Mitte: Wie ließe es sich machen, auf alle gesellschaftlichen Rücksichten zu verzichten, alle höher gebildeten Männer zu entbehren? Wenn zu wenig Töpfer in einem Lande sind, kann man nicht auskommen; wie erst, wenn es keine Gebildeten gibt! Wer die Abgaben leichter machen will als es Yaus und Schuns Art war, der kommt schließlich auf eine größere oder kleinere Mongolei hinaus, wie der, der sie schwerer machen will, schließlich auf eine größere oder kleinere Tyrannei hinauskommt."[87]

1.2.4 Aus dem Liji (Buch der Sittlichkeit)

Zu den vier Klassikern gehören zwei Schriften aus dem Liji, dem Buch der Sittlichkeit: Maß und Mitte und die Große Lehre. Hier sind Kernaussagen des Konfuzianismus zusammengefaßt. Wir ziehen abrundend darüber hinaus das Kapitel „Die Entwicklung der Sitte" aus dem Liji heran.

a) Maß und Mitte
aa) Grundlagen[88]

1. Was der Himmel (dem Menschen) bestimmt, ist sein Wesen.
2. Was dieses Wesen (zum Rechten) leitet, ist der Weg.
3. Was den Weg ausbildet, ist die Erziehung.

Der Zustand, da Hoffnung, Zorn, Trauer und Freude sich noch nicht regen, heißt die Mitte. Der Zustand, da sie sich äußern, aber in allem den rechten Rhythmus treffen, heißt Harmonie. Die Mitte ist die große Wurzel aller Wesen auf Erden, die Harmonie ist der zum Ziel führende Weg auf Erden. Bewirke Harmonie der Mitte, und Himmel und Erde kommen an ihren rechten Platz, und alle Dinge gedeihen.

ab) Die Stärke des Südens[89]

Dsï Lu fragte, was Stärke sei. Der Meister sprach: Meinst du des Südens Stärke oder des Nordens Stärke oder aber die Stärke an sich? Weitherzig sein und mild im Lehren und nicht vergelten denen, die häßlich handeln: Das ist die Stärke des Südens. Und ein entwickelter Mensch verweilt dabei. In Stahl und Leder schlafen und sterben, ohne zu murren: Das ist die Stärke des Nordens. Und ein Starker verweilt dabei. Aber der entwickelte Mensch ist mild: Wie mächtig ist er doch in seiner Stärke! Er steht in der Mitte und beugt sich nach keiner Seite: Wie mächtig ist er doch in seiner Stärke! Wenn das Land auf rechtem Wege ist, bleibt er derselbe, der er war, als er noch nicht Erfolg hatte: Wie mächtig ist er doch in seiner Stärke! Wenn das Land auf falschem Wege ist, so ändert er sich nicht, ob er auch sterben müßte: Wie mächtig ist er doch in seiner Stärke!

b) Die Große Lehre
ba) Grundlagen[90]

Der Weg der großen Wissenschaft besteht darin, die Geisteskräfte zu klären, die Menschen zu lieben und das Ziel sich zu setzen im höchsten Guten. Durch Nachdenken erreicht man (das Ziel). Die Alten ordneten zuerst ihren Staat; um ihren Staat zu ordnen, regelten sie zuerst ihr Haus; um ihr Haus zu regeln, bildeten sie zuerst ihre Persönlichkeit. Nur wenn sie die Wirklichkeit beeinflußt, ist die Erkenntnis auf ihrer Höhe; wenn das Bewußtsein recht ist, dann erst wird die Persönlichkeit gebildet; wenn die Persönlichkeit gebildet ist, dann erst wird das Haus geregelt; wenn das Haus geregelt ist, dann erst wird der Staat geordnet; wenn der Staat geordnet ist, dann erst kommt die Welt in Frieden.

bb) Bildung der Persönlichkeit[91]
Vom Himmelssohn bis zum gewöhnlichen Mann gilt dasselbe: Für alle ist die Bildung der Persönlichkeit die Wurzel. Daß einer, dessen Wurzel in Unordnung ist, in seinen Verzweigungen Ordnung hat, das gibt es nicht. Daß einer, der das Wichtigste gering achtet, das Geringere wichtig nähme, ist ausgeschlossen.

bc) Wahrheit der Gedanken[92]
Mit Wahrmachen der Gedanken ist gemeint, daß man sich nicht selbst betrügt. Es muß alles so (unzweideutig) sein wie der Abscheu vor einem scheußlichen Geruch, wie die Liebe zu einer lieblichen Erscheinung. Das ist die Geborgenheit im eignen Innern. Darum achtet der entwickelte Mensch stets auf das, was er für sich allein hat.

c) Die Entwicklung der Sitte
ca) Der Anfang der Sitte[93]
Der Anfang der Sitte liegt beim Essen und Trinken. In der allerältesten Zeit röstete man die Körner auf erhitzten Steinen und zerlegte das Fleisch mit den Fingern. Man höhlte Erdlöcher aus als Töpfe und schöpfte mit den hohlen Händen. Man hatte Trommelschlegel aus Grasstengeln und Trommeln aus Ton. Im Winter wohnte man in ausgegrabenen oder aus Erde gehäuften Höhlen, im Sommer wohnte man in Baumnestern. Sie hatten noch nicht die verwandelnde Kraft des Feuers, sondern aßen die Samen von Gräsern und Bäumen und das rohe Fleisch von Vögeln und Tieren. Sie tranken ihr Blut und verschlangen sie mit Haut und Haaren. Sie kannten noch nicht den Hanf und die Seide, sondern kleideten sich in Federn und Felle. Später zähmte man des Feuers Kraft. Man schmolz Metalle und formte Töpferwaren. Man schuf Terrassen, baute baumbestandene Aussichtspunkte, Paläste und Häuser mit Fenstern und Türen. Man röstete, man erhitzte mit Steinen, man briet im Kessel, man briet am Spieß. Man bereitete Met und Sauermilch. Man verwandte Seide und Hanf, um Linnen und Seidenstoffe zu machen.

cb) Die Große Gemeinsamkeit[94]
Zur Zeit, als der große Weg herrschte, war die Welt gemeinsamer Besitz. Man wählte die Tüchtigsten und Fähigsten zu Führern; man sprach die Wahrheit und pflegte die Eintracht. Darum liebten die Menschen nicht nur ihre eigenen Eltern und versorgten nicht nur ihr eigenen Kinder. Die Alten konnten in Ruhe ihrem Ende entgegensehen; die kräftigen Männer hatten ihre Arbeit; die Witwer und Witwen, die Waisen und Kinderlosen und die Kranken hatten alle ihre Pflege; die Männer hatten ihre Stellung und die Frauen ihr Heim. Die Güter wollte man nicht ungenützt verlorengehen lassen; aber man suchte sie nicht unter allen Umständen für sich selbst aufzustapeln. Die eigene Kraft wollte man nicht unbetätigt lassen; aber man arbeitete nicht um des eigenen Vorteils willen. Diebe und Räuber, Mörder und Totschläger gab es nicht. Darum hatte man zwar

draußen Tore; aber man schloß sie nicht. Das war die Zeit der großen Gemeinsamkeit.

cc) Der kleine Wohlstand[95]

Nun aber liebt jeder zunächst seine Eltern, jeder ist besorgt für seine Kinder. Die Güter und die Arbeit dienen nur dem eigenen Nutzen. Daß Herrscher ihre Macht auf Söhne vererben, ist nun die Sitte. Man baut Mauern und Türme, Gräben und Teiche, um die Städte zu sichern. Man gebrauchte die Sitte und das Recht als Grundlage, um das Verhältnis von Fürst und Diener zu ordnen, die Liebe zwischen Vater und Sohn, die Eintracht zwischen älterem und jüngerem Bruder, die Harmonie zwischen Gatte und Gattin, um Regeln und Ordnungen zu schaffen, um Felder und Weiler zu gründen, um Mut und Weisheit zu fördern, um Werke für sich selbst zu tun. Es kamen Listen und Pläne infolge davon auf, und Waffen erhoben sich deshalb. -

Die Zwiespältigkeit der Hochkulturen, daß sie zugleich Klassengesellschaften sind,[96] wird vom Konfuzianismus gesehen. Aus einfachen Verhältnissen ging es aufwärts zur Kultur. Ein Gipfel war bereits erreicht im Neolithikum und zur Zeit der Urkaiser Yao, Shun und Yu: Das war die Große Gemeinsamkeit. Sie ist im Entwicklungsgang der Hochkulturen verlorengegangen und wird nun als Ideal, als auf höherer Stufe wieder zu erlangendes Ziel, vors Auge gestellt.

Wir wollen hier abschließend den Konfuzianismus verbildlichen mit einem Gedicht von Du Fu (712-770), dem größten konfuzianischen Lyriker:

Einfältig gehe meinen Weg ich hin.
Mein Haus liegt menschenfern, doch nah den Dingen:
Der Maulbeerbaum, der Hanf hängt regenschwer;
Die Schwalbenbrut im Nest regt bald die Schwingen.
Im Dorf von Zeit zu Zeit ein Trommelschlag;
Ein Fischerboot folgt in der Bahn des andern.
Auf meinen Stock gestützt, sinn ich dem Altern nach -
Mein Herz blieb rein, und auch die Spur von meinem Wandern.[97]

Das Gedicht läßt die starke antikriminogene Kraft der konfuzianischen Persönlichkeit erkennen.

Unsere Erörterung wird fortgesetzt unter „Chinesischer und deutscher Bildungshumanismus heute als Potenzen progressiver Kriminalsoziologie"[98].

China-Literatur:

Handbücher: Wolfgang Franke: China-Handbuch, Opladen 1978. Brunhild Staiger (Hrsg.): China, Tübingen und Basel 1980. Caroline Blunden/Mark Elvin: Weltatlas der alten Kulturen. China (Cultural Atlas of China), München 1983 (Oxford 1983).

Geschichte Chinas. Überblickswerke: Bai Shouyi: Chinas Geschichte im Überblick, Beijing 1989. Walter Böttger: Kultur im alten China, Köln 1977. Arthur Cotterell/Yong Yap: Das Reich der Mitte, München o.J. Wolfram Eberhard: Geschichte Chinas, Stuttgart 1980. Herbert Franke/Rolf Trauzettel: Das Chinesische Kaiserreich, Frankfurt a.M. 1968. Jacques Gernet: Die chinesische Welt (Le Monde chinois), Frankfurt a.M. 1983 (Paris 1972). Jian Bozan u.a.: Kurzer Abriß der chinesischen Geschichte, Beijing 1982. Museum of Chinese History: An Introduction to Chinese History, Beijing o.J. Jürgen Osterhammel: China und die Weltgesellschaft, München 1989.

Chinesisches Gesellschaftsdenken. Überblickswerke: Wolfgang Bauer: China und die Hoffnung auf Glück. Paradiese, Utopien, Idealvorstellungen in der Geistesgeschichte Chinas, München 1974. Lutz Geldsetzer/Hong Han-Ding: Chinesisch-deutsches Lexikon der Klassiker und Schulen der chinesischen Philosophie, Aalen 1991. Ralf Moritz: Die Philosophie im alten China, Berlin 1990. Hubert Schleichert: Klassische chinesische Philosophie, Frankfurt a.M. 1980. Kenji Shimada: Die neokonfuzianische Philosophie, Berlin 1987.

Literatur Buddhismus gesondert unter 1.3.

1.3 Buddhismus

„ ... uns widerfährt was dem, der eine Kugel gegen einen Felsen abschießt. In Indien fassen unsere Religionen nie und nimmermehr Wurzel: Die Urweisheit des Menschengeschlechts wird nicht von den Begebenheiten in Galiläa verdrängt werden. Hingegen strömt indische Weisheit nach Europa zurück und wird eine Grundveränderung in unserm Wissen und Denken hervorbringen."
(Arthur Schopenhauer)

Es kommt uns im folgenden darauf an, die Grundlehre des Buddhismus herauszupräparieren, unbeschadet der Existenz des Buddhismus als Hinajana (Therawada) und als unterschiedliche Strömungen von Mahajana.

Beim Buddhismus ist der Verfasser ganz auf Arbeiten von Indologen angewiesen, die ihrerseits auf Sinologen zurückgreifen müssen bei der Fülle von ursprünglicher Sanskrit-Literatur, die in chinesischer Übersetzung erhalten ist. Die letzten drei Titel nennen ins Deutsche übersetzte Quellentexte.

Nagardschuna, Chan (Zen)-Buddhismus, Diamant-Fahrzeug usw. können wir hier nicht gesondert betrachten. Wir konzentrieren uns im Sinne von Daisaku Ikeda auf „die Grundelemente, die dem Buddhismus jedweder Ausprägung zugrunde liegen: das Universale der Religion."[99] Edward Conze meint: „Alle Bewohner Asiens können auf eine Religion stolz sein, die ... sich ... ohne große Gewaltanwendung ausgebreitet und behauptet hat und unbefleckt geblieben ist von Religionskriegen, heiligen Inquisitionen, blutigen Kreuzzügen und Hexenverbrennungen. Indien ehrt den Buddha als einen seiner größten religiösen Lehrer und den buddhistischen Kaiser Ašoka als einen seiner hervorragendsten Herrscher. Nicht nur in Indien, sondern auch in China, Japan und Ceylon waren die glänzendsten Epochen der Geschichte gerade jene, in denen der Buddhismus blühte."[100]

Der Buddhismus sieht die Biosphäre nicht - gleich dem Daoismus - als etwas, dem zu folgen, sondern das zu fliehen ist, denn nichts hat Bestand, alles ist vergänglich. Belebte Natur ist ein Kreislauf von Fressen und Gefressenwerden nach der prägnanten Formulierung Schopenhauers. Ziel ist auch nicht wie beim Konfuzianismus der Einklang der Generationen über die Jahrtausende bis heute, sondern das Verlassen aller und von allem. Allein der Bodhisattwa des Mahajana[101], der vor allem in Ostasien verbreiteten Richtung des Buddhismus, bleibt freiwillig im Geschichtsprozeß. Um zu verstehen, wie der Buddhismus eine ethische Grundlehre sein kann, wenden wir uns zunächst dem Gemeinsamen der indischen Lehren zu. In einem zweiten Schritt erfolgt ein Vergleich mit der christlichen Lehre.

1.3.1 Gemeinsames der indischen Lehren

Die bedeutendsten indischen Lehren sind Brahmanismus (sanatana dharma = Lehre des ewigen Weltgesetzes), Buddhismus (Hinajana-Therawada, Mahajana) und Dschainismus. Alle indischen Denker glauben, daß die natürliche Weltordnung zugleich eine moralische Weltordnung ist und daß dieses Faktum darin zum Ausdruck kommt, daß jede Tat, jedes Wort und jeder Gedanke eine seiner sittlichen Qualität entsprechende Vergeltung finden *muß*. So wie jeder Same, sobald die erforderlichen Umstände dafür vorhanden sind, zu einer ihm entsprechenden Frucht heranreift, so bringt jedes Tun mit Notwendigkeit außer seiner momentanen sichtbaren äußeren Wirkung eine zunächst unsichtbare hervor, die sich entweder schon in diesem Leben, zumeist aber erst in einer zukünftigen Existenz äußert. Der Inder nimmt also eine moralische Kausalität an, die von selbst und mit derselben Gesetzmäßigkeit abläuft wie die natürliche Kausalität, und mit dieser insofern aufs engste verwoben ist, als jeder Akt von positiver oder negativer moralischer Bedeutung in einer näheren oder entfernteren Zukunft zum Entstehen einer Konstellation von Umständen beiträgt, die in der natürlichen Welt zutage treten. Die nachwirkende Kraft einer Tat ist nicht an Raum und Zeit gebunden, sie manifestiert sich deshalb in den meisten Fällen nicht mehr im Rahmen des gegenwärtigen Daseins ihres Täters, sondern in einer neuen Existenz, die diesem Leben folgt, ja die Summe der in einem Leben vollbrachten Handlungen wird die Ursache für die Entstehung eines neuen Lebens, in welchem sie ihren Lohn oder ihre Strafe finden. Die Lehre besagt, daß jedem individuellen Täter eine seinen Taten genau entsprechende Vergeltung zuteil wird, sie schließt es daher von vornherein aus, daß ein Einzelwesen für die Handlungsweise eines anderen zu büßen hat, oder daß ihm auf Grund der Akte eines anderen eine Belohnung zuteil wird.[102] Die Ordnung der Welt ist eine moralische, weil alles Geschehen von einer moralischen Vergeltungskausalität beherrscht wird. Da jeder Akt des Leibes, der Rede oder des Denkens, sofern er von moralischer Bedeutung ist, eine gute oder schlechte transzendente Folge zeitigt, ist der ganze Kosmos gleichsam eine riesige moralische Anstalt, in der jede Entfaltung positiver oder negativer Kräfte Wirkungen hervorbringt, die nach einiger Zeit in allen Verhältnissen zum sichtbaren Ausdruck kommen. Die Weltordnung ist also eine sittliche Weltordnung, weil in ihr jede Verletzung der Moral bestraft wird und das Sittlich-Gute am Ende immer wieder triumphiert. Das moralische Handeln hat zur Voraussetzung, daß das handelnde Lebewesen die Fähigkeit besitzt, sich zwischen dem Guten und dem Bösen zu entscheiden. Alle Systeme, die eine sittliche Weltordnung annehmen, vertreten deshalb die Lehre von der Willensfreiheit. Sie behaupten damit aber nicht, daß der Mensch in allen Dingen frei sei. Unfrei ist er vielmehr in allem, was er sich in seinen früheren Existenzen durch seine freien Willensentscheidungen geschaffen hat. Die körperlichen Eigenschaften eines Wesens, seine Erbmasse, seine Zugehörigkeit zu einer bestimmten Familie und einem bestimmten Volke, seine gesellschaftliche Stellung, seine Umwelt, Erziehung, Traditionsgebundenheit, Kulturstufe schränken die Grenzen seiner Handlungsmöglichkeiten ein, ohne ihm dadurch aber die letzte Verantwortung für alle Willensentscheidungen zu nehmen, die in diesem Dasein wieder zur Ursache für die Gestaltung seiner nächsten Wiederverkörperung werden. So ist der Mensch gebunden durch das, was er in einem früheren Leben frei gewollt hat, aber frei in allem, was sein nächstes Dasein gestalten wird. Die Weltordnung trägt einen sittlichen Charakter nicht nur, weil in ihr alles Tun seine Vergeltung findet und weil die Einzelwesen die sittliche Freiheit besitzen zu wählen zwischen dem, was dem Sittengesetz entspricht und was ihm zuwiderläuft, sondern auch weil in der Welt eine Tendenz zur sittlichen Vervollkommnung der Einzelwesen herrscht. Die großen indischen Systeme behaupten alle, daß das Individuum, das seit anfangsloser Zeit im Sansara umherirrt, fähig ist, sich im allmählichen Aufstieg so weit zu läutern, daß es schließlich die höchste Vollkommenheit erreicht. Das ist aber nur möglich, wenn angenommen wird, daß das Gute eine größere Kraft hat als das Böse und daß es dieses schließlich ganz zu überwinden vermag.[103]

Mit all dem heben die Tatvergeltungslehren die Verantwortlichkeit des Menschen hervor.

1.3.2 Vergleich mit der christlichen Lehre

Der Hauptunterschied der christlichen Auffassung von der indischen besteht in folgendem: Die sittliche Weltordnung beruht für den Christen ganz und gar auf dem Willen Gottes; es gibt keine kausale Vergeltung, sondern Gott teilt nach seinem Ermessen Lohn und Strafe zu. Die Welt ist von Gott zu einem bestimmten Zeitpunkt aus dem Nichts geschaffen worden. Der Weltprozeß hat nur eine zeitlich begrenzte Dauer, er wird sein Ende finden durch eine natürliche Katastrophe, den Weltbrand, nach welchem durch Gottes Macht eine neue *Erde* entstehen wird, die vom Fluch der Sünde befreit ist. Dieser Abschluß des gegenwärtigen Weltlaufs fällt zusammen mit der Wiederkunft Christi, der Auferstehung der Toten und dem Jüngsten Gericht und ist der Beginn der ewigen

Vollendung aller Dinge. Dem indischen Weltbild steht hier also ein anderes gegenüber, welches das ganze Weltgeschehen als ein einmaliges Drama auffaßt und deshalb das Leben jedes Menschen nicht als ein Glied in einer Kette von Existenzen ansieht, sondern annimmt, daß es ein für allemal über die ewige Seligkeit oder über die Verurteilung zu ewigen Höllenstrafen entscheidet. Im Gegensatz zu den Indern lehrt das Christentum ferner eine Kollektivschuld der Menschheit durch Adams Sündenfall und eine Kollektiv-Erlösung durch den Opfertod Christi. Die Tatsache, daß der eine Mensch ein glückliches Lebensschicksal hat, der andere ein unglückliches, welche die Inder mit Hilfe der Karmalehre als Folge von guten oder schlechten Taten in einem früheren Dasein deuten, findet keine eigentliche Erklärung, das religiöse Bewußtsein begnügt sich vielmehr damit, zu glauben, daß dies Gott durch seinen unerforschlichen Willen im Rahmen des allgemeinen Weltplans so bestimmt habe. Während der Inder in allem Lebenden eine Stufenfolge von Einzelwesen sieht, die alle gleicherweise der Metempsychose unterliegen und der Erlösung teilhaftig werden können, haben Pflanzen und Tiere für den Christen keine unsterblichen Seelen und sind deshalb nicht in den Heilsprozeß einbegriffen. Die indische Theorie bezieht auch die Götter und Dämonen in den Kreislauf der Wiedergeburten ein, während nach christlicher Vorstellung die Engel und Teufel besondere von Gott geschaffene endliche Geister sind, die besonderen Reichen angehören und zwar auf die menschlichen Geschicke einen Einfluß ausüben können, aber weder früher Mensch waren, noch jemals Menschen sein werden. Das Wissen um die Vergänglichkeit aller Dinge führt den Inder folgerichtig dazu, alles in der Welt nur für vorübergehende Erscheinungen zu halten und in dem endgültigen Befreitwerden von dieser rastlosen Unruhe alles Werdens und Vergehens das höchste Ziel allen Strebens zu sehen. Für den Inder hat alles Dasein keinen Wert, weil es vergänglich ist, für den Christen, weil es voll Sünde und der Tod der Sünde Sold ist. Ein Leben ohne Sünde erscheint dem Christentum hingegen an sich als erstrebenswert, weshalb das Dasein Adams vor dem Sündenfall und das Dasein nach der Welterneuerung oder im Himmel positiv gewertet werden. Der Inder sieht auch in der langfristigen Existenz in himmlischen Welten oder während der glücklichen Weltalter auf Erden nichts Wünschenswertes. Das Ideal vieler Schulen ist die Gewinnung eines Zustandes, in welchem entweder die Individualität überhaupt für immer erloschen oder zum wenigsten kein Bewußtsein mehr vorhanden ist.[104]

1.3.3 Buddhistische Grundlehre

Den Buddhismus kann man als eine „gereinigte" und transkontinentale Form des Brahmanismus, der „Lehre des ewigen Weltgesetzes" (sanatana dharma), verstehen. Mit dem Buddhismus hat Indien die zweite große Weltreligion hervorgebracht, viele meinen, die bedeutendste überhaupt. Der Buddhismus gründet in vielem auf den Brahmanismus, während die nachbuddhistische Form des Brahmanismus (oft mißverständlich „Hinduismus" genannt) in großen Stücken

Ergebnis indischer Reaktion auf fremde Einflüsse, besonders des Islam und der Unterdrückung durch die Briten ist. In neuester Zeit, besonders seit Gandhis neobrahmanistischem Wirken, gewinnt der Buddhismus auch in Indien selbst wieder mehr Gewicht. Die dem Brahmanismus entstammende und ihm in wesentlichen Fragen widersprechende Lehre des Buddhismus hat sich in der Vergangenheit über den größten Teil Asiens verbreitet. Die Berührung mit der griechischen Kultur brachte die großartige gräko-buddhistische Kunst hervor, die allerdings von der deutschen Klassik nicht gewürdigt wurde, weil sie Winckelmann unbekannt war. Durch die Awaren kam Buddhistisches bis nach Mitteleuropa. Später mußte der Buddhismus in Westasien, dem größten Teil Mittelasiens und Teilen Ostasiens dem Islam weichen. In Indien fiel er dem das Nationale erhaltenden Kastensystem zum Opfer, eine Folge der islamischen Invasion. Größtes buddhistisches Land ist als Ergebnis dieser Prozesse seit langem China. Inzwischen überschritt der - bereits brahmanistische - Glaube daran, daß jede gute oder böse Tat das Schicksal eines kommenden Lebens bestimmt, die Grenzen Asiens, schreibt Anna-Therese Helminger im Freiburger „Konradsblatt". [105] „227 Prozent der Europäer glauben laut einer 1985 von der Europäischen Gemeinschaft durchgeführten Untersuchung an diese Lehre ..." [106]

Die Lehre des Buddhismus ist eine Erlösungslehre. Jeder Mensch hat es selbst in der Hand, ob er erlöst wird. Er bedarf keiner persönlichen Mittler, jedoch der Lehre. Ein Anhänger zeichnet sich durch rechte Erkenntnis und rechtes Tun aus. Beides ist ineinander verschränkt: Die geistige Durchdringung bedarf der Willensanstrengung und ist damit eine Tat; nur das rechte Verstehen der Lehre führt zum rechten Tun. Wird ein Mensch Mönch (oder Nonne) zeigt dies, daß er weit vorangerückt ist. Die Grundlage seiner Lehre faßt der Buddha in den Vier Edlen Wahrheiten zusammen: der Wahrheit vom Leiden, von der Entstehung des Leidens, von der Aufhebung des Leidens und von dem zur Aufhebung des Leidens führenden Pfad.

Leben ist Leiden, lautet die Grunderkenntnis der buddhistischen Lehre. Den Ursprung des Leidens sieht der Buddha in der Vergänglichkeit. Alles, was lebt, ist vergänglich, ist ohne selbständiges Wesen, und damit dem Leiden unterworfen. Das Leiden entsteht a) aus dem Nichtwissen, aus der Nichterkenntnis der Vier Edlen Wahrheiten, b) aus dem Drang, auf etwas aus zu sein, etwas anzustreben, wie er vor allem im Haben- und Genießenwollen zutage tritt. Dieser Durst hält den Kreislauf der Wiedergeburten, den Sansara, in Gang, bringt ständig erneuertes Leiden hervor.

Wie entsteht der Durst? Es ist die besondere Organisation der höher entwickelten Lebewesen, die ihn hervorbringt. Nach der buddhistischen Psychologie, die für das -6. Jahrhundert einen hohen Stand hat, besteht der Mensch aus fünf sogenannten Daseinsfaktoren, nämlich

1. Rupa, das Körperliche;
2. Vedana, die Gefühle und Empfindungen von Lust und Unlust;
3. Sanjna, das Vermögen, Gegenstände voneinander unterscheiden zu können

und die daraus resultierenden Wahrnehmungen, Vorstellungen und Begriffe;
4. Sanskara, Triebkräfte und Willensregungen;
5. Vijnana, reines Bewußtsein ohne jeden Inhalt.[107]

Von ausschlaggebender Bedeutung für die Gestaltung einer künftigen Existenz sind die Sanskara, denn sie sind die karmischen Mächte, welche die Qualität eines neuen Daseins bestimmen und diesem als Eindrücke aus der Vergangenheit anhaften, um bei gegebener Gelegenheit aktuell zu werden.[108]

Analysiert man eine Person, so löst sie sich auf in eine unübersehbare Menge von Einzelfaktoren der verschiedensten Art. Diese Faktoren, die das Dasein eines Einzelwesens und der von ihm erlebten Welt ausmachen, wurden von Buddha „Dharma"[109] genannt. Wie daraus ersichtlich, gibt es für den Buddha im Unterschied zu anderen indischen Lehren keine unsterbliche Seelensubstanz, die im Innern des Körpers haust, nach dem Tode umherwandert und in einen anderen Leib eingeht. Was andere indische Lehren als „Seele" oder „Selbst" bezeichnen, ist ihm ein Bündel von psychischen Daseinsfaktoren für einen kontinuierlich sich fortsetzenden Strom (santana) von vergänglichen Dharma. Die Seele oder das Selbst einer Person, der Inbegriff ihrer Bewußtseinsregungen, Gefühle, Wahrnehmungen, Vorstellungen, psychischen Akte, Leidenschaften usw. ist ein zusammengesetztes und in unaufhörlichem Werden begriffenes Kontinuum. Es gibt kein Selbst, weil nichts in der Welt existiert, was für und durch sich selbst da ist, vielmehr ist alles durch etwas anderes bedingt und von etwas anderem abhängig.

Um das Leiden aufzuheben, muß sich der Mensch vom Begehren und Habenwollen lösen. Das, was immer wieder Antrieb zu neuem Leben gibt, der Durst (bzw. die Unwissenheit, die bewirkt, daß immer wieder Durst erzeugt wird), muß vernichtet werden. Den Zustand der Aufhebung des Durstes, den der Vollkommene mit dem Tod erreicht, nennt Buddha *Nirwana*. Das Nirwana kann freilich erst dann eintreten, wenn es selbst nicht mehr Gegenstand der Sehnsucht ist. Mit der Absicht, es zu erreichen, ist es nicht erreichbar. Die meisten Menschen bedürfen, nachdem sie Anhänger des Dharma geworden sind, noch etlicher Wiedergeburten, bis sie begehrlos geworden sind und ins Nirwana gelangen können. Es heißt vom Nirwana, daß es in ihm weder Vergehen noch Neuentstehen, weder Bewegung noch Verlangen, sondern Ruhe gibt.

Dem Buddhismus zufolge ist die Ordnung der Welt eine sittliche Ordnung insofern, als jedem Akt von moralischer Bedeutung nach kürzerer oder längerer Zeit unweigerlich und mit absoluter Notwendigkeit die ihm angemessene Vergeltung folgt. „Nicht im Luftraum, nicht im Ozean, nicht wenn du dich in der Höhle eines Berges versteckst, findest du in der Welt eine Stätte, wo du der Frucht deiner bösen Tat entgehst."[110] Jede Tat trägt ihre Folgen in sich; sie ist gleichsam ein Samenkorn, aus dem sich zu gegebener Zeit und unter angemessenen Umständen eine schöne oder üble „Frucht" entwickelt.[111]

Eine Weltordnung, die das Prädikat „sittlich" in vollem Umfang verdient, muß nicht nur so beschaffen sein, daß in ihr das Gute belohnt und das Böse bestraft wird, sondern sie muß auch allen Lebewesen die Möglichkeit zum sittlichen

Handeln geben. Das aber setzt voraus, daß alle Wesen zwischen Tugend und Laster wählen können, denn wenn sie in ihrem Tun durch göttliche Bestimmung, ein blindes Schicksal, das Naturgeschehen oder das Karma[112] einer früheren Existenz restlos determiniert wären, so wären sie für ihr Handeln nicht verantwortlich und einer freien sittlichen Entscheidung zwischen Gutem und Bösem nicht fähig. Buddha lehnte deshalb den Fatalismus seines Zeitgenossen Gosala ab, der lehrte: „Alle Wesen sind ohne freien Willen und erfahren Glück und Leid durch notwendige Schicksalsbestimmung" und „Es gibt keine Tat (Karma), kein Tun, keine Willenskraft." Er betonte gegen ihn „Ich aber lehre die Tat, das Tun, die Willenskraft."[113] Alle äußeren Umstände eines individuellen Daseins werden nach Buddha zwar determiniert, die für die weitere Zukunft bestimmenden Willensakte werden aber gleichwohl durch freie Wahl getroffen. Aus dem Begriff einer sittlichen Weltordnung folgt, daß sie es dem Individuum möglich macht, sich moralisch zu vervollkommnen. Die harte Schule, welche die Lebewesen auf ihrem Wege durch den Sansara durchzumachen haben, soll und kann für sie als ein Mittel zur allmählichen Läuterung von aller Leidenschaft und zur Entfaltung moralischer Qualitäten dienen. Daher ist die Welt nicht nur der Schauplatz, auf dem alle Taten vergolten werden, sondern auch das Purgatorium, das Schritt für Schritt zur Vollkommenheit führt.[114]

In einer Rede an verheiratete Brahmanen und Bauern begründet Buddha die Gebote, andere nicht zu töten, zu bestehlen usw. mit der ethischen Grundmaxime: „Was du nicht willst, das man dir tu, das füge auch keinem andern zu." Ebenso heißt es: „So wie ich bin, so sind jene, wie jene sind, so bin ich."[115] Der fromme Buddhist soll der Allgemeinheit dienen: „Tag und Nacht wächst der Schatz guter Taten (karma) bei denen, welche Gärten und Haine anlegen, Brücken errichten, Brunnen und Wasserleitungen bauen und Heimstätten bereiten."[116] Das Abstehen von allem Bösen und das Ausüben des Guten finden ihre Ergänzung in der „Läuterung des eigenen Herzens". Diese besteht darin, daß man sich von früherer Schuld reinigt und die bösen Triebe ausrottet, die im Geiste nisten und zur Ursache von schlechten Worten und Taten werden können.[117] Die Menschen müssen dahin gelangen: „Auch wenn Räuber und Mörder einem mit einer Säge Glied für Glied abschnitten, wer darüber zornig würde, der handelt nicht nach meiner Lehre. Denn auch in einem solchen Fall sollt ihr euch also üben: Nicht soll unser Denken sich verändern, nicht wollen wir ein böses Wort von uns geben, sondern gütig und mitleidig bleiben, voll freundlicher Gesinnung und ohne Haß. Wir wollen diesen Menschen mit von freundlicher Gesinnung erfülltem Geiste durchdringen und von ihm ausgehend die ganze Welt."[118] Stehend und gehend, sitzend und liegend soll der Mensch den Geist grenzenloser Liebe hegen.

Kern der buddhistischen Ethik ist die Aufforderung, keinem anderen Wesen Schmerz zuzufügen, sondern ihm wohlwollend und gütig zu begegnen. Mitfühlen und Mitleiden mit anderen Wesen und daraus entspringende Handlungen schaffen karmisches „Verdienst". Die alle Wesen umfassende Güte ist umso größer, je mehr sich ein Mensch von Unwissenheit und Gier gelöst hat.

1.3.4 Die Besonderheit des Mahajana-Buddhismus

Soweit Grundzüge des Buddhismus generell, dem der Hinajana- bzw. Therawada-Buddhismus im wesentlichen entspricht. Die Ethik des Mahajana, des Großen Fahrzeugs, ist noch stärker sozial bezogen. Schon der Laie kann weit auf dem Weg zum Buddha sein, indem er sich entschließt, Bodhisattwa zu werden. Der Bodhisattwa hilft anderen, zur Erleuchtung zu gelangen. Er ist bereits erleuchtet, verzichtet aber für sich selbst darauf, in das Nirwana einzugehen, um zuerst allen anderen dabei zu helfen, das Nirwana zu erreichen. Er behandelt alle Wesen so, „daß er auf sie den Begriff der Mutter, des Vaters, des Sohnes oder der Tochter überträgt".[119] Die Haupttugend eines Bodhisattwa ist das grenzenlose Mitleid mit allen Wesen. Den Wesen, die Hunger leiden, gibt er die beste, vortreffliche Speise. Den Wesen, die Furcht haben, gewährt er Sicherheit. Mit den Armen und Unglücklichen teilt er seinen Besitz und er trägt die Last derer, die müde und erschöpft sind.

Was das Mahajanaland China betrifft, so ist die Zeit der von Conze angeprangerten kommunistischen Buddhistenverfolgungen vorbei. Es ist die Zeit für die aus den 70er Jahren stammende Prognose Conzes gekommen. Er stellte fest: „Die dogmatischen Ähnlichkeiten zwischen dem mahayana-Buddhismus und dem dialektischen Materialismus sind überraschend groß, und durch einen osmotischen Prozeß werden beide Seiten voneinander lernen, wenn es an der Zeit ist."[120] Kultisch wird das buddhistische Element der drei Grundlehren - die in China seit alters als die „drei Lehren" gelten - nach außen u.a. wieder durch die im Jahr 1900 von den Imperialisten zerstörte und von der VR China wiederaufgebaute Pagode mit dem Zahn des Buddha in den Westbergen bei Beijing repräsentiert, einem Heiligtum für Pilger aus allen buddhistischen Ländern.

Literatur:
Edward Conze: Der Buddhismus, Stuttgart 1986. Edward Conze: Buddhistisches Denken, Frankfurt a.M. 1990. Edward Conze: Eine kurze Geschichte des Buddhismus, Frankfurt a.M. 1986. Helmuth von Glasenapp: Die Philosophie der Inder, Stuttgart 1949. Helmuth von Glasenapp: Die Weisheit des Buddha, Baden-Baden 1946. Helmuth von Glasenapp: Die fünf Weltreligionen, München 1993. Daisaku Ikeda: Buddhismus. Das erste Jahrtausend, Bindlach 1990. Daisaku Ikeda: Der chinesische Buddhismus, Frankfurt a.M. 1990. Hans Wolfgang Schumann: Der historische Buddha, München 1994. Die Lehrreden des Buddha, 5 Bde., Köln 1969. Reden des Buddha, Stuttgart 1983. Helmuth von Glasenapp: Pfad zur Erleuchtung, Köln 1983 (Übersetzung buddhistischer Grundtexte mit Kommentaren).

Anmerkungen

[1] Siehe Bartholomä 1905.

[2] Auf Max Weber können wir uns nicht stützen. Vgl. unten,S.183.

[3] Siehe „Entfremdung", unten, S. 100ff.

[4] nach Wilhelm 1984, S. 192.

[5] nach ebd., S. 189.

[6] nach Roetz 1984, S. 237.

[7] nach ebd., 258f.

[8] nach Schwarz 1985, S. 68.

[9] nach Wilhelm 1984, S. 48.

[10] Wilhelm 1984, S. 108.

[11] nach Roetz 1984, S. 248.

[12] Wilhelm 1984, S. 135ff.

[13] Schwarz 1985, S. 130.

[14] Schwarz 1985, S. 51.

[15] S. 52.

[16] S. 53.

[17] S. 69.

[18] S. 83.

[19] S. 95.

[20] S. 97.

[21] S. 98.

[22] S. 100.

[23] S. 113.

[24] S. 53.

[25] S. 62.

[26] S. 94.

[27] S. 96.

[28] S. 93.

[29] S. 113.

[30] S. 114.

[31] S. 58.

[32] S. 113.

[33] S. 117.

[34] S. 119.

[35] S. 78.

[36] S. 106.

[37] S. 92.

[38] S. 80.

[39] S. 81.

[40] S. 56.

[41] S. 60.

[42] S. 75.

[43] S. 111.

[44] S. 86.

[45] S. 128.Vgl. das „sanfte Gesetz" von Adalbert Stifter (1805-1868): „So wie in der Natur die

allgemeinen Gesetze still und unaufhörlich wirken ..., so wirkt das Sittengesetz still und seelenbelebend ... So ist dieses Gesetz, so wie das der Natur das welterhaltende ist, das menschenerhaltende." (Stifter 1948, S. 12) Vgl. auch Bert Brecht ,, Legende von der Entstehung des Buches Taoteking auf dem Weg des Laotse in die Emigration".

[46] S. 91.

[47] Porkert 1978, S. 46.

[48] Schwarz 1985,S. 91.

[49] S. 57.

[50] S. 60.

[51] S. 72.

[52] S. 131.

[53] S. 64.

[54] S. 64.

[55] Ähnlich Gandhi, siehe unten, S. 111ff.

[56] Das dao der Heimat ist in der chinesischen Lyrik elementar. Zum Beispiel Li Bai (701-762):
Stiller Nachtgedanke
Vor meinem Bette sah ich Mondenglanz
Und meinte, auf dem Boden läge Reif:
Ich hob den Kopf und sah auf Berg und Mond,
Ich senkte ihn und dacht ans Heimatland. -
Vgl. Pflaumenblüte und verschneiter Bambus. Chinesische Gedichte, übersetzt von Jan Ulenbrook, Zürich 1969, S.182. Siehe Eugen Feifel: Geschichte der chinesischen Literatur (nach Nagasawa Kikuya), Hildesheim 1982.

[57] Vgl. unten, S.130f.

[58] oder -256 (Abdankung des Zhou-Herrschers).

[59] Köster 1958, S. 55.

[60] Eichhorn 1975, S. 54.

[61] Li Gi (Liji) 1981.

[62] Opitz1968, S. 30.

[63] ebd., S. 26.

[64] Siehe hierzu unten, S. 179f.

[65] Zitate nach Schwarz 1992. - Edler = entwickelter Mensch.

[66] Vgl. oben, S. 51.

[67] Siehe Schleichert 1980, S. 29.

[68] Zitat nach Wilhelm 1982, S. 160.

[69] nach Kenji Shimada 1987, S. 107.

[70] ebd., S. 6.

[71] ebd., S.6f.

[72] Schleichert 1980, S.27.

[73] Zitate nach Wilhelm 1994, hier S. 161. - Edler = entwickelter Mensch.

[74] S. 163.

[75] S. 165f.

[76] S. 190.

[77] S. 118.

[78] S. 169.

[79] S. 126.

[80] S. 164.

[81] S. 160.

[82] S. 141.

[83] S. 190.

[84] S. 51f.

[85] S. 96.

[86] S. 59.

[87] S. 179f.

[88] Liji 1981, S. 27.

[89] S. 29.

[90] S. 46f.

[91] S. 47.

[92] ebd.

[93] S. 58f.

[94] S. 56f.

[95] S. 57.

[96] Siehe oben, S. 30.

[97] Übersetzung von Debon 1979, S. 37.

[98] Siehe unten, S. 175.

[99] Daisaku Ikeda 1990, S. 8.

[100] Conze Frankfurt a.M. 1986, Eine kurze Geschichte des Buddhismus, S. 156f.

[101] Siehe unten, S. 72.

[102] von Glasenapp 1949, S. 12f.

[103] ebd., S. 397ff.

[104] ebd., S. 14ff.

[105] Anna-Therese Helminger: Supermärkte für Sakramente, in: Konradsblatt v. 26.6.1988, S. 4.

[106] ebd.

[107] von Glasenapp 1946, S. 36. - Soweit wir uns an diese Schrift halten, übernehmen wir deren Schreibweise indischer Wörter (Sanskrit und Pali).

[108] ebd., S. 37.

[109] dharma = tragendes Weltprinzip.

[110] Dhammapada, Worte über die Lehre (Wahrheitspfad), a.a.O., S. 53f.

[111] ebd., S. 54.

[112] Karma = Tat, sittliches Ergebnis der Tat.

[113] Digha-Nikaya, Sammlung langer Reden; Anguttara-Nikaya, Sammlung angereihter Reden, ebd., S. 55f.

[114] ebd., S. 56f.

[115] ebd., S. 76.

[116] Samyutta-Nikaya, Sammlung der zu Gruppen angeordneten Reden, a.a.O., S. 80.

[117] ebd., S. 86.

[118] Majjhima-Nikaya, Sammlung mittellanger Reden, ebd., S. 91. - Vgl. Gandhi, unten, S. ...

[119] Prajnaparamita, das Buch von der „Vollkommenheit der Erkenntnis in 8.000 Versen", ebd., S. 138.

[120] Conze Frankfurt a.M. 1986, S. 159.

2. Ethische Lehren des deutschen Bildungshumanismus

Quellen: Immanuel Kant: Grundlegung zur Metaphysik der Sitten (1785), Die Metaphysik der Sitten (1797), Johann Gottfried Herder: Ideen zur Philosophie der Geschichte der Menschheit (1784-1791), Briefe zu Beförderung der Humanität (1792-1797), Johann Gottlieb Fichte: Die Bestimmung des Menschen (1800), Georg Wilhelm Friedrich Hegel: Phänomenologie des Geistes (1807), Enzyklopädie der philosophischen Wissenschaften (1817, 1827, 1830), Grundlinien der Philosophie des Rechts (1821), Philosophie der Geschichte (1837 postum), Wilhelm von Humboldt: Werke in fünf Bänden, Bd. 1, Darmstadt 1980, (Schriften zur Anthropologie und Geschichte 1791-1828), Friedrich Schiller: Über Anmut und Würde (1793), Karl Marx: Ökonomisch-philosophische Manuskripte aus dem Jahre 1844, Albert Schweitzer: Kultur und Ethik (1923).

Die ethischen Lehren des deutschen Bildungshumanismus sind neue Lehren (2. Phase). Sie sind Antworten auf den historischen Bruch, den wir unter D erörtern. Auch der christliche Humanismus Rußlands und die Lehre Gandhis sind Antworten auf den historischen Bruch. Der deutsche Bildungshumanismus unterscheidet sich von den Grundlehren dadurch, daß er den Ausgangspunkt mit der Aufklärung gemeinsam hat, die abstrakte Vernunft (Naturrecht) anstelle konkreter Vernunft. Herder und Marx bemühten sich, die konkrete Vernunft neu historisch, weltgeschichtlich, zu begründen.[121] Daneben ist eine problematische Tendenz vorhanden, sich alte Geschichte aus Westasien einschließlich Ägypten und Griechenland zu leihen und selektiv einzuverleiben, wobei von großer produktiver Bedeutung ein ,,gemaltes" Griechenland ist, das u.a. aus der Rezeption der ,,ewigen Reiz" (Marx) ausstrahlenden griechischen Plastik zu erklären ist, während die Sex-Geschichten der griechischen Götter auf einem anderen Blatt stehen. Der von Friedrich Schlegel, August Wilhelm Schlegel, Schopenhauer und anderen begonnene Weg zurück in die Tiefe der indischen und indogermanischen Geschichte wurde bisher nur wenig wissenschaftlich begangen. Kern der Lehren des deutschen Bildungshumanismus ist das Ideal der allseitig entwickelten, harmonischen Persönlichkeit, das wir gesondert betrachten.

2.1 Deutscher Idealismus
2.1.1 Kant: Kategorischer Imperativ
Kant (1723-1804) geht von der Ideologie des historischen Bruches, der westlichen Aufklärung aus. Sein Menschenbild ist noch von Hobbes[122] beeinflußt. Aber er überwindet das formale Rechtsdenken, gelangt zur Sittlichkeit und findet damit Anschluß an die Grundlehren aus der Achsenzeit. Kant unterscheidet drei Stadien der gesellschaftlichen und weltkulturellen Entwicklung:

Der Naturzustand. Der Naturzustand ist für den noch abstrakt verhafteten Kant ein Zustand des Krieges aller gegen alle ähnlich wie bei Hobbes.[123]

Der rechtlich-bürgerliche Zustand (Rechtsstaat). In diesem Zustand soll der einzelne gesichert sein durch Rechtssetzung und Justiz. Das gesellschaftliche Leben beruht auf Verträgen. Die Ehe z.b. ist der gesetzliche Gebrauch, ,,den ein Mensch von eines anderen Geschlechtsorganen und Vermögen macht ...".[124] ,,Ein Staat (civitas) ist die Vereinigung einer Menge von Menschen unter Rechtsgesetzen ..."[125] Diese sind ,,insgesamt Zwangsgesetze"[126]. Sie garantieren nur die äußere Freiheit, die ,,Unabhängigkeit von eines anderen nötigender Willkür"[127].

Der ethisch-bürgerliche Zustand. Ein rechtlich-bürgerlicher Zustand ist abzulösen von einem ethisch-bürgerlichen Zustand. Hier sind die Menschen unter ,,zwangsfreien, d.i. bloßen Tugendgesetzen vereinigt ...".[128] ,,Man kann eine Verbindung der Menschen unter bloßen Tugendgesetzen ... eine ethische und, sofern diese Gesetze öffentlich sind, eine ethisch-bürgerliche (im Gegensatz der rechtlich-bürgerlichen) Gesellschaft oder ein ethisches gemeines Wesen nennen."[129] Gegenüber dem ethisch-bürgerlichen Zustand erweist sich die rechtlich-bürgerliche Verfassung als sekundärer ,,Naturzustand". Mit dieser Bestimmung überwindet Kant die bürgerliche Aufklärung, wird seine Lehre zu einem Element des ethischen Grundcharakters der Weltkultur, der Menschheitswerte.

Voraussetzung für den höheren Zustand ist, daß die Menschen nach ethischen Grundsätzen handeln. Kant ist überzeugt vom Fortschritt, vom Fortschritt zum Besseren, d.h. vom moralischen Fortschritt. In seiner ,,Idee zu einer allgemeinen Geschichte in weltbürgerlicher Absicht" (1784)[130] legt er diesen Gedanken in neun Sätzen auseinander.

Erster Satz. ,,Alle Naturanlagen eines Geschöpfes sind bestimmt, sich einmal vollständig und zweckmäßig auszuwickeln."[131]

Zweiter Satz. ,,Am Menschen (als dem einzigen vernünftigen Geschöpf auf Erden) sollten sich diejenigen Naturanlagen, die auf den Gebrauch seiner Vernunft abgezielt sind, nur in der Gattung, nicht aber im Individuum vollständig entwickeln." Die Vernunft kennt keine Grenzen ihrer Entwürfe. Sie wirkt aber nicht instinktmäßig, sondern bedarf Versuche, Übung und Unterricht, um von einer Stufe der Einsicht zur andern allmählich fortzuschreiten. Daher würde ein jeder Mensch unmäßig lange leben müssen, um zu lernen, wie er von allen seinen Naturanlagen einen vollständigen Gebrauch machen solle.[132]

Dritter Satz. ,,Die Natur hat gewollt, daß der Mensch alles, was über die mechanische Anordnung seines tierischen Daseins geht, gänzlich aus sich selbst herausbringe und keiner anderen Glückseligkeit oder Vollkommenheit teilhaftig werde, als die er sich selbst frei von Instinkt, durch eigene Vernunft, verschafft hat."[133] Die Erfindung seiner Nahrungsmittel, seiner Bedeckung, seiner äußeren Sicherheit und Verteidigung (wozu sie ihm weder die Hörner des Stiers, noch die Klauen des Löwen, noch das Gebiß des Hundes, sondern bloß Hände gab), selbst seine Einsicht und Klugheit und sogar die Gutartigkeit seines Willens sollten gänzlich sein eigen Werk sein.[134]

Vierter Satz: „Das Mittel, dessen sich die Natur bedient, die Entwickelung aller ihrer Anlagen zustande zu bringen, ist der Antagonism derselben in der Gesellschaft, sofern diese doch am Ende die Ursache einer gesetzmäßigen Ordnung derselben wird."[135] Unter dem Antagonism ist zu verstehen die ungesellige Geselligkeit der Menschen, d.i. den Hang derselben in Gesellschaft zu treten, der doch mit einem durchgängigen Widerstande, welcher diese Gesellschaft beständig zu trennen droht, verbunden ist. Der Mensch hat eine Neigung, sich zu vergesellschaften: weil er in einem solche Zustande sich mehr als Mensch, d.i. die Entwickelung seiner Naturanlagen, fühlt. Er hat aber auch einen großen Hang sich zu vereinzeln (isolieren): weil er in sich zugleich die ungesellige Eigenschaft antrifft, alles bloß nach seinem Sinne richten zu wollen, und daher allerwärts Widerstand erwartet. Dieser Widerstand ist es nun, welcher alle Kräfte des Menschen erweckt, ihn dahin bringt, seinen Hang zur Faulheit zu überwinden. Denn in einem arkadischen Schäferleben bei vollkommener Eintracht, Genügsamkeit und Wechselliebe würden alle Talente auf ewig in ihren Keimen verborgen bleiben: die Menschen, gutartig wie die Schafe, die sie weiden, würden ihrem Dasein kaum einen größeren Wert verschaffen, als dieses ihr Hausvieh hat. „Der Mensch will Eintracht; aber die Natur weiß besser, was für seine Gattung gut ist: sie will Zwietracht. Er will gemächlich und vergnügt leben; die Natur will aber, er soll aus der Lässigkeit und untätigen Genügsamkeit hinaus sich in Arbeit und Mühseligkeiten stürzen ..."[136]

Fünfter Satz. „Das größte Problem für die Menschengattung, zu dessen Auflösung die Natur ihn zwingt, ist die Erreichung einer allgemein das Recht verwaltenden bürgerlichen Gesellschaft."[137] In den Zustand des gesellschaftlichen Zwanges zu treten, zwingt den sonst für ungebundene Freiheit so sehr eingenommenen Menschen die Not, nämlich die, welche sich Menschen untereinander selbst zufügen, deren Neigungen es machen, daß sie in wilder Freiheit nicht lange nebeneinander bestehen können. Allein in einem solchen Gehege, als bürgerliche Vereinigung ist, tun eben dieselben Neigungen hernach die beste Wirkung: so wie Bäume in einem Walde eben dadurch, daß ein jeder dem andern Luft und Sonne zu benehmen sucht, einander nötigen, beides über sich zu suchen und dadurch einen schönen geraden Wuchs bekommen; statt daß die, welche in Freiheit und voneinander abgesondert ihre Äste nach Wohlgefallen treiben, krüppelig, schief und krumm wachsen.[138]

Sechster Satz. „Dieses Problem ist zugleich das schwerste und das, welches von der Menschengattung am spätesten aufgelöset wird."[139] Aus so krummen Holze, als woraus der Mensch gemacht ist, kann nichts ganz Gerades gezimmert werden.[140]

Siebenter Satz. „Das Problem der Errichtung einer vollkommenen bürgerlichen Verfassung ist von dem Problem eines gesetzmäßigen äußeren Staatenverhältnisses abhängig und kann ohne das letztere nicht aufgelöset werden."[141] Wir sind im hohen Grade durch Wissenschaft und Kunst kultiviert. Wir sind zivilisiert bis zum Überlästigen. Aber uns für schon moralisiert zu halten, daran fehlt noch sehr viel. Es wird noch dauern, bis sich das menschliche Geschlecht aus dem chaotischen Zustande seiner Staatsverhältnisse herausgearbeitet haben wird.[142]

Achter Satz. ,,Man kann die Geschichte der Menschengattung im Großen als die Vollziehung eines verborgenen Plans der Natur ansehen, um eine innerlich- und zu diesem Zwecke auch äußerlich-vollkommene Staatsverfassung zu Stande zu bringen, als den einzigen Zustand, in welchem sie alle ihre Anlagen in der Menschheit völlig entwickeln kann."[143] Es fängt sich das Gefühl für einen solchen Zustand an zu regen; ,,und dieses gibt Hoffnung, daß nach manchen Revolutionen der Umbildung endlich das, was die Natur zur höchsten Absicht hat, ein allgemeiner weltbürgerlicher Zustand, als der Schoß, worin alle ur- sprünglichen Anlagen der Menschengattung entwickelt werden, dereinst einmal zu Stande kommen werde".[144]

Neunter Satz. ,,Ein philosophischer Versuch, die allgemeine Weltgeschichte nach einem Plane der Natur, der auf die vollkommene bürgerliche Vereinigung in der Menschengattung abziele, zu bearbeiten, muß als möglich und selbst für diese Naturabsicht beförderlich angesehen werden."[145] ,,Daß ich mit dieser Idee einer Weltgeschichte, die gewissermaßen einen Leitfaden a priori hat, die Bear- beitung der eigentlichen bloß empirisch abgefaßten Historie verdrängen wollte: wäre Mißdeutung meiner Absicht; es ist nur ein Gedanke von dem, was ein philosophischer Kopf (der übrigens sehr geschichtskundig sein müßte) noch aus einem anderen Standpunkte versuchen könnte."[146]

Ein solcher Versuch, dem Kant also im Grunde beipflichtet, war soeben schon im Gang: Herder unternahm ihn. Und Herder griff Kant an, weil Kant sich noch nicht völlig von der westlichen Aufklärung gelöst hatte, weil er ähnlich Hobbes einen Urzustand des Krieges aller gegen alle postuliert hatte. Nicht Krieg, sondern Frieden ist der Naturzustand des Menschen nach Herder. ,,Es hat Philosophen gegeben", schreibt er gegen Kant, ,,die unser Geschlecht ... unter die reißenden Tiere gesetzt und seinen natürlichen Zustand zu einem Stande des Krieges gemacht haben".[147] Herder setzt Kant entgegen: ,,Es ist gegen die Wahrheit der Geschichte, wenn man den bösartigen, widersinnigen Charakter zusammengedrängter Menschen, wetteifernder Künstler, streitender Politiker, neidiger Gelehrten zu allgemeinen Eigenschaften des menschlichen Geschlechts macht ..."[148] Mit diesem Einwand nimmt Herder einen Hauptpunkt der Marx- schen Anthropologie vorweg. Marx lehnt es ab, den durch die Klassengesell- schaften verbogenen Menschen als den Menschen schlechthin zu betrachten. Den Antagonismus Kants greift Marx im Unterschied zu Herder indes auf, begreift ihn aber als keineswegs naturgegeben, sondern als Klassenantagonis- mus.

Kant rezipiert sodann einiges von Herder, was die Urgeschichte betrifft: Zwei Jahre später, 1786, in dem Aufsatz ,,Mutmaßlicher Anfang der Menschenge- schichte"[149] räumt Kant einen zurückliegenden Zeitabschnitt der Gemächlichkeit und des Friedens ein, der von dem der Arbeit und der Zwietracht gefolgt wurde, den Kant nun als das ,,Vorspiel der Vereinigung in Gesellschaft" betrachtet. Inzwischen hat sich Kant nämlich mit der Frühgeschichte befaßt. Er spricht von einem ,,Sprung" zwischen Frühgeschichte und Landbaukultur. In der zweiten Epoche besitzt der Mensch gezähmte Tiere und Gewächse, die er selbst durch Säen oder Pflanzen zu seiner Nahrung vervielfältigen konnte. ,,... obwohl es mit dem Übergange aus dem wilden Jägerleben in den ersten und aus dem unsteten Wurzelgraben oder Fruchtsammeln in den zweiten Zustand langsam genug zugegangen sein mag."[150] Hier mußte nun, argumentiert Kant, der Zwist zwischen bis dahin friedlich nebeneinander lebenden Menschen schon anfangen. Kant spricht nun von einem gesellschaftlichen Antagonismus, nämlich dem zwischen Hirtenkultur und Bauernkultur. Ein Boden, von dessen Bearbeitung und Bepflanzung der Unterhalt abhängt, erfordert bleibende Behausungen, und die Verteidigung dessen bedarf einer Menge einander Beistand leistender Menschen. Mithin mußten die Menschen Dörfer errichten, um ihr Eigentum gegen wilde Jäger oder Horden herumschweifender Hirten zu schützen. Mit dieser Epoche habe die Ungleichheit unter den Menschen angefangen.[151]

Es sind nun die Grundsätze Kants für den ethisch-bürgerlichen Zustand zu betrachten. Kant geht vom guten Willen aus, einem Willen, der allein durch das Wollen, d.h. an sich gut ist. Ich ,,soll niemals anders verfahren als so, daß ich auch wollen könne, meine Maxime solle ein allgemeines Gesetz werden".[152] Die praktische Nötigung dazu heißt Pflicht. Ihr muß aus sich selbst genügt werden, ohne ein Beimengen von Neigung. Kant postuliert: Ein jedes Ding der Natur wirkt nach Gesetzen. Nur ein vernünftiges Wesen hat das Vermögen, nach der Vorstellung der Gesetze, d.i. nach Prinzipien, zu handeln, oder einen Willen. Da zur Ableitung der Handlungen von Gesetzen Vernunft erfordert wird, so ist der Wille nichts anderes als praktische Vernunft. Wenn die Vernunft den Willen unausbleiblich bestimmt, so sind die Handlungen eines solchen Wesens, die als objektiv notwendig erkannt werden, auch subjektiv notwendig, d.i. der Wille ist ein Vermögen, nur dasjenige zu wählen, was die Vernunft unabhängig von der Neigung als praktisch notwendig, d.i. als gut, erkennt.[153] Bestimmt aber die Vernunft für sich allein den Willen nicht hinlänglich, ist dieser noch subjektiven Bedingungen (gewissen Triebfedern) unterworfen, die nicht immer mit den objektiven übereinstimmen; mit einem Worte, ist der Wille nicht an sich völlig der Vernunft gemäß (wie es bei Menschen wirklich ist): so sind die Handlungen, die objektiv als notwendig erkannt werden, subjektiv zufällig, und die Bestimmung eines solchen Willens objektiven Gesetzen gemäß ist Nötigung; d.i. das Verhältnis der objektiven Gesetze zu einem nicht durchaus guten Willen wird vorgestellt als die Bestimmung des Willens eines vernünftigen Wesens zwar durch Gründe der Vernunft, denen aber dieser Wille seiner Natur nach nicht notwendig folgsam ist.[154]

Die Vorstellung eines objektiven Prinzips, sofern es für einen Willen nötigend ist, heißt ein Gebot (der Vernunft), und die Formel des Gebots heißt Imperativ.[155] Alle Imperative werden durch ein Sollen ausgedrückt. Es gibt einen Imperativ, der ohne irgend eine andere durch ein gewisses Verhalten zu erreichende Absicht als Bedingung zum Grunde zu legen, dieses Verhalten unmittelbar gebietet. Dieser Imperativ ist kategorisch. ,,Er betrifft nicht die Materie der Handlung und das, was aus ihr erfolgen soll, sondern die Form und das Prinzip, woraus sie selbst folgt, und das Wesentlich-Gute derselben besteht in der Gesinnung, der Erfolg mag sein, welcher er wolle. Dieser Imperativ mag der der Sittlichkeit heißen."[156] Der kategorische Imperativ (der Pflicht) ist nur ein einziger, ,,und zwar dieser: handle nur nach derjenigen Maxime, durch die du zugleich wollen kannst, daß sie ein allgemeines Gesetz werde."[157] Dieser allgemeine Imperativ der Pflicht könnte auch ,,so lauten: handle so, als ob die Maxime deiner Handlung durch deinen Willen zum allgemeinen Naturgesetze werden sollte."[158]

Wo ist der Grund des kategorischen Imperativs? Es muß etwas sein, dessen Dasein an sich selbst einen absoluten Wert hat, was als Zweck an sich selbst ein Grund bestimmter Gesetze sein könnte.[159] Kant sagt: Der ,,Mensch und überhaupt jedes vernünftige Wesen existiert als Zweck an sich selbst, nicht bloß als Mittel zum beliebigen Gebrauche für diesen oder jenen Willen, sondern muß in allen seinen sowohl auf sich selbst, als auch auf andere vernünftige Wesen gerichteten Handlungen jederzeit zugleich als Zweck betrachtet werden."[160] Daraus folgt: ,,Handle so, daß du die Menschheit sowohl in deiner Person, als in der Person eines jeden andern jederzeit zugleich als Zweck, niemals bloß als Mittel brauchst."[161] Schließlich kann der kategorische Imperativ auch so ausgedrückt werden: Handle nach Maximen, die sich selbst zugleich als allgemeine Naturgesetze zum Gegenstande haben können.[162] So ist die Formel eines schlechterdings guten Willens beschaffen.

Schiller[163], der sich in vielen Stücken Kant anschloß, äußert in seiner Abhandlung ,,Über Anmut und Würde" (1793) zur Ethik Kants: ,,In der Kantischen Moralphilosophie ist die Idee der Pflicht mit einer Härte vorgetragen, die alle Grazien davor zurückschreckt und einen schwachen Verstand leicht versuchen könnte, auf dem Weg einer mönchischen Asketik die moralische Vollkommenheit zu suchen."[164]

Albert Schweitzer sagt, Kant nehme daran Anstoß, daß die Ethik nur aus Überlegung der allgemeinen Nützlichkeit des ethischen Handelns entsteht. Sie sei mehr als dies und habe ihren Ursprung letzten Grundes in der Nötigung des Menschen zur Selbstvervollkommnung. Die Hoheit des Sittlichen ist nur dann gewahrt, wenn es uns immer nur als Selbstzweck, nie als Mittel zum Zweck bewußt wird. Mag das ethische Tun sich auch als allgemein nützlich und zweckmäßig erweisen, so muß es in uns doch aus rein innerlicher Notwendigkeit entstehen. Die utilitaristische Ethik soll vor der Ethik der unmittelbar und absolut gebietenden Pflicht abdanken. Dies ist der Sinn der Lehre vom kategorischen Imperativ.[165] Somit weist Albert Schweitzer darauf hin, wie Kant die englische Aufklärung (Hobbes, Locke, Hume) überwindet.

Oft wird Kant vorgeworfen, daß er in seiner Ethik einem Formalismus huldige. Der marxistische Philosoph Manfred Buhr verteidigt Kant, indem er erklärt:

„Kant entwickelt seine Ethik im Hinblick auf eine bestimmte ökonomische Gesellschaftsformation, im Hinblick auf die bürgerlich-kapitalistische Welt. Und letztlich ist es die Art der zwischenmenschlichen Beziehungen im Kapitalismus, die Kant seinen ethischen Formalismus aufzwingt. Nicht die Kantsche Ethik ist primär formalistisch, sondern die zwischenmenschlichen Beziehungen im Kapitalismus erschöpfen sich im Formalen, denn sie unterliegen den Gesetzen der Konkurrenz, moralisch: der Selbstsucht und des Egoismus. Durch die Erklärung der absoluten Verbindlichkeit des kategorischen Imperativs für alle Menschen will Kant ... der Selbstsucht und dem Egoismus der bürgerlich-kapitalistischen Welt Einhalt gebieten ..."[166] Anders gesagt: Kant hält den bürgerlichen Rechtsstaat für ungenügend, er will den ethisch-bürgerlichen Zustand. Er weist voraus auf Hegels Bestimmung der Freiheit als Einsicht in die Notwendigkeit.

2.1.2 Herder: Fortschritt zur Humanität

Herder (1744-1803) „formulierte die Idee des Fortschritts in einer so allgemeinen und überzeugenden Form wie keiner vor ihm".[167] Dabei konnte er sich, was die Naturgeschichte bis zur Entstehung des Lebens betrifft, auf Kants „Allgemeine Naturgeschichte und Theorie des Himmels" (1755) stützen. Herders Thema ist die Erde, die Menschheit und was daraus werden kann. Er sieht in der Naturgeschichte der Erde „eine Reihe aufsteigender Formen und Kräfte: vom Stein zum Kristall, vom Kristall zu den Metallen, von diesen zur Pflanzenschöpfung, von den Pflanzen zum Tier, von diesen zum Menschen"[168]. „Aller Zusammenhang der Kräfte und Formen ist weder Rückgang noch Stillstand, sondern Fortschreitung"[169]. Indes: Der „Mensch im Ganzen ist nur eine kleine Stufe über das Tier erhoben".[170] Doch die Kultur schreitet voran. Die Entwicklung der Völker bildet eine einzige Kette, in der jedes Glied notwendig mit dem folgenden verbunden ist. Jedes Volk nutzt die Errungenschaften seiner Vorgänge und bereitet den Boden für seine Nachfolger. Die Menschheit der Gegenwart ist Erbe alles dessen, was von den vorangegangenen Generationen erarbeitet worden ist.

Der „Zweck unseres jetzigen Daseins" ist „auf Bildung der Humanität gerichtet"[171]. Denn sie ist „die verschlossene Knospe der wahren Gestalt der Menschheit"[172]. „Alle sinnlichen Triebe, in denen wir wie die Tiere der irdischen Haushaltung dienten, haben ihr Werk vollbracht; sie sollten bei dem Menschen die Veranlassung edlerer Gesinnungen und Bemühungen werden, und damit ist ihr Werk vollendet."[173] „Nach Gesetzen ihrer innern Natur muß mit der Zeitenfolge auch die Vernunft und Billigkeit unter den Menschen mehr Platz gewinnen und eine daurendere Humanität befördern."[174] In dieser Auffassung schließt sich Herder dem Werke Lessings „Von der Erziehung des Menschengeschlechts" (1780) an. Einige geschichtssoziologische Kategorien übernimmt er aus dem „Versuch einer Geschichte der Cultur des menschlichen Geschlechts" von Johann Christof Adelung (1782).

Was gehört zur Humanität?

1. Das erste Merkmal ist die Friedlichkeit. Herder bezieht eine chinesische und

indische Position und begründet sie anthropologisch, nämlich damit, daß der Körper des Menschen zur Verteidigung gebildet ist, nicht zum Angriff.

2. Die Fähigkeit der Teilnehmung und des Mitgefühls. „Was du willst, das andre dir nicht tun sollen, tue ihnen auch nicht; was jene dir tun sollen, tue du auch ihnen." Herder formuliert so den Kernsatz der alten Lehren. Ein Jahr nach Erscheinen von Herders „Ideen" faßt Kant die Forderung Herders als kategorischen Imperativ.

3. Die aufrechte und schöne Gestalt, Schönheit als Form der inneren Vollkommenheit und Gesundheit. Dieses Kriterium weist voraus auf Schillers große Abhandlung über „Anmut und Würde" (1793).

4. Religion, begriffen als Verstandesübung und Übung des menschlichen Herzens, fern von Dogmatik.

5. Einehe aus Liebe.

Die einzelnen Kulturen im Verlauf der Weltgeschichte sind danach zu beurteilen, was sie zum Fortschritt, zur Herausbildung der Humanität beigetragen haben. Beispiele für einen großen Beitrag sind ihm die Griechen und die Araber. Das Imperium der Römer hingegen ist ein finsteres Kapitel der Weltgeschichte.

Einer Auffassung, Mensch und Gesellschaft bewegten sich stetig und gradlinig aufwärts, stimmt Herder nicht bei. Er bemerkt, daß der Fortschritt nur periodenweise sich schließlich in komplizierten Prozessen durchsetzt. Der „Weg der Menschen ward einem Labyrinth gleich, mit Abwegen auf allen Seiten, wo nur wenige Fußtapfen zum innersten Ziel führen."[175] Andererseits lehnt Herder, wie zu sehen, die Auffassung Rousseaus ab, die Menschheitsgeschichte sei eine Kette von Irrtümern und stehe in schroffem Widerspruch zur Natur.

Welchen Stellenwert hat der Staat im Humanisierungsprozeß? Während Kant den Staat als eine lange Zeit in der Geschichte positive Einrichtung betrachtet, die allmählich überwunden werden muß, ist für Herder der Staat eine schreckliche Maschine, die der Kultur im Wege steht. Kriege, Gewalttaten, Eroberungen sind es, die zur Entstehung von Staaten führen. In Europa, sagt er, sind die Staaten infolge des Einfalls barbarischer Stämme entstanden, deren Führer die eroberten Länder untereinander teilten und die Einwohner leibeigen machten. „Gewaltsame Eroberungen vertraten also die Stelle des Rechts, das nachher nur durch Verjährung oder wie unsere Staatslehrer sagen, durch den schweigenden Contract Recht ward; der schweigende Contract aber ist in diesem Fall nichts anderes, als daß der Stärkere nimmt, was er will, und der Schwächere gibt oder leidet, was er nicht ändern kann."[176] An die Möglichkeit eines Vernunftstaates glaubt Herder nicht. „Jeder Staat als solcher ist eine Maschine, und keine Maschine hat Vernunft, so vernunftähnlich sie auch gebaut sein möge."[177] Die eigentlichen Geschichtssubjekte sind die Stämme und Völker.

Wie sind die Aussichten, das Ziel der Humanisierung zu erreichen? „Der jetzige Zustand der Menschen ist wahrscheinlich das verbindende Mittelglied zweier Welten."[178] Wenn „der Mensch die Kette der Erdorganisation als ihr höchstes und letztes Glied schloß, so fängt er auch eben dadurch die Kette einer höheren Gattung von Geschöpfen als ihr niedrigstes Glied an; und so ist er wahrscheinlich der Mittelring zwischen zwei ineinandergreifenden Systemen der Schöpfung."[179] Als Tier dient der Mensch der Erde, als Mensch hat er den Samen der Unsterblichkeit in sich. Der größte Teil des Menschen ist Tier; zur Humanität hat er bloß die Fähigkeit auf die Welt gebracht. Der Mensch ist also ein Übergang.[180]

2.1.3 Fichte: Fortschritt zum Besseren durch Tätigkeit der Individuen

Fichte (1762-1814) arbeitet einen ,,subjektiven Idealismus" heraus. Er konzentriert sich auf die subjektive Seite des weltkulturellen Prozesses, die Tätigkeit der Individuen; die Richtung der weltkulturellen Entwicklung ist ein Ergebnis verwirklichter Ethik, praktizierten Handlungswillens.

Tun. Nicht bloßes Wissen, sondern nach deinem Wissen Tun ist deine Bestimmung. Allein dein Handeln bestimmt deinen Wert. (81).[181] Es gibt nur Einen Punkt, auf welchen ich unablässig alles mein Nachdenken zu richten habe: was ich tun solle und wie ich dieses Gebotene am zweckmäßigsten ausführen könne. (89) Um zu erkennen, habe ich Verstand; um es zu vollbringen, Kraft. (91)

Forderung einer bessern Welt. Schon in der bloßen Betrachtung der Welt, abgesehen vom Gebote, äußert sich in meinem Innern die absolute Forderung einer bessern Welt. (96f.) Ich kann mir die gegenwärtige Lage der Menschheit schlechthin nicht denken als diejenige, bei der es nun bleiben könne. (97) Dann wäre alles Traum und Täuschung; und es wäre nicht der Mühe wert, gelebt und dieses stets wiederkehrende, auf nichts ausgehende und nichts bedeutende Spiel mit getrieben zu haben. Nur inwiefern ich diesen Zustand betrachten darf als Mittel eines bessern, als Durchgangspunkt zu einem höhern und vollkommenern, erhält er Wert für mich; nicht um sein selbst, sondern um des Bessern willen, das er vorbereitet, kann ich ihn tragen, ihn achten und in ihm freudig das Meinige vollbringen. In dem Gegenwärtigen kann mein Gemüt nicht Platz fassen noch einen Augenblick ruhen; unwiderstehlich wird es von ihm zurückgestoßen; nach dem Künftigen und Bessern strömt unaufhaltsam hin mein ganzes Leben. (97) Ich äße nur und tränke, damit ich wiederum hungern und trinken und essen und dürsten könnte, so lange, bis das unter meinen Füßen eröffnete Grab mich verschlänge und ich selbst als Speise dem Boden entkeimte? Ich zeugte Wesen meinesgleichen, damit auch sie essen und trinken und sterben und Wesen ihresgleichen hinterlassen könnten, die dasselbe tun könnten, was ich schon tat? Wozu dieser unablässig in sich selbst zurückkehrende Zirkel, dieses immer von neuem auf dieselbe Weise wieder angehende Spiel, in welchem alles wird, um zu vergehen, und vergeht, um nur wieder werden zu können, wie es schon war; dieses Ungeheuer, unaufhörlich sich selbst verschlingend, damit es sich wiederum gebären könne, sich gebärend, damit es sich wiederum verschlingen könne? Nimmermehr kann dies die Bestimmung sein meines Seins und alles Seins. Es muß etwas geben, das da ist, weil es geworden ist. (97)

Krieg der Völker und Klassen. Des Menschen grausamster Feind ist der

Mensch, nicht die Natur. Horden und Völker bekriegen sich und im Innern der Staaten selbst, wo die Menschen zur Gleichheit unter dem Gesetz vereinigt zu sein scheinen, ist es großenteils noch immer Gewalt und List, was unter dem ehrwürdigen Namen des Gesetzes herrscht; hier wird der Krieg umso schändlicher geführt, weil er sich nicht als Krieg ankündigt. Kleinere Verbindungen freuen sich laut der Unwissenheit, der Torheit, des Lasters und des Elendes, in welche die größern Haufe ihrer Mitbrüder versunken sind, machen es sich laut zum angelegentlichsten Zwecke, sie darin zu erhalten und sie tiefer hineinzustürzen, damit sie dieselben ewig zu Sklaven behalten. (100)

Keine Freiheit zum Bösen. In dem wahren Staate wird alle Versuchung zum Bösen, ja sogar die Möglichkeit, vernünftigerweise eine böse Handlung zu beschließen, rein abgeschnitten sein, und es wird dem Menschen so nahegelegt werden, als es ihm gelegt werden kann, seinen Willen auf das Gute zu richten. Nach der untrüglichen Einrichtung in einem solchen Staate ist jede Bevorteilung und Unterdrückung des andern, jede Vergrößerung auf desselben Kosten nicht nur sicher vergeblich und alle Mühe dabei verloren, sondern sie kehrt sich sogar gegen ihren Urheber. Denn der Gebrauch der Freiheit zum Bösen ist aufgehoben. (107) Jeder Nachteil des einzelnen ist nun, da er nicht mehr Vorteil für irgendeinen anderen sein kann, Nachteil für das Ganze und für jedes einzelne Glied desselben und wird in jedem Gliede mit demselben Schmerze empfunden und mit derselben Tätigkeit ersetzt. Hier, wo das kleine, enge Selbst der Personen vernichtet ist, liebt jeder jeden andern wahrhaft als sich selbst. Es kann kein Böses mehr aufkommen. (107f.)

Unsterblichkeit. ,,Ich bin unsterblich, unvergänglich, ewig, sobald ich den Entschluß fasse, dem Vernunftgesetze zu gehorchen; ich soll es nicht erst werden. Die übersinnliche Welt ist keine zukünftige Welt, sie ist gegenwärtig ...''[182] ,,Ich ergreife durch jenen Entschluß die Ewigkeit und streife das Leben im Staube und alle anderen sinnlichen Leben, die mir noch bevorstehen können, ab und versetze mich hoch über sie.''[183] ,,Das Einige, woran mir gelegen sein kann, ist der Fortgang der Vernunft und Sittlichkeit im Reiche der vernünftigen Wesen ... Ob ich das Werkzeug dazu bin oder ein anderer; ob es meine Tat ist, die da gelingt oder gehindert wird, oder ob die eines andren, gilt mir ganz gleich.''[184]

Albert Schweitzer kommentiert:[185]

Fichte gibt der abstrakten, absoluten Pflicht Kants einen Inhalt. Er läßt sie darin bestehen, daß der Mensch als Werkzeug des ewig tätigen, absoluten Ich sich die Bestimmung gibt, daran mitzuarbeiten, ,,die ganze Sinnenwelt unter die Herrschaft der Vernunft zu bringen''. Anfang der Weisheit ist ihm die Einsicht in die Paradoxie, ,,daß das Bewußtsein der wirklichen Welt von dem Bedürfnis des Handelns ausgeht, nicht vom Bewußtsein der Welt das Bedürfnis des Handelns''. Bei Fichte werden die Menschen zur Arbeit an der Verbesserung der Welt förmlich aufgepeitscht. Mit gewaltigem Pathos lehrt er sie, der inneren Stimme, die sie zum Handeln antreibt und ihnen in jeder besonderen Lage ihres Daseins ihre bestimmte Pflicht angibt, zu gehorchen und zu wissen, daß sie damit die höchste, die einzige Bestimmung ihres Lebens erfüllen. Aus dem inneren Triebe des Handelns heraus begehren wir eine bessere Welt als die, die wir um uns sehen. Daß die Menschheit sich vervollkommnen und einen ewigen Friedenszustand erreichen wird, ist ihm ebenso sicher wie die einstige Vollendung der Natur.

2.1.4 Hegel: Entwicklungsziel Sittlichkeit

Eines schönen hellgestirnten Abends standen wir beide nebeneinander am Fenster, und ich, ein zweiundzwanzigjähriger junger Mensch, ich hatte eben gut gegessen und Kaffee getrunken, und ich sprach mit Schwärmerei von den Sternen und nannte sie den Aufenthalt der Seligen. Der Meister aber brümmelte vor sich hin: ,,Die Sterne, hm! hm! die Sterne sind nur ein leuchtender Aussatz am Himmel." - ,,Um Gottes willen" - rief ich - ,,es gibt also droben kein glückliches Lokal, um dort die Tugend nach dem Tode zu belohnen?" Jener aber, indem er mich mit seinen bleichen Augen stier ansah, sagte schneidend: ,,Sie wollen also noch ein Trinkgeld dafür haben, daß Sie Ihre kranke Mutter gepflegt und Ihren Herrn Bruder nicht vergiftet haben?" (Heinrich Heine über Hegel)

Hegel (1770-1831) postuliert:
1. Alles ist in Bewegung. Sein ist fortgesetztes Werden.
2. Bewegung ist primär Selbstbewegung.
3. Quelle der Bewegung ist der Widerspruch, die Negation.
4. Die Bewegung vollzieht den Dreischritt These (Ausgangslage)-Antithese (Negation)-Synthese.
5. In der Synthese findet die Negation der Negation statt.
6. Negation der Negation bedeutet Rückkehr zum Alten auf höherer Stufe, ,,Aufheben" des Alten in das Neue.
7. Negation der Negation, Synthese, bedeutet somit das Entstehen einer neuen Qualität.
8. Die Bewegung ist demzufolge also weder ein lineares Fortschreiten noch ein Kreislauf, sondern eine Entwicklung: Spiralform der Bewegung.
9. Ziel der geschichtlichen Entwicklung ist nach Hegel die substantielle Freiheit, die sittlich gebundene Freiheit. Sie wird gefunden im Staate und im Aufsteigen des Weltgeistes mittels der Volksgeister und Staaten in der Weltgeschichte.
10. Ziel der subjektiven (individuellen) Bewegung ist die sittlich bestimmte Tätigkeit.[186]
11. Alles dient der Selbstverwirklichung des absoluten Geistes. - Dieses letztgenannte Postulat ist das Abstrakt-Allgemeine an Hegels Denken.

Hegel geht davon aus, daß Vernunft die Welt beherrscht, daß es also auch in der Weltgeschichte vernünftig zugegangen sei und zugehe.[187] Der Geist (Weltgeist) und der Verlauf seiner Entwicklung ist das Substantielle der Geschichte. Er ist hier in seiner konkreten Wirklichkeit. Das Wesen des Geistes ist die Freiheit. Die Weltgeschichte ist der Fortschritt im Bewußtsein der Freiheit - ein notwendiger

Fortschritt. Endzweck der Welt ist das Bewußtsein des Geistes von seiner Freiheit.[188]

Die Frage nach den Mitteln. Die Frage nach den Mitteln, wodurch sich die Freiheit zu einer Welt hervorbringt, „führt uns in die Erscheinung der Geschichte selbst".[189] Wenn die Freiheit als solche zunächst der innere Begriff ist, so sind die Mittel dagegen ein Äußerliches, das Erscheinende, das in der Geschichte unmittelbar vor die Augen tritt und sich darstellt. „Die nächste Ansicht der Geschichte überzeugt uns, daß die Handlungen der Menschen von ihren Bedürfnissen, ihren Leidenschaften, ihren Interessen, ihren Charakteren und Talenten ausgehen", und zwar so, daß es in diesem Schauspiel der Tätigkeit nur die Bedürfnisse, Leidenschaften, Interessen sind, welche als die Triebfedern erscheinen und als das Hauptwirksame vorkommen.[190] Die Leidenschaften, die Zwecke des partikularen Interesses, die Befriedigung der Selbstsucht, sind das Gewaltigste; sie haben ihre Macht darin, daß sie keine der Schranken achten, welche das Recht und die Moralität ihnen setzen wollen. Deswegen ist die Geschichte eine Schlachtbank, auf der das Glück der Völker, die Weisheit der Staaten und die Tugend der Individuen zum Opfer gebracht worden sind und werden. Die Weltgeschichte ist nicht der Boden des Glücks. Die Perioden des Glücks sind leere Blätter in ihr. Eine unermeßliche Masse von Wollen, Interessen und Tätigkeiten sind die Werkzeuge und Mittel des Weltgeistes, seinen Zweck zu vollbringen. Daher kommt in der Weltgeschichte durch die Handlungen der Menschen etwas anderes heraus, als sie bezwecken. Indes: Die Handelnden haben in ihrer Tätigkeit endliche Zwecke, besondere Interessen, aber sie sind doch Wissende, Denkende. Der Inhalt ihrer Zwecke ist durchzogen mit allgemeinen, wesenhaften Bestimmungen des Rechts, des Guten, der Pflicht usf. Erst dadurch gehören sie zur Weltgeschichte. „Denn die bloße Begierde, die Wildheit und Roheit des Wollens fällt außerhalb des Theaters und der Sphäre der Weltgeschichte."[191] In besonderem Maße liegt ein Allgemeines in den Zwecken der welthistorischen Individuen. „Dies sind die großen Menschen in der Geschichte, deren eigne partikulare Zwecke das Substantielle enthalten, welches Wille des Weltgeistes ist."[192] Sie sind „die Geschäftsführer des Weltgeistes".[193] Sie haben nicht die Nüchternheit, dies und jenes zu wollen, viel Rücksichten zu nehmen, sondern gehören ganz rücksichtslos dem einen Zwecke an. „So ist es auch der Fall, daß sie andre große, ja heilige Interessen leichtsinnig behandeln ... Aber solche große Gestalt muß manche unschuldige Blume zertreten, manches zertrümmern auf ihrem Wege."[194] Es ist das Besondere, das sich aneinander abkämpft, und wovon ein Teil zugrunde gerichtet wird. „Nicht die allgemeine Idee ist es, welche sich in Gegensatz und Kampf, welche sich in Gefahr begibt; sie hält sich unangegriffen und unbeschädigt im Hintergrund. Das ist die List der Vernunft zu nennen, daß sie die Leidenschaften für sich wirken läßt ..."[195] Es ist die Erscheinung, von der ein Teil nichtig, ein Teil affirmativ ist. Das Partikulare ist meistens zu gering gegen das Allgemeine, die Individuen werden aufgeopfert und preisgegeben. Die Idee bezahlt den Tribut des Daseins und der Vergänglichkeit nicht aus sich, sondern aus den Leidenschaften der Individuen. Hegel beschließt diese schlimmen Ausführungen mit einer dialektischen Kehre: Indem die Individuen geopfert werden, haben sie Teil am Vernunftzweck, die Menschen sind dadurch nicht nur Mittel, sondern auch Selbstzwecke dem Inhalt des Zweckes nach.[196]

Der Zweck. Der Zweck ist die Verwirklichung des Geistes. Die Vereinigung des subjektiven und des vernünftigen Willens wird Wirklichkeit im Staate. Er ist das sittliche Ganze. Hier ist Freiheit. Was durch ihn beschränkt wird, ist nicht die Freiheit, sondern die Willkür, die sich auf das Besondere der Bedürfnisse bezieht. Die Gesetze der Sittlichkeit sind nicht zufällig, sondern das Vernünftige selbst. „Daß nun das Substantielle im wirklichen Tun der Menschen und in ihrer Gesinnung gelte, vorhanden sei und sich selbst erhalte, das ist der Zweck des Staates."[197] In der Weltgeschichte kann nur von Völkern die Rede sein, welche einen Staat bilden. Der Staat ist die göttliche Idee, wie sie auf Erden vorhanden ist, die vernünftige und sich objektiv wissende und für sich seiende Freiheit.

Der Gang der Weltgeschichte. Der Gang der Weltgeschichte ist Fortschritt zum Besseren, Vollkommeneren. Diese Entwicklung ist ein harter unendlicher Kampf des Geistes gegen sich selbst. „Was der Geist will, ist, seinen eigenen Begriff zu erreichen, aber er selbst verdeckt sich denselben, ist stolz und voll Genuß in dieser Entfremdung seiner selbst."[198] Die Entwicklung ist also kein kampfloses bloßes Hervorgehen. Die Weltgeschichte stellt den Stufengang der Entwicklung des Prinzips, dessen Gehalt das Bewußtsein der Freiheit ist, dar. Sie ist die Auslegung des Geistes in der Zeit, wie die Idee als Natur sich im Raume auslegt. Die einzelnen Volksgeister sind nur Momente des allgemeinen Geistes in einer notwendigen Stufenfolge. Jedoch begreift die gegenwärtige Gestalt des Geistes alle früheren Stufen in sich. Die Momente, die der Geist hinter sich zu haben scheint, hat er auch in seiner gegenwärtigen Tiefe.

In der „Rechtsphilosophie" erfaßt Hegel das Wesentliche der objektiven wie der subjektiven Aufstiegsbewegung. Er zeichnet eine aufsteigende Entwicklung vom abstrakten Recht über die Moralität zur Sittlichkeit nach, wobei die Sittlichkeit ein Zusammenhang objektiver Verhältnisse, aufsteigend von der Familie zum Staate ist: Die realisierte Freiheit, der absolute Endzweck der Welt ist das Gute (Rechtsphilosophie § 129). Das Wohl hat hierin keine Gültigkeit für sich als Dasein des einzelnen besonderen Willens, sondern nur als allgemeines Wohl (§ 130). Das innerliche Bestimmen des Guten ist das Gewissen (§ 131). Das Gute hat zunächst nur die Bestimmung der allgemeinen abstrakten Wesentlichkeit - der Pflicht (§ 133). Das wahrhafte Gewissen ist die Gesinnung, das, was an und für sich gut ist, zu wollen; es hat daher feste Grundsätze, und zwar sind ihm diese die für sich objektiven Bestimmungen und Pflichten (§ 137). Aber das objektive

System dieser Grundsätze und Pflichten und die Vereinigung des subjektiven Wissens mit demselben ist erst auf dem Standpunkt der Sittlichkeit vorhanden (§ 137). Denn: Das Gewissen ist als formelle Subjektivität schlechthin dies, auf dem Sprunge zu sein, ins Böse umzuschlagen (§ 139). Gewissen allein ist daher noch nicht Sittlichkeit. Sondern: Die Einheit des subjektiven und des objektiven an und für sich seienden Guten ist die Sittlichkeit (§ 141, Zusatz). Das Rechtliche und das Moralische kann nicht für sich existieren, und sie müssen das Sittliche zum Träger und zur Grundlage haben, denn dem Rechte fehlt das Moment der Subjektivität, das die Moral wiederum für sich allein hat, und so haben beide Momente für sich keine Wirklichkeit (§ 141, Zusatz).

Die Sittlichkeit ist die Idee der Freiheit (§ 142). Weil die sittlichen Bestimmungen den Begriff der Freiheit ausmachen, sind sie die Substantialität oder das allgemeine Wesen der Individuen, welche sich dazu nur als ein Akzidentielles verhalten (§ 145, Zusatz). Die sittlichen Gesetze sind dem Subjekte nicht ein Fremdes, sondern es gibt das Zeugnis des Geistes von ihnen als von seinem eigenen Wesen, in welchem es sein Selbstgefühl hat und darin als seinem von sich unterschiedenen Elemente lebt (§ 147). Als diese substantiellen Bestimmungen sind sie für das Individuum, welches sich von ihnen als das Subjektive und in sich Unbestimmte oder als das besondere Bestimmte unterscheidet, Pflichten, für seinen Willen bindend (§ 148). Als Beschränkung kann die bindende Pflicht nur gegen die unbestimmte Subjektivität oder abstrakte Freiheit und gegen die Triebe des natürlichen oder des sein unbestimmtes Gute aus seiner Willkür bestimmenden moralischen Willens erscheinen (§ 149). In der Pflicht befreit das Individuum sich zur substantiellen Freiheit (§ 149). In der einfachen Identität mit der Wirklichkeit der Individuen erscheint das Sittliche, als die allgemeine Handlungsweise derselben, als Sitte - die Gewohnheit desselben als eine zweite Natur (§ 151). Was das Recht und die Moral noch nicht sind, das ist die Sitte, nämlich Geist (§ 151, Zusatz). Die Pädagogik ist die Kunst, die Menschen sittlich zu machen: Sie betrachtet den Menschen als natürlich und zeigt den Weg, ihn wiederzugebären, seine erste Natur zu einer zweiten geistigen umzuwandeln, so daß dieses Geistige in ihm zur Gewohnheit wird (§ 151, Zusatz). Das Recht der Individuen an ihre Besonderheit ist ebenso in der sittlichen Substantialität enthalten, denn die Besonderheit ist die äußerlich erscheinende Weise, in welcher das Sittliche existiert (§ 154). In dieser Identität des allgemeinen und besonderen Willens fällt somit Pflicht und Recht in Eins, und der Mensch hat durch das Sittliche insofern Rechte, als er Pflichten, und Pflichten, insofern er Rechte hat. Im abstrakten Rechte habe ich das Recht und ein anderer die Pflicht gegen dasselbe (§ 155).

Nach Hegel ist die Entwicklung des Individuums sehr stark am Allgemeinen orientiert, ja ,,identisch" mit dem Allgemeinen. Freiheit heißt Einsicht in die Notwendigkeit, Bindung des Individuums an den Prozeß, der den Geist zu sich selbst führt.

2.1.5 Humboldt, Schiller: Bildung der Persönlichkeit

Wilhelm von Humboldt und Friedrich Schiller sind im Abschnitt „Das Ideal der allseitig entwickelten, harmonischen Persönlichkeit" herangezogen.[199]

2.1.6 Albert Schweitzer: Ehrfurcht vor dem Leben

Albert Schweitzer, der große Alemanne, versucht, Elemente aus christlicher Lehre, deutschem Bildungshumanismus, indischen und chinesischen Lehren zu vereinen als Ethik der Ehrfurcht vor dem Leben. Zugleich ist das menschliche Leben auf den höchsten kulturellen Stand zu bringen.[200] Lebenskraft wird ethische Kraft.

2.2 Bildungshumanistischer Aspekt des Marxismus

„Marx sagt, die Revolutionen sind die Lokomotiven der Weltgeschichte. Aber vielleicht ist dem gänzlich anders. Vielleicht sind die Revolutionen der Griff des in diesem Zuge reisenden Menschengeschlechts nach der Notbremse."
(Walter Benjamin: Gesammelte Schriften, Frankfurt a.M. 1974, Bd. I,3, S.1232)

Der Marxismus ist nach den Kriterien unserer Untersuchung zu berücksichtigen, soweit er in der Tradition des Deutschen Idealismus steht. Die Notbremse auf den Marxismus selbst bezogen ist bereits gezogen worden.

Auf Marx (1818-1883) fußende Ethik-Forschungen der DDR, der Sowjetunion und Frankreichs, auf die wir uns beziehen, fließen derzeit ein in den konfuzianischen Marxismus Ostasiens, den nationalen Marxismus Indiens, den ökologischen Marxismus Nordeurasiens und in andere marxistische Strömungen. Ferner machen sie sich bemerkbar im Neobuddhismus, im Neobrahmanismus und im Neoislam.

a) Triebkräfte der Persönlichkeitsentwicklung

Um die Ethik des bildungshumanistischen Marxismus zu erfassen, sind zunächst seine Feststellungen über die Triebkräfte der Persönlichkeitsentwicklung zu skizzieren. Es handelt sich um begrifflich recht schwierige Erörterungen, deren Lektüre durch den vielfach gebotenen Konjunktiv noch erschwert wird.

Was treibt das Individuum zur Tätigkeit? Und was treibt es dazu, sich nicht mit dem Überleben zufrieden zu geben, sondern sich als Persönlichkeit zu entwickeln? Rubinstein sagt, der Mensch ist kein isoliertes Wesen, das aus sich heraus leben und sich entwickeln könnte. Er ist mit der ihn umgebenden Welt verbunden und bedarf ihrer. Dieser objektive Bedarf, der sich in der Psyche des einzelnen widerspiegelt, wird von ihm als Bedürfnis erfahren. Die vom Individuum erfahrene oder ihm bewußtwerdende Abhängigkeit von dem, was es braucht, hat ein Gerichtetsein auf den betreffenden Gegenstand zur Folge.[201] Daraus entsteht eine dynamische Tendenz, ein Streben, das zu Beweggründen, Motiven wird. Das Gerichtetsein tritt in der primitivsten Struktur als Instinkt, als innerer Impuls, als Trieb, in entwickelter Struktur aber als Bedürfnis, Interesse,

Ziel, Ideal, Pflicht, Zeitbedürfnis auf. Davon werden Einstellungen und Tendenzen, Wille, Streben, Handeln und Selbsttätigkeit bestimmt.

Bedürfnisse. Nach Auffassung der marxistischen Autoren werden im historischen Prozeß die naturhaften Antriebe immer mehr durch kulturelle Antriebe überlagert. Biologische Triebe und Instinkte werden im Laufe der Zeit in gesellschaftlich bezogene Bedürfnisse umgeformt. So entsteht zum Beispiel aus dem Sexualtrieb das eigentlich menschliche Bedürfnis Liebe.[202] Der entwickelte Mensch wird als ein Wesen von immer größeren Bedürfnissen und Interessen gesehen, das aber Idealen nachstrebt, anstatt etwa nur auf die Lösung von Spannungen bedacht zu sein. „Der reiche Mensch ist zugleich der einer Totalität der menschlichen Lebensäußerung bedürftige Mensch."[203] In der Klassengesellschaft freilich, sagt Marx, schlägt jedes neue Bedürfnis, jedes neue Angewiesen-Sein auf die Produkte anderer, das Individuum in neue Fesseln und ruft eine neue Abhängigkeit von ihm nicht gehörenden Dingen hervor. Hier spekuliert „jeder Mensch ... darauf, dem anderen ein neues Bedürfnis zu schaffen, ... um ihn in eine neue Abhängigkeit zu versetzen ... Jeder sucht eine fremde Wesenskraft über den andern zu schaffen, um darin die Befriedigung seines eigennützigen Bedürfnisses zu finden. Mit der Masse der Gegenstände wächst daher das Reich der fremden Wesen, denen der Mensch unterjocht ist."[204] Auf heute bezogen: Eine Inflation von Bedürfnissen hält die Konsumgesellschaft am Laufen.

Interessen. Rubinstein: Der spezifische Charakter des Interesses, der es von den anderen Tendenzen der Persönlichkeit unterscheidet, besteht in der Konzentration der Gedanken und Absichten der Persönlichkeit auf einen bestimmten Gegenstand. Dadurch wird ein Streben hervorgerufen, den Gegenstand näher kennenzulernen, tiefer in ihn einzudringen und ihn nicht aus dem Gesichtskreis zu verlieren. Das Interesse als ein Gerichtetsein der Absichten unterscheidet sich wesentlich vom Gerichtetsein der Wünsche. „Das Bedürfnis ruft den Wunsch, über einen Gegenstand in bestimmtem Sinn verfügen zu können, hervor, das Interesse, ihn kennenzulernen."[205] Die Interessen sind daher die spezifischen Motive der kulturellen und insbesondere der kognitiven Tätigkeit der Menschen. Interessen sind es, die in Verbindung mit dem Bewußtsein das Individuum seiner unmittelbaren Situation entheben. Wenn die Bedürfnisse nicht befriedigt werden, wird das Leben schwierig. Finden jedoch die Interessen keine Nahrung oder sind überhaupt keine vorhanden, so wird das Leben langweilig.[206]

Ideale. Die Gerichtetheit, fährt Rubinstein fort, kann nicht allein auf Bedürfnisse und Interessen zurückgeführt werden. „Wir tun nicht bloß das, was wir als unmittelbares Bedürfnis erfahren, und wir befassen uns nicht nur mit dem, was uns interessiert."[207] Das Ideal ist ein Bild, das als Vorbild dient. Das Ideal stellt nicht das dar, was der Mensch in Wirklichkeit ist, sondern das, was er sein möchte. Doch das, was der Mensch wünscht - sein Ideal - ist auch aufschlußreich für das, was er ist. Es ist die vorgreifende Verkörperung dessen, was er werden kann. „Die besten Tendenzen seiner Entwicklung verkörpern sich im Bild als Vorbild und werden zum Stimulus und Regulator seiner Entwicklung."[208] Das

Vorhandensein eines bestimmten Ideals verleiht der Gerichtetheit der Persönlichkeit Klarheit und Einheitlichkeit.[209]

Die Pflicht. Große Bedeutung wird den ethischen Antrieben zugemessen. Die Pflicht bedeute „die Notwendigkeit, bestimmte Verpflichtungen zu erfüllen, die über den Rahmen der individuellen Interessen hinausgehen, und verlangt die Unterordnung des Persönlichen unter das Allgemeine".[210]

Die Zeitlichkeit der menschlichen Existenz

Die Lebenszeit ist zunächst biologisch bedingt. Das Zeitbedürfnis jedoch als Folge eines durchdringenden Bewußtseins dessen ist nach Sève eines jener Bedürfnisse, die völlig von der Entwicklung der Persönlichkeit produziert werden. Hier trete der Widerspruch zwischen den Bedürfnissen und den Aktivitätsbedingungen zutage, dessen allgemeiner Hintergrund der Gegensatz zwischen den Schranken der Individualität und der Unerschöpflichkeit des gesellschaftlichen Erbes sei. Im Kapitalismus verfestige sich dieser Gegensatz als Trennung zwischen abstrakter und konkreter Persönlichkeit, „die der Kapitalismus mit einem unsichtbaren Skalpell in unserer Seele vollzogen hat".[211] Weil die Gesamtzeit endlich ist, habe jede einzelne Zeitverwendung ein spezifisches Gewicht. Der tatsächliche Anreiz zu einer Handlung stehe in einem Verhältnis zu den Zeitkosten ihrer Ausführung. Ökonomie der Zeit ist nach Sève der Schlüssel zur entwickelten Persönlichkeit.[212]

Fähigkeiten und Bedürfnisse

Interessen und Ideale stehen nach Rubinstein höher als Bedürfnisse. Sève warnt in anderer Weise davor, etwa im Bedürfnis die erste Triebkraft der entwickelten Persönlichkeit zu sehen. Er schreibt: „Gegen das ... Argument, wonach die objektiven Bedürfnisse in ihrer primären Form am Anfang jeder psychologischen Aktivität stehen, ist nichts einzuwenden - wenn nicht, daß in jeder wirklichen Entwicklung, in deren Verlauf also qualitativ neue Realitäten auftreten, das, was anfangs die Hauptrolle spielte, eben in den höheren Phasen nicht mehr diese Rolle spielt."[213] Das solle nicht heißen, daß die Gesamtheit der menschlichen Aktivitäten, selbst der höchst komplexen, nicht in gewissem Sinne auf der ständigen Notwendigkeit der Befriedigung elementar-organischer Bedürfnisse beruhe. Die spezifisch menschlichen Bedürfnisse aber seien etwas ganz anderes als die unmittelbar-organischen Bedürfnisse. Das Problem sei, wie der Zusammenhang von Aktivitäten und Bedürfnissen das geworden sei, was er in einer entwickelten Persönlichkeit ist. Im Vergleich zum primär-organischen Bedürfnis zeichne sich das entwickelte menschliche Bedürfnis nicht einfach durch eine an zweiter Stelle kommende Sozialisierung aus, sondern durch eine allgemeine Umstülpung seiner ersten Merkmale, durch eine Wesensumkehr. Die gesellschaftliche Menschwerdung äußere sich nicht durch bloße Verbesserungen oder Zusätze an einem wesentlich unveränderten Bedürfnismodell, sondern durch die Produktion einer radikal neuen Motivationsstruktur.[214] Das ele-

mentar-organische Bedürfnis sei „nötigend, innerlich und homöostatisch, das entwickelte menschliche Bedürfnis dagegen mehr oder minder weitgehend ausgezeichnet ... durch seinen Toleranzbereich selbst gegenüber fortgesetzter Nichtbefriedigung, seine Mittelpunktsverschiebung und seine erweiterte Reproduktion ohne Schranken".[215]
Der Toleranzbereich gegenüber Nichtbefriedigung zeige sich zum Beispiel in dem klassischen Verhalten des teils sogar lebenslangen Verzichtes auf Befriedigung von doch weiterbestehenden und zuweilen wesentlichen Bedürfnissen. Die Mittelpunktsverschiebung äußere sich namentlich in der außerordentlich nötigenden Veranlagung, auch unter Hintanstellung eigener Bedürfnisse für die Bedürfnisse von anderen, von Individuen oder sozialen Gruppen, zu sorgen. Zweifellos könne man in einem solchen Falle geltend machen: Wenn ein Mensch auf Grund von Bedürfnissen handle, die objektiv außer ihm liegen, dann deswegen, weil er sie so weit verinnerliche, daß er sie als persönliches Bedürfnis empfinde. „Das ist unbestreitbar", antwortet Sève. „Aber wenn man nicht Wortspiele treiben will, muß man zugestehen, daß zwischen einem ursprünglich inneren Bedürfnis und einem Bedürfnis, dessen innerer Aspekt nur als Ergebnis der Verinnerlichung von dem Wesen nach äußeren Ansprüchen begriffen werden kann, ein qualitativer Unterschied besteht."[216] Die Bemühungen eines kämpferischen Lebens gründeten sich gerade auf das Bewußtwerden der Tatsache, daß die allgemeine Befriedigung der persönlichen Bedürfnisse über die Durchsetzung bestimmter gesellschaftlicher Umgestaltungen verlaufe, eine Durchsetzung, deren objektive Logik sich die unmittelbare, beschränkte Befriedigung der isoliert betrachteten persönlichen Bedürfnisse mehr oder minder vollständig unterordnen. Die erweiterte Reproduktion der Bedürfnisse[217] äußere sich auffallend in der außerordentlichen historischen Vermehrung der Motivationen der menschlichen Aktivität und ihrer unbegrenzten Verfeinerung, zum Beispiel im Bereich der Bedingungen des Kunstgenusses.
Sève untersucht im Hinblick auf die Bedürfnisse den Zusammenhang zwischen Handlung und psychologischem Produkt. Der Lohn z.B., sagt er, ist nicht abhängig von der konkreten Arbeit, die das Individuum leistet, auch nicht von den konkreten Bedürfnissen, wegen denen es sie leistet. „Man erfaßte hier am lebendigen Beispiel die Umstülpung des Verhältnisses zwischen Bedürfnis und Produkt durch gesellschaftliche Verhältnisse, unter denen sich die Aktivität selbst doppelt setzt - als konkrete und als abstrakte Aktivität."[218] Auf dieser Grundlage könne man begreifen, daß die Struktur des von Sève so genannten psychologischen Produkts dann, wenn wir es mit einer wirklichen gesellschaftlichen Aktivität zu tun hätten, nicht allein in Beziehung zu den konkreten Bedürfnissen und Handlungen steht, sondern auch zu den objektiv-gesellschaftlichen Bedingungen und damit zur Gesamtstruktur der Persönlichkeit, die wiederum durch Vermittlung des Produkts die gesamte Bedürfnisstruktur und -entwicklung bestimme. Das Produkt mit seinen abstrakten und außerhalb des Individuums determinierten gesellschaftlichen Aspekten spiele eine entschei-

dende Rolle in der persönlichen Aktivität, „denn was zum Handeln anreizt, ist nicht das Bedürfnis an und für sich, sondern das Maß und die Bedingungen, unter denen es durch die entsprechende Aktivität befriedigt werden kann, mit anderen Worten, das Verhältnis zwischen möglichen Resultaten der Handlung und zu befriedigenden Bedürfnissen, im entwickelten Sinne dieser Vorstellungen, kurz, das Verhältnis zwischen Produkt und Bedürfnis."[219] Eine Handlung sei nichts anderes als eine praktische Vermittlung zwischen einem Bedürfnis und einem Produkt.

Wir kommen, erklärt Sève, zum selben Ergebnis, wenn wir das soeben genannte Merkmal des entwickelten menschlichen Bedürfnisses analysieren, seine außerordentliche Veranlagung zur erweiterten Reproduktion.[220] Bei den traditionellen Auffassungen von Bedürfnis und Motivation beruht alles auf dem homöostatischen Schema. Sève wendet sich gegen dieses Schema, das aussagt: „Die Spannung des Bedürfnisses oder des Begehrens wird erwidert durch die Aktivität; deren Resultat ist die Verringerung der Spannung und folglich die Rückkehr zu einem neuen Gleichgewicht ...".[221] Damit wird es unmöglich, die erweiterte Reproduktion, die Entwicklung der Persönlichkeit zu erklären. Vom höchsten Standpunkt aus gesehen, fährt Sève fort, „ist die erweiterte Reproduktion der menschlichen Tätigkeit und der menschlichen Bedürfnisse das Ergebnis des ursprünglich bedeutsamen Sachverhalts, daß das wirkliche menschliche Wesen nicht inneres biologisches Erbe an erblich-psychischen Zügen, also von Anfang an in psychologischer Form und mit dem Maß der Individualität gegeben, sondern äußeres gesellschaftliches, zu unbegrenztem historischem Wachstum fähiges, immer mehr über die unmittelbaren Aneignungsmöglichkeiten des einzelnen Individuums hinausgehendes Erbe ist".[222] Daraus ergibt sich, „daß der Prozeß der individuellen Aneignung des menschlichen Erbes der Möglichkeit und der Position nach tiefstinnerlich unerschöpflich ist, ja sogar um so weniger zu erschöpfen, je weiter er fortgeschritten ist, weil sein Fortschreiten insgesamt eine Vervielfachung der Fähigkeiten und eine Vermannigfachung der Bedürfnisse bedeutet, also eine Ausdehnung der Fronten, an denen sich das Individuum der Unermeßlichkeit des menschlichen Erbes gegenübersieht. In diesem Sinne ist überhaupt kein Einzelbedürfnis vorauszusetzen, um die Tendenz zur erweiterten Reproduktion zu begreifen: Sie ist unmittelbarer Ausdruck der allgemeinen Beziehungen zwischen individuellem Menschen und gesellschaftlichem Menschen, zwischen dem Individuum und seinem Wesen."[223] Während bei den Tieren die Innerlichkeit der biologisch fundierten Anreizfaktoren das Vorwiegen einer Homöostasie des Verhaltens nach sich zieht, und das Erbgut so die Grenzen der individuellen Fähigkeiten von vornherein bestimmt, verweisen die gesellschaftliche Äußerlichkeit und die schrankenlose Aufhäufung des menschlichen Erbes, der völlig neue Charakter der sich daraus ergebenden Beziehungen zwischen dem Individuum und der Gattung, die Homöostasie der Aktivität und der Motivation auf den Rang des ontogenetischen Ausgangspunkts, der zudem bald von den Wirkungen des Reifens und des einfachen Lernens überdeckt und vor allem durch den Übergang zum Stadium der entwickelten Persönlichkeit allmählich aufgelöst wird.[224]

Sève hebt statt auf die Bedürfnisse auf die Fähigkeiten ab. „... die wichtigste progressive Funktion der Persönlichkeit" ist „die Entwicklung der Fähigkeiten"[225], stellt er fest. So wie für die Gesellschaft die Entwicklung der Produktivkräfte entscheidend sei. Und: Das eine sei nicht möglich ohne das andere. Die Betrachtung von Biographien zeige sehr deutlich, daß sich jede bedeutsame Änderung dessen, was ein Mensch zu tun weiß, zutiefst auf seinen Zeitplan und auf seine Persönlichkeit auswirke.[226]

Sève setzt sich mit der Auffassung auseinander, die Arbeit sei das erste menschliche Bedürfnis. Marx bestimme das menschliche Wesen nicht durch die Arbeit, sondern durch die gesellschaftlichen Verhältnisse. Den Menschen durch die Arbeit bestimmen, heiße, ihn durch eine abstrakte Allgemeinheit bestimmen. Dieser gesellschaftliche Wortsinn dürfe nicht in einen psychologischen umgedeutet werden. Der Arbeitsbegriff habe zwei entgegengesetzte Bedeutungen: die Arbeit als entfremdeter Broterwerb oder als freie Selbstbetätigung. Unter den Bedingungen des Kapitalismus „ist die Arbeit nicht mein erstes Bedürfnis, mein erstes Bedürfnis macht im Gegenteil die Arbeit nötig; ich habe es nötig zu arbeiten, um mein (entfremdetes) Leben zu unterhalten, und gerade dadurch verliere ich es, weil ich nur außerhalb der Arbeit 'Zeit zu leben' finde, und dies abermals in verkümmerten Formen."[227]

Der Primat der Fähigkeiten in dem auf den Sozialismus bezogenen Grundsatz „Jeder nach seinen Fähigkeiten, jedem nach seiner Leistung!" wie in dem auf den Kommunismus geprägten Satz von Marx „Jeder nach seinen Fähigkeiten, jedem nach seinen Bedürfnissen!"[228] ist ein Ausgangspunkt für weitere Überlegungen. Sève betont, der Satz „jedem nach seinen Bedürfnissen" könne nicht den Anspruch erheben, das ganze Wesen und den grundlegenden menschlichen Sinn des Kommunismus zu enthalten. Keineswegs sei der Kommunismus zu kennzeichnen als eine Gesellschaft des Überflusses und des freien Konsums. „Denn in einer Gesellschaft, die allein dadurch bestimmt wäre, stünde der Mensch gerade vor der unaufhörlichen an und für sich unsinnigen erweiterten Reproduktion des Bedürfnisses."[229] Der Kommunismus sei keine Super-Konsumgesellschaft. Vielmehr bestehe das tiefste Wesen des Kommunismus darin, daß er „die volle und freie Entwicklung jedes Individuums"[230] erfordere und verwirkliche. Mit anderen Worten: Mehr noch als durch das Verteilungsprinzip „jedem nach seinen Bedürfnissen" bestimme sich der Kommunismus durch seine spezifische Art der Forderung „jeder nach seinen Fähigkeiten". Es handle sich um Fähigkeiten des vollkommen entwickelten Individuums.

Rubinstein erklärt[231]: Jede Fähigkeit ist die Fähigkeit zu etwas, zu irgendeiner Tätigkeit. Das Vorhandensein einer bestimmten Fähigkeit beim Menschen bedeutet seine Tauglichkeit für eine bestimmte Tätigkeit. Die Fähigkeiten haben organische, erblich gefestigte Voraussetzungen für ihre Entwicklung in Form von Anlagen. Die Unterschiede der Fähigkeiten sind aber nicht das Produkt der angeborenen Anlagen an sich, sondern des ganzen Entwicklungsgangs der Persönlichkeit, in den die angeborenen Anlagen als Ausgangsvoraussetzungen einbezogen werden. Die Fähigkeit festigt sich in der Persönlichkeit als mehr oder weniger dauerhafter Besitz, aber sie geht von den Forderungen der Tätigkeit aus und formt sich, da sie die Fähigkeit zu einer Tätigkeit ist, in dieser auch aus. Die Fähigkeiten qualifizieren die Persönlichkeit als Subjekt der Tätigkeit. „Alle spezifischen Fähigkeiten des Menschen sind letzten Endes verschiedene Äußerungen und Seiten seiner allgemeinen Fähigkeit, sich die Errungenschaften der menschlichen Kultur anzueignen und sie weiterzuentwickeln. Die Fähigkeiten des Menschen sind Äußerungen, Seiten seiner Fähigkeit, sich zu bilden und zu arbeiten."[232] Die Fähigkeiten, die den Menschen im Unterschied zu allen anderen Lebewesen charakterisieren, machen seine Natur aus, aber diese selbst ist ein Produkt der Geschichte. Mit der Erweiterung der menschlichen Arbeitstätigkeit und dem Auftreten immer neuer Formen bildeten sich beim Menschen auch neue Fähigkeiten heraus. Ihre Struktur hängt von den historisch sich entwickelnden Formen der Arbeitsteilung ab.[233]

In der Aussage, daß die befähigte menschliche Tätigkeit, die mannigfaltige Kulturgebiete hervorbringe, auch die entsprechenden Bedürfnisse nach den durch sie geschaffenen Gütern erzeuge, kommt Rubinstein dem Konzept von Sève nahe. Die Bedürfnisse des Menschen, so Rubinstein weiter, spiegeln die Vielfalt seiner sich historisch entwickelnden Tätigkeit, den ganzen Reichtum der von ihm geschaffenen Kultur wider.[234]

Von den persönlichkeitssoziologischen Erörterungen aus sind die Darlegungen über Ethik und über Entfremdung zu lesen.

b) Moral und Sinn des Lebens
ba) Moralischer Fortschritt
bb) Das Moralbewußtsein
bc) Sinn des Lebens
bd) Endlichkeit des Lebens
be) Ewigkeit der Natur und Ethik

ba) Moralischer Fortschritt
Nach Reinhold Miller[235] gehört die Moral zum ideologischen Überbau der Gesellschaft. Sie ist in ihrem Inhalt letztlich durch ökonomische Verhältnisse bedingt. Doch im Rahmen dieser Bedingtheit besitzt die Moral relative Selbständigkeit und Eigengesetzmäßigkeit. Darauf beruht die Kontinuität in der geschichtlichen Entwicklung der Moral. Es vollzieht sich in der Moral wie in anderen Bereichen der Kulturentwicklung der Menschheit von Generation zu Generation und von der einen zur nächsthöheren Gesellschaftsordnung ein Prozeß der Weitergabe progressiver geschichtlicher Lebensformen, sozialer Erfahrungen, humanistischer Werte. „Solche Auffassungen, die das Vergangene

in der Moral nur als 'Rudimente', 'Überbleibsel des Alten', sprich Reaktionären, Überlebten und das Verhältnis zum Vergangenen nur als absoluten Bruch mit dem Alten und dessen vollständige Beseitigung verstehen, widersprechen der historischen Dialektik."[236] Lenin betonte, daß nicht die bloße Negation charakteristisch ist in der Dialektik, „sondern die Negation als Moment des Zusammenhangs, als Moment der Entwicklung, bei Erhaltung des Positiven"[237]. Er warnte besonders im Zusammenhang mit seiner Kritik der vulgärmaterialistischen Auffassung von der proletarischen Kultur („Proletkult"), vor einer nihilistischen Einstellung zu dem historisch überlieferten Kulturerbe.

bb) Das Moralbewußtsein
Fester Bestandteil aller Moral ist das Moralbewußtsein. Es ist nach marxistischer Auffassung wie alle anderen Arten des Bewußtseins eine Widerspiegelung letztlich des gesellschaftlichen Seins der Menschen, ihres materiellen Lebensprozesses. Doch es ist kein statisches Abbild der vorhandenen materiellen gesellschaftlichen Verhältnisse, sondern eine aktive geistige (rationale, emotionale und willensmäßige) Beziehung der Menschen zu diesen Verhältnissen, zu den sich daraus ergebenden objektiven Erfordernissen ihres Zusammenlebens und insofern auch eine Widerspiegelung ihrer Beziehungen zueinander. Im Prozeß der moralischen Widerspiegelung der Wirklichkeit werden die gesellschaftlich überlieferten Kenntnisse, sozialen Erfahrungen, Wertvorstellungen, Ideale, Prinzipien, Normen vom Individuum aufgenommen, angeeignet, werden sie zu persönlich bedeutsamen moralischen Wertvorstellungen vom Wohl und Glück, vom Sinn des Lebens, von Würde, Ehre, Pflicht, Verantwortung usw. Das moralische Bewußtsein ist nicht nur imstande, eine unmittelbar gegebene Wirklichkeit widerzuspiegeln, sondern auch die Widerspiegelung gesellschaftlicher Verhältnisse, die bereits der Vergangenheit angehören, zu bewahren. Darauf beruht die Kraft progressiver moralischer Traditionen und des humanistischen Erbes. Ebenso hat das moralische Bewußtsein die Fähigkeit, zukünftige Wirklichkeit zu antizipieren, sie geistig als Vorbild, Leitbild, als Ideal vorwegzunehmen. „Das moralische Bewußtsein bildet die gesellschaftliche Wirklichkeit folglich mehr oder weniger genau in ihrer inneren geschichtlichen Dynamik ab, in ihrer dialektischen Bewegung von der Vergangenheit über die Gegenwart in die Zukunft, und übt gerade dadurch seine aktive, orientierende und stimulierende Funktion aus."[238] Es ist durch eine enge Verbindung von Erkenntnis und Bewertung charakterisiert, erfaßt die ideell abgebildeten Zusammenhänge, indem es sie in ihrer objektiven Bedeutung für den menschlichen Lebensprozeß bewertet, als einen bestimmten Wert oder Sinn, den sie für das Leben der Menschen haben.

bc) Sinn des Lebens
Jürgen Schmollack[239] bezieht sich auf sowjetische Autoren, die feststellen, daß sich die Existenzbedingungen des Menschen in der ganzen Welt sehr kompliziert

haben: Die Umweltbelastungen haben sich verschärft, nervliche Belastungen im Arbeitsprozeß und in den Beziehungen der Menschen sind größer geworden und bringen Streß sowie Zivilisationskrankheiten mit sich. Das Menschengeschlecht steht vor schwierigen Prüfungen auch angesichts der Erschöpfung nichtregenerierbarer Rohstoff- und Energieressourcen, der Nahrungsmittelverknappung, der Umweltverschmutzung, der Zunahme mutagener Faktoren.[240] Viele Menschen fragten sich nun angesichts dieser Situation: Ist es überhaupt sinnvoll, sein Leben auf lange Sicht zu planen? Lohnt es sich noch, um eine sinnvolle Lebensgestaltung zu ringen, wenn das menschliche Leben derart bedroht ist?

Als Antwort wird auf die marxistisch-leninistische Weltanschauung verwiesen. Diese könne den Menschen helfen, das passive Erwarten der Ereignisse zu überwinden, dem Schicksal den Fehdehandschuh hinzuwerfen. Der Autor stellt in diesem Zusammenhang die Frage, ob es einen objektiven Sinn des Lebens gibt, der in der objektiven Bedeutsamkeit des persönlichen Lebens für die Gesellschaft besteht? „Die Sinnfindung und Sinngebung für das persönliche Leben würde dann darin bestehen, diesen objektiven Sinn zu erkennen, anzunehmen und praktisch zu verwirklichen, das individuelle Leben gleichsam in die vorgezeichnete Bahn seiner objektiven Bedeutsamkeit für die Gesellschaft einzufügen."[241] Es sei anzuraten, den Sinn des persönlichen Lebens von dessen objektiver Bedeutung zu unterscheiden und den Sinnbegriff auf die bewußte weltanschauliche und moralische Beziehung des einzelnen zu seiner Lebenstätigkeit anzuwenden, erklärt der Autor. Denn die Voraussetzung eines vorgegebenen, nur noch nachzuvollziehenden Lebenssinnes würde die Kompliziertheit und Widersprüchlichkeit der Umsetzung von Tätigkeitszielen, -inhalten und -resultaten in persönlichen Sinn sowie die eigenverantwortliche und schöpferische Aktivität der Persönlichkeit bei der Sinnerfüllung ihres Lebens außer acht lassen.

bd) Endlichkeit des Lebens

Unvermeidlich sehe sich der Mensch im Laufe seines Lebens den existentiellen Problemen ausgesetzt: Krankheit, Unglück, Leid, Schmerz, Kummer, die über ihn hereinbrechen, die ihn schwer treffen und mitunter am Leben verzweifeln lassen können. „Und schließlich ist es der Tod, der dem menschlichen Dasein mit natürlicher Notwendigkeit ein Ende setzt. Der Mensch ist das einzige Lebewesen, das in der Lage ist, über sein individuelles Dasein in der Einheit von Vergangenheit, Gegenwart und Zukunft nachzudenken und es in diesen zeitlichen Dimensionen bewußt gestaltend zu erfüllen. Er weiß also um den Anfang seines individuellen Lebens, wird sich im Verlaufe seiner Persönlichkeitsentwicklung seiner Möglichkeiten, Fähigkeiten und auch Grenzen ebenso bewußt wie des unvermeidlichen Abschlusses seines Daseins nach einer abschätzbaren Zahl von Jahren."[242] Dies müsse weltanschaulich und moralisch verarbeitet werden. Die Konsequenz könne nur darin liegen, dieses begrenzte persönliche Leben bewußt zu führen und zu gestalten. So bestehe das eigentliche Problem der geistigen Auseinandersetzung des einzelnen mit dem Sterben darin, sein Leben so zu meistern, daß es ihn schließlich rückschauend nicht reut, daß er sich darin verwirklicht sieht und sich damit identifizieren kann. „Furcht vor dem Tod werden jene in besonders hohem Maße empfinden, die, aufgrund welcher Umstände auch immer, rückblickend feststellen müssen, daß sie ihr Leben verfehlt haben, daß sie auch die Möglichkeit, umzukehren und falsche Entscheidungen zu korrigieren, nicht genutzt haben und nun, da es zu spät ist, nur noch wünschen können, ein ganz anderes Leben gelebt zu haben."[243] Doch wenn das wichtigste für den Menschen auch darin bestehe, sein ihm gegebenes, endliches und begrenztes Leben gemäß seinen Möglichkeiten und Kräften auszufüllen und zu nutzen, so bleibe doch das Problem, die zeitlich relativ knapp bemessene Existenz, die Endlichkeit seines Lebens hinzunehmen. Je bewußter und engagierter er lebe, seine Fähigkeiten und Kräfte betätige, seine Ziele erfolgreich verwirkliche und darin sein Glück finde, „desto stärker ist offensichtlich auch der Wunsch, gerade dieser Zustand möge andauern".[244] Das Streben, sich das Leben fortdauernd vorzustellen, sei einer der Gründe für den Gedanken an ein ewiges Leben. In der Religion habe er seinen Ausdruck im Glauben an ein Weiterleben nach dem Tode, auch an den Übergang aus dem irdischen Jammertal in ein himmlisches Paradies oder an die Unsterblichkeit der menschlichen Seele gefunden. Es sei schwierig, sich mit dem Gedanken abzufinden, alles das schließlich aufgeben zu müssen, was im Laufe eines sinnvollen Lebens errungen worden sei und das Leben für den einzelnen wertvoll gemacht habe.

Hier gelangen wir an metaphysische Grenzen der marxistischen Ethik. Eine davon soll aus marxistischen Quellen markiert werden.

be) Ewigkeit der Natur und Ethik
Die Natur ist der Auffassung des Marxismus zufolge ewig. Ihre einzelnen Erscheinungen jedoch sind es nicht.[245] Dennoch sprechen Ananjew[246] und andere von unsterblichen Ergebnissen der Tätigkeit von Persönlichkeiten. Fast für einen jeden Menschen ist es danach ein Ansporn, etwas für seine Nachkommen tun zu können. Die höher entwickelte Persönlichkeit ist für die Menschheit tätig und läßt sich von der Gegenwart wie von künftigen Jahrhunderten, Jahrtausenden, Jahrmillionen bewegen. Das ist ein großer Impuls.[247] Engels indes ist skeptisch bezüglich unsterblicher Ergebnisse. Er führt aus: „Millionen Jahre mögen darüber vergehen, Hunderttausende von Geschlechtern geboren werden und sterben; aber unerbittlich rückt die Zeit heran, wo die sich erschöpfende Sonnenwärme nicht mehr ausreicht, das von den Polen herandrängende Eis zu schmelzen, wo die sich mehr und mehr um den Äquator zusammendrängenden Menschen endlich auch dort nicht mehr Wärme genug zum Leben finden, wo nach und nach auch die letzte Spur organischen Lebens verschwindet und die Erde, ein erstorbener, erfrorener Ball wie der Mond, in tiefer Finsternis und in immer engeren Bahnen um die ebenfalls erstorbene Sonne kreist und endlich hineinfällt... Es ist ein ewiger Kreislauf, in dem die Materie sich bewegt, ein Kreislauf, der seine

Bahn wohl erst in Zeiträumen vollendet, für die unser Erdenjahr kein ausreichender Maßstab mehr ist, ein Kreislauf, in dem die Zeit der höchsten Entwicklung, die Zeit des organischen Lebens und noch mehr die des Lebens selbst- und naturbewußter Wesen ebenso knapp bemessen ist wie der Raum, in dem Leben und Selbstbewußtsein zur Geltung kommen; ein Kreislauf, in dem jede endliche Daseinsweise der Materie, sei sie Sonne oder Dunstnebel, einzelnes Tier oder Tiergattung, chemische Verbindung oder Trennung, gleicherweise vergänglich, und worin nichts ewig ist als die ewig sich verändernde, ewig sich bewegende Materie und die Gesetze, nach denen sie sich bewegt und verändert."[248] Hollitscher dagegen meint: ,,Da der Mensch unter bewußter Ausnützung der Naturgesetze die natürlich vorkommenden Bedingungen künstlich abzuändern erlernt, wird er vielleicht einmal das Leben im Kosmos dorthin zu transportieren verstehen, wo es von selbst nicht entstanden ist. Vielleicht wird auch dereinst einmal der Platz dort rechtzeitig geräumt werden, wo es fürs Leben unwirtlich geworden ist."[249]

c) Entfremdung und deren Aufhebung
,,Wüster immer, öder werden da die Menschen, die doch alle schön geboren sind."
(Hölderlin: Hyperion)

Wir stellen das Hölderlin-Zitat voraus, weil wir erinnern wollen, daß der Inhalt des Begriffs der Entfremdung in der deutschen Geistesgeschichte verankert ist.[250] Der marxistischen Theorie zufolge ist es kennzeichnend für die Lohnarbeiter in der kapitalistischen Gesellschaft, daß sie die Mittel zur Ausübung ihrer produktiven Tätigkeit nicht mehr in Eigentum haben - mit Ausnahme ihrer Arbeitskraft. Die produzierten Dinge gehören infolgedessen nicht mehr ihnen. Die Natur unter ihren Händen, der Prozeß der Produktion, ihre eigene Tätigkeit, ihr eigener Zustand dabei, das Produkt ihrer Tätigkeit: dies alles wird ihnen fremd, es ist unter die Verfügung anderer geraten. Die Lohnarbeiter können sich, sobald sie ihre Arbeitskraft verkauft haben, weder aus eigener Entscheidung gegenständlich äußern noch können sie die von ihnen produzierten Dinge sich aneignen. Die Lohnarbeit ist daher nach Marx die sich selbst entfremdete Arbeit, ,,der der von ihr geschaffne Reichtum als fremder Reichtum, ihre eigne Produktivkraft als Produktivkraft ihres Produkts, ihre Bereicherung als Selbstverarmung, ihre gesellschaftliche Macht als Macht der Gesellschaft über sie gegenübertritt".[251]
,,Der Verlust der Arbeitsbedingungen für die Arbeiter stellt sich dar als Verselbständigung derselben als Kapital oder als Verfügung über dieselben durch die Kapitalisten."[252] ,,Was ist das Kapital, nicht als Resultat, sondern als Voraussetzung des Prozesses betrachtet? Was macht es zum Kapital, eh es in den Prozeß eingeht, so daß dieser nur seinen immanenten Charakter entwickelt? Die gesellschaftliche Bestimmtheit, worin es da ist. Daß der lebendigen Arbeit die vergangne Arbeit, der Tätigkeit das Produkt, dem Menschen die Sache, der

Arbeit ihre eignen gegenständlichen Bedingungen als fremde, selbständige, an sich festhaltende Subjekte, Personifikationen gegenüberstehn, kurz als fremdes Eigentum, und in dieser Gestalt als 'employers' und 'commanders' der Arbeit selbst, die sie sich aneignen, statt von ihr angeeignet zu werden."[253] Pariser Manuskripte (Frühschriften): Das Privateigentum an den Produktionsmitteln verursacht, daß der Gegenstand, den der Arbeiter produziert, ihm „als ein fremdes Wesen, als eine von dem Produzenten unabhängige Macht gegenübertritt"[254]. Im Kapitalismus kann der besitzlose Lohnarbeiter, der seine Arbeitskraft auf dem Arbeitsmarkt als „Ware" anbietet und verkaufen muß, nicht sich selbst gegenständlich werden, weil ein anderer sich den Gegenstand aneignet. Mit dieser Entfremdung von dem von ihm geschaffenen gesellschaftlichen Reichtum wird die weitere Entfremdung vollzogen, „daß die Arbeit dem Arbeiter äußerlich" wird, „daß er sich in seiner Arbeit nicht bejaht, sondern verneint, nicht wohl, sondern unglücklich fühlt, keine freie physische und geistige Energie entwickelt"[255]. Daher wird die Arbeit, die eigentlich menschliche Existenzweise, dem Arbeiter zu einem bloßen Mittel der Existenzerhaltung. Dies zieht nach sich, daß der Mensch als Gattungswesen, d.h. in seiner Eigenschaft als Mensch, sich selbst entfremdet ist. Aus alledem erklärt sich die Entfremdung der Menschen im Verhältnis zueinander. Die Menschen erscheinen einander als Mittel. Voraussetzung für die Aufhebung der Entfremdung in allen ihren Formen ist nach Marx die Aufhebung der Lohnarbeit, der uneigentlichen Arbeit, die bloßes Mittel für die Erhaltung des Lebens und nicht Äußerung des Lebens selbst, elementares Lebensbedürfnis sei.

Die Eigentumslosigkeit, die schon nach klassisch-liberaler Theorie „Entfremdung" bedeutet, führt nach marxistischer Auffassung viele Menschen zu kriminalisierten Ersatzhandlungen, mit denen sie ihre Not wenden oder Eigenes situationell, punktuell zu erreichen versuchen, dabei aber nur ins Abseits geraten.

Die Entfremdung manifestiert sich auch als Verelendung. „Und nicht nur die Arbeiter, auch die die Arbeiter direkt oder indirekt ausbeutenden Klassen werden vermittelst der Teilung der Arbeit geknechtet unter das Werkzeug ihrer Tätigkeit; der geistesöde Bourgeois unter sein eigenes Kapital und seine eigene Profitwut ..."[256] Der Unterschied ist freilich, daß sie sich (bis zum gelegentlichen Herzinfarkt oder Bankrott) in der Entfremdung wohl fühlen können. Die Entfremdung der Ausgebeuteten überträgt sich in *anderer* Form auf die Besitzenden. Geld ist nach Marx fähig, einem Menschen alles zu verschaffen, was er von Natur aus nicht hat. „Jede Form des natürlichen Reichtums, eh er durch den Tauschwert versetzt ist, unterstellt eine wesentliche Beziehung des Individuums zum Gegenstand, so daß ... sein Besitzen der Sache zugleich als eine bestimmte Entwicklung seiner Individualität erscheint ...": Der Reichtum an Schafen „bewirkt die Entwicklung des Individuums als Hirten, der Reichtum an Korn seine Entwicklung als Landmann ... Das Geld dagegen ... unterstellt durchaus keine individuelle Beziehung zu seinem Besitzer; sein Besitzen ist nicht die Entwicklung irgendeiner der wesentlichen Seiten seiner Individualität ..."[257] Kurella: Der

Kapitalist, für den das Produzieren nichts anderes heiße, als Geld zur Ware und Ware wieder zu Geld zu machen, wobei mehr Geld herausspringen müsse, sei indifferent gegenüber der Besonderheit der Ware, er verliere das Interesse an dem „Was" der Produktion. Er brauche nicht mehr zu kennen und zu verstehen, weder was noch wie produziert wird - beides überlasse er einem Fachmann, der dafür bezahlt werde. Diese Einstellung zu den Produkten der von ihm kommandierten Arbeit übertrage sich auf seine Haltung gegenüber allen Dingen, allen Vorgängen, allen Menschen: „Alles ist für Geld erhältlich, alles wird als Ware austauschbar ... Man wechselt die Autos, die Branchen, die Traumvillen, die Frauen, die Kandinskis, die Mätressen."[258] Freilich: „Die Bestimmung des sich nur zum Genuß preisgebenden, untätigen und verschwenderischen Reichtums, ... der die Verwirklichung der menschlichen Wesenskräfte nur als Verwirlichung seines Unwesens, seiner Laune und willkürlich bizarren Einfälle weiß - ... der also zugleich sein Sklave und sein Herr, zugleich großmütig und niederträchtig, launenhaft, dünkelhaft, eingebildet, fein, gebildet, geistreich ist - dieser Reichtum hat noch nicht den Reichtum als eine gänzlich fremde Macht über sich selbst erfahren; er sieht in ihm vielmehr nur seine eigene Macht ..."[259] Konsequenz ist ein Dasein, „worin der Genießende ... sich als ein nur vergängliches, wesenlos sich austobendes Individuum betätigt, und ebenso die fremde Sklavenarbeit ... und darum den Menschen selbst, also auch sich selbst als ein aufgeopfertes, nichtiges Wesen weiß ...".[260] Dolce vita, Sex and Crime.

Wie der Kapitalist in die Kategorie „Entfremdung" fällt, zeigt Marx auch am Beispiel der Prostitution. Die Prostitution sei „nur ein besondrer Ausdruck der allgemeinen Prostitution des Arbeiters, und da die Prostitution ein Verhältnis ist, worin nicht nur der Prostituierte, sondern auch der Prostituierende fällt - dessen Niedertracht noch größer ist -, so fällt auch der Kapitalist ... in diese Kategorie".[261] Lediglich „die städtischen und ländlichen kleinen Warenproduzenten, die Bauern, die Handwerker, Kleingewerbetreibenden und gewerblichen freien Berufe" werden von der Entfremdung zunächst nur mittelbar berührt, führt Kurella aus.[262] Sie hätten sogar noch ziemlich lange „ihre Rolle als Träger, wenn auch bescheidener, so doch positiver Kulturtraditionen bewahrt",[263] vor allem in Deutschland. Bei ihnen geht (oder ging) die Arbeit vor dem Kapital. Inzwischen hat die kulturelle Verelendung auch sie erreicht.

Die Aufhebung der Entfremdung soll den Weg öffnen für die Herausbildung der allseitig entwickelten, harmonischen Persönlichkeit eines jeden Individuums.[264]

3. Das Ideal der allseitig entwickelten, harmonischen Persönlichkeit

„Die Hoffnung führt ihn ins Leben ein,
Sie umflattert den fröhlichen Knaben,
Den Jüngling lockt ihr Zauberschein,
Sie wird mit dem Greis nicht begraben;

Denn beschließt er im Grabe den müden Lauf,
Noch am Grabe pflanzt er - die Hoffnung auf.

Es ist kein leerer schmeichelnder Wahn,
Erzeugt im Gehirne des Toren,
Im Herzen kündet es laut sich an:
Zu was Besserm sind wir geboren.
Und was die innere Stimme spricht,
Das täuscht die hoffende Seele nicht."
(Friedrich Schiller)

Das Streben nach Verwirklichung des Ideals der allseitig entwickelten, harmonischen Persönlichkeit ist für die Verminderung von Kriminalität eine entscheidende Bedingung. Wie schon gezeigt, ist dieses Ideal ausgeprägt im Konfuzianismus und im deutschen Bildungshumanismus. Doch ist es auch in indischen und russischen Lehren zu finden. Bei diesen ist jedoch die Einfachheit Kern der Aussage, so daß wir sie gesondert besprechen werden. Das Ideal geht aus von der Entwicklung der Persönlichkeit, gelangt vom Gedanken der Vervollkommnung über den der Selbstvervollkommnung zum Ideal der allseitig entwickelten, harmonischen Persönlichkeit.

Selbstverständlich kann allseitige Entwicklung nicht bedeuten, daß jeder alles kann und tut. Vor diesem falschen Gedanken hat bereits Kant gewarnt.[265] Die Arbeitsteilung, die vom Streben nach der allseitigen Entwicklung der Persönlichkeit anerkannt wird, darf nicht zur Vereinseitigung führen: darum geht es. Einmaligkeit der Persönlichkeiten setzt Verschiedenheit der Individuen voraus. Das Ziel der Harmonie bedeutet eine Begrenzung, Formung, Rundung des Individuums, wobei die Verwirklichung von Allseitigkeit eine ziemliche Entwicklung der materiellen Produktivkräfte verlangt.

3.1 Konfuzianismus

a) Der Konfuzianismus geht davon aus, wie wir gesehen haben, daß der Mensch gut ist. Er widerspricht aufs schärfste der Auffassung Durkheims von der ,,unverbesserlichen Böswilligkeit der Menschen".

b) Er geht davon aus, daß das Gute seinen Lohn in sich birgt, so daß der Grundsatz, die Menschen zu lieben, sich alleine trägt, ohne die Androhung diesseitiger oder jenseitiger Strafe.

c) Der Konfuzianismus verlangt vom Individuum strenge Selbsterziehung, damit jeder das Gute, das in ihm west, auch verwirklicht. Die Selbsterziehung beginnt mit der Erkenntnis des historischen Prozesses, der Erkenntnis der Natur und der Selbsterkenntnis. Ziel ist die Vervollkommnung der eigenen Persönlichkeit und der sie tragenden Gemeinschaft durch die Entwicklung der Individuen.

3.2 Der Humanismus des Deutschen Idealismus

Zusätzlich zu den oben referierten Denkern des Deutschen Idealismus würdigen wir an dieser thematischen Stelle Friedrich Schiller und Wilhelm von Humboldt.

Das Spezifische der deutschen Klassiker ist das Bekenntnis zur menschlichen Produktivität, zur Überzeugung, daß der Mensch Neues hervorbringen und zur eigenständigen Quelle von Wirkungen werden kann. Nicht als Rezipient, sondern als Produzent soll er das Universum, die ihn umgebende Welt der Natur und der Gesellschaft begreifen. Goethe: ,,Der Mensch erfährt und genießt nichts, ohne sogleich productiv zu werden."[266] Zur Humanitätsauffassung der deutschen Klassik gehört

1) Entfaltung des vollen Reichtums der menschlichen Kräfte. Es kommt darauf an, ,,daß man sich selbst in allen seinen Anlagen und Fähigkeiten, in Seelen- und Leibeskräften zu dem bilde, was Leben heißt, an sich, soweit es die ... Umstände erstatten, nichts roh, nichts ungebildet lasse, sondern dahin arbeite, daß man ein ganz gesunder Mensch fürs Leben und für eine uns angemeßne Wirksamkeit im Leben werde".[267]

2) Disziplinierung der Kräfte. Sie bildet, gleichsam als Antithese, das notwendige Korrelat ihrer Entfaltung.

3) Das Streben nach Selbstvervollkommnung. Dieses Streben stellt einen strengen Anspruch an jede einzelne Stunde, an jede einzelne Handlung. Das ganze Leben ist ein Bildungsprozeß.[268]

Schiller

Friedrich Schiller (1759-1805) erfaßt die Schönheit als Triebkraft ethischen Handelns. Die Kette seiner Argumentation: ,,Jeder individuelle Mensch ... trägt, der Anlage und Bestimmung nach, einen reinen idealischen Menschen in sich, mit dessen unveränderlicher Einheit in allen seinen Abwechslungen übereinzustimmen, die große Aufgabe seines Daseins ist."(199)[269] Ursprünglich bestand zwischen Individuum, Gesellschaft und Natur eine Einheit. Den Zustand von Individuum und Gesellschaft auf dieser Entwicklungsstufe bezeichnet Schiller als ,,physisch", denn die Sinne vermitteln den Menschen ,,Welt"; der Zustand der Menschen ist ein bloß leidender. Mit zunehmender Kultur wurde die naturhafte Einheit aufgelöst, und es entstand Streit zwischen ursprünglich harmonischen Kräften. Intuition und Spekulation gerieten in zwei einander entgegengesetzte Lager. In dieser Spaltung findet sich die Menschheit immer noch: ,,Bis in die Gegenwart bildet sich der Mensch selbst nur als Bruchstück aus."(206) Er wird ,,bloß zu einem Abdruck seines Geschäfts, seiner Wissenschaft".(206) Warum ist das so? Weil der Charakter nicht beteiligt ist. ,,Nicht genug also, daß alle Aufklärung des Verstandes nur insoferne Achtung verdient, als sie auf den Charakter zurückfließt; sie geht auch gewissermaßen von dem Charakter aus, weil der Weg zu dem Kopf durch das Herz muß geöffnet werden."(214)

Es war historisch notwendig, die naturhafte Einheit aufzulösen, die menschlichen Kräfte einander entgegenzusetzen, denn nur so konnte die Gattung als ganze vorankommen. Der „Antagonism der Kräfte ist das große Instrument der Kultur."(209) Dabei jedoch darf man sich nicht beruhigen. Der Zeitpunkt ist gekommen, wo das Individuum aus seinem zurückgebliebenen Zustand herausgeholt werden muß. Auf höherer Ebene muß er zu neuer Harmonie finden. Dazu bedarf es umfassender Erschließung von Welt durch die Kräfte der Sinne und des Verstandes. „Je vielseitiger sich die Empfänglichkeit ausbildet, je beweglicher dieselbe ist, und je mehr Fläche sie den Erscheinungen darbietet, desto mehr Welt ergreift der Mensch, desto mehr Anlagen entwickelt er in sich; je mehr Kraft und Tiefe die Persönlichkeit, je mehr Freiheit die Vernunft gewinnt, desto mehr Welt begreift der Mensch ..."(229). Sinnlichkeit und Verstand durchdringen sich in der Schönheit. Im ästhetischen Zustand wird dem Menschen die Welt Gegenstand der praktischen Tätigkeit und des Denkens, indem er sie gestaltet.

Bei Kant soll der Mensch aus Pflicht seine Neigungen bezwingen und sittlich handeln. Nach Schillers Auffassung macht aber dieser Zwang, diese Herrschaft der Pflicht, unfrei. Der Mensch soll 'seiner Vernunft mit Freuden gehorchen' und somit ein sittliches Wesen sein. Kants kategorischem Imperativ setzt Schiller den Begriff der 'schönen Seele' entgegen. „In der Kantischen Moralphilosophie ist die Idee der Pflicht mit einer Härte vorgetragen, die alle Grazien davon zurückschreckt und einen schwachen Verstand leicht versuchen könnte, auf dem Weg einer finstern und mönchischen Asketik die moralische Vollkommenheit zu suchen."[270] „In einer schönen Seele ist es ..., wo Sinnlichkeit und Vernunft, Pflicht und Neigung harmonieren, und Grazie ist ihr Ausdruck in der Erscheinung."[271]

Qua Naturkraft sieht Schiller den Willen als völlig frei: Der Mensch hat den freien Willen, seinem Naturtrieb zu folgen oder nicht; als moralische Kraft ist er gebunden an das Gesetz der Vernunft, d.h. der Mensch gebraucht wohl seine Freiheit tatsächlich, wenn er gegen die Vernunft handelt, aber er gebraucht sie in diesem Fall unwürdig.

Humboldt

Wilhelm von Humboldt (1767-1835) bestimmt als Aufgabe des Individuums, dem Begriff der Menschheit in sich selbst „einen so großen Inhalt als möglich zu verschaffen".[272] Der Mensch, der sich zur Humanität emporbildet, erlangt eine „entschiedene und originelle Individualität".[273] Je höher der Grad der Kultur, umso mehr individuelle Form. Da kein Individuum alle dem menschlichen Wesen erreichbaren Kräfte und Vollkommenheiten zur Entfaltung bringt, kann das Ideal der Menschheit nur in der Totalität aller Individuen erscheinen: „... nur gesellschaftlich kann die Menschheit ihren höchsten Gipfel erreichen, und sie bedarf der Vereinigung vieler nicht bloß, um durch bloße Vermehrung der Kräfte größere und dauerhaftere Werke hervorzubringen, sondern auch vorzüglich, um durch größere Mannigfaltigkeit der Anlagen ihre Natur in ihrem wahren Reichtum und ihrer ganzen Ausdehnung zu zeigen."[274]

3.3 Marxismus

Erkanntes und zu erstrebendes Ziel der Geschichte, Sinn der Geschichte ist nach Marx die Selbstverwirklichung des Individuums, ist das Entstehen des „reichen, all- und tiefsinnigen Menschen",[275] des Menschen, der geistigen Reichtum, moralische Sauberkeit und körperliche Vollkommenheit harmonisch in sich vereint, des „neuen Menschen", der allseitig entwickelten, harmonischen Persönlichkeit.[276] In dem auf den Sozialismus folgenden Kommunismus soll für jedes Individuum die Möglichkeit bestehen, sich allseitig zu entwickeln. Zuvor ist die allseitig entwickelte Persönlichkeit Ideal, für dessen Verwirklichung die entfremdenden Verhältnisse aufgehoben werden müssen. Die allseitige Entwicklung der Persönlichkeiten gilt als Zielbeweglichkeit der Menschheits- und Weltgeschichte wie der kosmischen, biologischen und gesellschaftlichen Evolution überhaupt. Dieses Ziel ergibt sich aus der erweiterten Reproduktion der Individuen. Marx stellt für den von den Schranken der Arbeitsteilung befreiten Menschen der hocharbeitsteiligen kommunistischen Gesellschaft das Ideal auf, „morgens zu jagen, nachmittags zu fischen, abends Viehzucht zu betreiben, nach dem Essen zu kritisieren ...".[277]

Ökonomisch begründet: „... was ist der Reichtum anders, als die im universellen Austausch erzeugte Universalität der Bedürfnisse, Fähigkeiten, Genüsse, Produktivkräfte etc. der Individuen?" Das absolute Herausarbeiten der schöpferischen Anlagen des Menschen, „ohne andere Voraussetzung als die vorhergegangne historische Entwicklung, die diese Totalität der Entwicklung, d.h. der Entwicklung aller menschlichen Kräfte als solcher, nicht gemessen an einem *vorhergegebnen* Maßstab, zum Selbstzweck macht? wo er sich nicht reproduziert in einer Bestimmtheit, sondern seine Totalität produziert? Nicht irgend etwas Gewordnes zu bleiben sucht, sondern in der absoluten Bewegung des Werdens ist?"[278]

Der höchsten Entwicklung der Produktivkräfte entspricht die reichste Entwicklung der Individuen.279 Grundlage dafür ist die Universalität des Verkehrs, der Weltmarkt. Diese „Basis als Möglichkeit der universellen Entwicklung des Individuums, und die wirkliche Entwicklung der Individuen von dieser Basis aus als beständige Aufhebung ihrer Schranke, die als Schranke gewußt ist, nicht als heilige Grenze gilt. Die Universalität des Individuums nicht als gedachte oder eingebildete, sondern als Universalität seiner realen, und ideellen Beziehungen."[280] Die Ersparung von Arbeitszeit bei der Entwicklung der Produktivkräfte ist „gleich Vermehren der freien Zeit, d.h. Zeit für die volle Entwicklung des Individuums ...".[281] Dabei kann „die unmittelbare Arbeitszeit selbst nicht in dem abstrakten Gegensatz zu der freien Zeit bleiben ...".[282] Die Arbeit kann nicht Spiel werden. Jedoch hat die freie Zeit, „die sowohl Mußezeit als auch Zeit für höhre Tätigkeit ist ... ihren Besitzer natürlich in ein andres Subjekt verwandelt und als dies andre Subjekt tritt er dann auch in den unmittelbaren Produktionsprozeß".[283]

Alfred Kurella erläutert die Universalität der Beziehungen des Menschen: „Eine Seidenraupe kennt außer Licht, Luft und Wasser von ihrer gesamten natürlichen Umwelt nur eines: das Maulbeerblatt. Das ist das einzige, wodurch diese Art Raupen mit der Umwelt verbunden ist. Fehlt das Maulbeerblatt, so geht sie zugrunde. Ihre Existenz ist an dieser einen Kontaktstelle mit der Wirklichkeit in der Natur verbunden. Für den Menschen dagegen gibt es nichts in der ihn umgebenden natürlichen Umwelt, mit dem er nicht verbunden wäre, das von ihm nicht so oder so zur Erhaltung der Gattung ausgenutzt würde. Hierauf beruht und hierin besteht die Universalität der Beziehungen des Menschen zur Natur, die damit zum konstruktiven Element des Menschen gegenüber der Welt der Lebewesen und der ganzen Natur wird."[284] Für jede Epoche der Menschheitsentwicklung bestehe das objektive Reich der Bildung aus allen von der Gesellschaft bisher geschaffenen Werken und Werten; wir „können daraus ablesen, was der subjektiven Universalität des Menschen zur Verfügung steht, das heißt, was das Individuum sich aneignen und was es genießen kann".[285] Der Sozialismus beseitige die Schranken, durch die im Kapitalismus die Individuen in ihrer Mehrheit von der universellen objektiven Bildung getrennt gewesen seien. Das Individuum erwerbe nun die Fähigkeit, alle gegebenen Möglichkeiten seiner Zeit voll auszunutzen, zu genießen und mit ihnen zu wachsen. Dabei könne es sich freilich nicht um ein Alles-Haben, Alles-Wissen und Alles-Können handeln, sondern um die Entwicklung eines allseitigen Vermögens, sich dem vorhandenen Reichtum der Bildung universell zu erschließen. „Es geht um nichts anderes als darum, die 'Potentia' oder 'Dynamis' zur Allseitigkeit, die im Menschen angelegt, aber im Laufe des historischen Prozesses ungleichmäßig zur Entwicklung gekommen und teilweise zurückgebildet ist, wieder zur vollen Geltung zu bringen, und zwar bei allen Menschen."[286] Sève stellt hierzu fest: „Die Möglichkeit, daß alle Menschen eine nur vom Entwicklungsstand der Produktivkräfte, der gesellschaftlichen Verhältnisse und der Kultur begrenzte persönliche Entfaltung erreichen, ist vielleicht noch im Keimzustand und in einiger Ferne, auf jeden Fall aber nunmehr vorhanden."[287] Die psychischen Wachstumsschranken, die Tendenz zum Stillstand der Fähigkeiten der lebendigen Persönlichkeit, wie sie unter den alten Verhältnissen üblich sei, sollen im Sozialismus und Kommunismus überwunden werden.[288]

Werner Röhr vertritt die Auffassung, daß sich in der Fragestellung nach der allseitigen Entwicklung eine Anzahl unterschiedlicher Probleme treffen: Universalität meine tendenziell die erschöpfende Gesamtheit der überhaupt gesellschaftlich bereits entwickelten Fähigkeiten der Individuen. In einem unmittelbaren Sinn bestehe die Universalität als Allseitigkeit der Entwicklung des Individuums in der Übertragung aller vom gesellschaftlichen Gesamtarbeiter hervorgebrachten und betätigten Fähigkeiten auf das Individuum. Eine solche unmittelbare Übertragung erscheine jedoch sowohl unter dem Gesichtspunkt der tatsächlichen Arbeitsteilung als auch der zeitlichen Dauer des individuellen Lebens wenig sinnvoll.[289] So auch Sève: „Weil das menschliche Sozialerbe, von dem aus sich das Individuum psychisch entwickelt, praktisch in einem Menschenleben nicht erschöpft werden kann, bleibt der Grundfonds der Fähigkeiten, so groß und mannigfaltig er bei einer Persönlichkeit auch sein mag, in der Tat stets qualitativ lückenhaft."[290] Praktisch führe, argumentiert Röhr weiter, die Unmöglichkeit der Individuen, auf allen vorhandenen Gebieten befähigt und entwickelt zu sein, zu einer Auffassung der Allseitigkeit als eingeschränkter Universalität, nämlich als Vielseitigkeit oder Mannigfaltigkeit. Diese Verkürzung erscheint Röhr bedenklich.

Totalität des Individuums. Hier geht es um die ganzheitliche Entwicklung der Persönlichkeit. Die Vertreter dieser Auffassung unterstreichen, daß Allseitigkeit nicht darauf hinauslaufe, in einem Menschen viele Einzelfunktionen zu vereinen. Nicht die Anzahl kultureller Errungenschaften, sondern die Tiefe ihrer Aneignung mache die Ganzheitlichkeit aus. Sie bedeute Einheit der grundlegenden Ziele der Persönlichkeit und ihrer darauf bezogenen Tätigkeiten.[291]

Harmonie wird als Aufhebung der gespaltenen, geteilten Persönlichkeit begriffen, Aufhebung des Antagonismus zwischen der abstrakten und der konkreten Tätigkeit der Individuen.

3.4 Antagonismus und Harmonie

Nach Marx ist der antagonistische Durchgang durch die Entfremdung notwendig. Auch Kant, Schiller und Hegel sehen antagonistische Triebkräfte, nicht aber Herder, für den der Staat ausschließlich ein Übel ist. Albert Schweitzer will Ehrfurcht vor dem Leben und materielle Kultur harmonisch vermitteln. Der Konfuzianismus erstrebt eine stetige harmonische Akkumulation des Wesens der Ahnen, der Hauchseelen hun, geistig objektiviert als tian. Der Daoismus will heimkehren in die nichtentfremdete Einfachheit des Neolithikums. Da diese Einfachheit verlorengegangen ist, sind große - gleichwohl als Nichthandeln bezeichnete - Anstrengungen der einzelnen Individuen und des Reiches, der Ökumene erforderlich, um sie wiederzugewinnen. Das Ideal der Harmonie in Einfachheit ist unser nächstes Thema.

4. Das Ideal der Harmonie in Einfachheit

,,Das überhandnehmende Maschinenwesen quält und ängstigt mich."
(Goethe)
,,Der Industrialismus wird ein Fluch für die Menschheit werden."
(Gandhi)

Das Ideal der allseitig entwickelten Persönlichkeit ist verbunden mit einer starken, sei es westkapitalistisch (und marxistisch) exzessiven, sei es konfuzianisch gemäßigten Entwicklung der materiellen Produktivkräfte. Das Ideal der Einfachheit geht davon aus, daß persönliche und gesellschaftliche Harmonie nur durch die Verwirklichung des Ideals der Einfachheit zu erlangen ist. Es wirkt sowohl ökologisch als auch antikriminogen. Allerdings gibt es Ideale der allseitig entwickelten Persönlichkeit preis. Da es auf viele materielle Güter entwickelter

Hochkultur verzichtet, sind die Aussichten für die massenhafte Verbreitung dieses Ideals eher gering, es sei denn, die ökologische Lage erzwingt diese Entscheidung. Wir finden unterschiedliche Ausprägungen des Ideals der Einfachheit, doch sind die elementaren Übereinstimmungen beachtlich, wobei Dostoevskijs psychologische Vertiefung den Wert der neuen Lehren 2. Phase besonders erleuchtet.

4.1 Daoismus
Grundlehre des Ideals der Harmonie in Einfachheit ist der Daoismus, dem wir uns gewidmet haben unter C.1.1. Das Ideal des Daoismus ist nicht romantisch ausgedacht, sondern historisch abgeleitet, wie wir gesehen haben.

4.2 Buddhismus
Da Leben Leiden ist und deswegen Erleuchtung hierüber und Erlöschen im Nirwana das Ziel, ist die asketische (nicht übertriebene) Einfachheit des Mönchs und der Nonne im Hinajana (Therawada) wie im Mahajana erstrebenswertes Ideal. Dabei halten Therawada wie Mahajana kulturdienliche materielle Hervorbringungen der entwickelten Hochkultur für ethisch wertvoll.[292]

4.3 Christlicher Humanismus Rußlands
Der christliche Humanismus Rußlands ist ein Element des russischen Gesellschaftsdenkens und des russischen literarischen Realismus. Er erneuerte die Kraft der christlichen Lehre („Heiliges Rußland") im 19. und 20. Jahrhundert. Der christliche Humanismus Rußlands ist konzentriert auf die Entwicklung des ethischen Bewußtseins. Er stellt höchste Anforderungen an die ethische Entwicklung der Persönlichkeit. An Stelle des radikalen Verstandesfunktionalismus der westlichen Aufklärung bohrt ein ethischer Radikalismus bis auf den Nerv.

Binnen kurzer Zeit im 19. Jahrhundert und am Anfang des 20. Jahrhunderts brachte Rußland die Werke Puškins (1799-1837), Gogols (1809-1852), Gončarovs (1812-1891), Turgenevs (1818-1883), Dostoevskijs (1821-1881), Lev Tolstojs (1828-1910), Leskovs (1831-1895) und anderer hervor, realistische Werke, die von hohen Idealen bestimmt werden und Weltwirkung entfalten. Sie, die nüchternsten Realismus mit zartesten Träumen verschmelzen, „sind aufgenommen worden als Lehre".[293] Das Pathos der Wahrheitssuche hatte zur Folge, daß in der russischen Literatur dichterisches Zukunftsdenken und Entwürfe von möglichen gesellschaftlichen Entwicklungen sich in großartigen Menschenbildern ausprägten. Die markantesten sind die Suchergestalten der klassischen russischen Literatur: Onegin, Rudin, Raskol'nikov, Ivan Karamasov, Fürst Myškin, Konstantin Levin u.a. Ihre Wahrheitsliebe, ihre kompromißlose Analyse der moralischen und weltanschaulichen Werte, ihre Suche nach einer gültigen sittlichen Verhaltensweise, die tiefe, quälende Überlegungen über die Bestimmung des Menschen und der Menschheit einschließt - dies zeichnet die zentralen Figuren der klassischen russischen Literatur aus.[294] Niemals zuvor „hat eine solche Suche nach menschlichen Werten, eine solche Selbstanalyse, eine solche Inbesitznahme der

Persönlichkeit stattgefunden".[295] Auf der philosophischen Seite ist mit gleicher Strebung besonders auf Vladimir Solov'ev (1853-1900) hinzuweisen,[296] in der Gegenwart auf Aleksandr Solženizyn. Solov'ev wollte eine christliche Erneuerung über die Vereinigung der Kirchen universal voranbringen.

4.3.1 Dostoevskij
Der Idiot
Eine Leitidee von Dostoevskijs Schaffen ist die Idee der Einfachheit. Es geht um sittliche Vollkommenheit. Dabei hat Dostoevskij eine Vollkommenheit im Blick, die sich auf dieser Erde, in diesem Leben verwirklicht. In besonderem Maße kristallisiert sich die Idee der Vollkommenheit in der Gestalt des Fürsten Myškin in dem Werk ,,Der Idiot". Dem Dichter Maikov schrieb Dostoevskij am 12.01.1868: ,,Schon lange bedrängt mich ein Gedanke, aber ich habe mich gefürchtet, daraus einen Roman zu machen ... Es ist die Idee - einen vollkommen schönen Menschen darzustellen. Etwas Schwierigeres kann es nach meiner Auffassung nicht geben ..."[297] In einem Brief an seine Nichte schrieb Dostoevskij: ,,Auf der Welt gibt es nur eine wirklich schöne Gestalt - Christus."[298] In dem Menschen, den Dostoevskij im ,,Idioten" gestaltet, ist ein Christus gleichgewordener Mensch dargestellt. Er ist von einem hoch entwickelten Ideal der Einfachheit geprägt. Fürst Lev Nikolaevič Myškin, der Idiot, hat die Kraft, alle Menschen zu lieben. Er will, daß alle Menschen brüderlich miteinander leben. Aber: Myškin scheitert in einer Gesellschaft, die zwar seine moralische Überlegenheit anerkennt, ihn aber als fremd empfindet und ihn zum ,,Idioten" abstempelt. Fürst Myškin wird unheilbar wahnsinnig. Indes bedeutet die geistige Umnachtung des Fürsten nicht, daß Dostoevskij die Verwirklichung des Ideals, ein Christ zu werden, für unmöglich hält. Sie ist als Kreuzigung zu verstehen. - In ,,Schuld und Sühne" ist die einfache Sonja das Ideal. Der Mörder Raskol'nikov hat sich Napoleon zum Vorbild genommen.

Kriminalität aus Mangel an Brüderlichkeit und Persönlichkeit
Dostoevskij untersuchte in Paris und London den Kapitalismus. Er stellte fest, daß der Bourgeois völlig am Haben diesseitiger Güter orientiert ist. Deswegen ist die Kriminalität in den raffsüchtigen kapitalistischen Ländern ,,normal". Der Kapital-Bourgeois ist die Gegenfigur zum einfachen Idioten.[299] Für ihn gilt: Geld ist ,,der einzige Weg, der sogar eine Null auf den ersten Platz führt ... Bin ich erst reich wie Rothschild - wer wird nach meinem Gesicht fragen ..."[300]

4.3.2 Tolstoj
Die radikalchristliche Forderung Tolstojs ist wie die Dostoevskijs auf die sittliche Seite der Entwicklung gerichtet. Dabei heißt Sittlichkeit die ,,Auferstehung" eines neuen Menschen in einer nachstaatlichen, gewaltfreien, einfachen, von Liebe bestimmten Gesellschaft, getragen vom Gemeineigentum an dem Produktionsmittel Boden.[301] Es wäre das Reich Gottes. ,,Was soll ich tun, worin besteht die mir zufallende Aufgabe? So fragt ein jeder, und auch ich habe so gefragt, bis

ich unter dem Einfluß der großen Bedeutung, die ich meiner Bestimmung beilegte, erkannt hatte, daß es meine oberste ... Aufgabe sein müsse, mich durch meiner eigenen Hände Arbeit zu ernähren, zu kleiden, zu wärmen, mich auszustatten und für andere im selben Sinne zu wirken ... "[302] Der Gedanke, hierfür eine Genossenschaft zu gründen, stellte sich als hinfällig heraus, ,,weil der arbeitende Mensch von selbst naturgemäß zu der schon vorhandenen Gemeinschaft der sich in gleicher Weise Betätigenden hingeleitet wird",[303] der (russischen, indischen usw.) Dorfgemeinde. Im Wege steht das Privateigentum an den Produktionsmitteln. Das Eigentum ist ,,die Wurzel allen Übels und aller Leiden derer, die Eigentum besitzen, wie derer, die keins besitzen ..."[304]. Es ist ,,ein Mittel zur Ausbeutung der Arbeit anderer"[305].

Über die ,,Kreutzer-Sonate" Tolstojs schreibt Heinrich Mann: ,,Eine dynamische Moral ... brach jäh herein. ... Um die integrale Reinheit ging es, um das sittlich bestimmte Leben ..." Tolstoj zeigte, ,,daß auch der sittliche Wille siegen kann, nicht unfehlbar gehört der Erfolg der niedrigen Schlauheit und Bosheit."[306]

Es erfolgt nach Dostoevskij und Tolstoj keine Erlösung durch einen allein für alle. Der Christ wird verstanden als Kämpfer: als gewaltloser Kämpfer. Die Überzeugung von der Kraft der Gewaltlosigkeit verbindet die großen russischen Denker mit den großen indischen Denkern und mit dem chinesischen Daoismus. Die Aneignung von Einfachheitsidealen der klassischen russischen Literatur - der bedeutendsten Romanliteratur, die bisher in der Welt hervorgebracht wurde - wirkt durch ihre hohe künstlerische und sittliche Kraft antikriminogen noch bei extremer kriminogener Gesellschafts- und Milieubelastung.

4.4 Die Lehre Gandhis

Quellen der Lehre Gandhis sind: die Weden (seit -1250), die Brahman-Lehre (seit -1000), die Upanischaden (-7. Jh.), die Reden Buddhas (560-480), die Dschaina-Lehre (-5. Jh.), die Bhagawadgita (-3. Jh.), die Lehre Tolstojs und andere Einflüsse. Gandhi (1869-1948) handelt aus der Tradition der altindischen Lehre. Der Brahmanismus lehrt die Seelenwanderung. Je nach dem erworbenen Karma des einzelnen - der Summe aller guten und bösen Taten - erscheint die Seele in göttlichen, menschlichen oder tierischen Körpern wieder auf der Erde. Da auch Tiere und Pflanzen beseelte Wesen sind, ist ihnen ehrfürchtig zu begegnen. Schlüsselbegriff ist das Ahimsa (Nichtverletzen von Lebewesen) der Upanischaden.[307]

Ideal Gandhis ist das einfache Leben der alten indischen Dorfgemeinschaft, in der alle gleichwertig sind, die ,,Schönheit der Selbsthilfe". Das Leben des Ackerbauern und des Handwerkers ist das eigentlich gute Leben. Jedes Dorf muß selbständig und imstande sein, mit den eigenen Angelegenheiten fertig zu werden. Dies schließt nicht die Abhängigkeit und willige Hilfe von Nachbarn oder von der übrigen Welt aus. Solch eine Gesellschaft ist notwendigerweise hochkultiviert. Jeder Mann und jede Frau wissen, was sie wollen und was mehr ist: wissen, daß niemand etwas wollen soll, was der andere nicht durch die gleiche

Arbeit erhalten kann. In dieser Struktur von Dörfern gibt es kleinere und immer größere Kreise. Der äußere Kreis wendet keine Gewalt an, um den inneren zu zerstören. ,,In diesem gesellschaftlichen Gebilde, das sich aus zahllosen Dörfern zusammensetzt, wird es ständig sich ausweitende, aber niemals aufsteigende Lebenskreise geben. Das Leben wird nicht eine Pyramide sein, deren Spitze von unten her getragen wird, sondern es wird ein Kreis von ozeanischer Weite sein, dessen Zentrum das Individuum ist, das jederzeit bereit ist, sich für das Dorf aufzuopfern, wobei das letztere wiederum willens ist, sich jederzeit für den Kreis von Dörfern aufzuopfern ... Von der Peripherie her wird man die Macht nicht dazu benutzen, den Kreis nach innen einzudrücken, sondern wird allem, was innerhalb ist, Kraft und Festigkeit verleihen und seine eigene Kraft wieder von innen her ableiten. Wenn einmal jedes indische Dorf zur Republik werden sollte, dann kann ich für mich in Anspruch nehmen, daß mein Zukunftsbild sich erfüllt hat."[308]

Massive Industrialisierung wird notwendigerweise zur passiven oder aktiven Ausbeutung der Dorfbewohner führen, sobald die Probleme des Wettbewerbs sowie des Marketings entstehen. ,,Deshalb müssen wir uns darauf konzentrieren, daß die Dörfer selbstversorgend sind und für den Gebrauch produzieren. Vorausgesetzt, daß der Charakter der Dorfindustrie aufrechterhalten wird, kann es keinen Einwand geben, daß die Dorfbewohner selbst die modernsten Maschinen und Werkzeuge nutzen, die sie produzieren und sich leisten können."[309]

Durch die Landwirtschaft und das Dorfgewerbe soll Indien vor der kapitalistischen Autobahn bewahrt werden. Symbol dafür ist das Spinnrad, das zugleich als Mittel zur Sammlung, Konzentration und Askese dient. Nach der Arbeitswertlehre, die Gandhi schuf, muß die Arbeitszeit als Lebenszeit erfaßt werden, so daß die Arbeiten, sofern sie gut erfüllt werden, gleichwertig sind. Dem Brahmanen, der seine Aufgabe gut erfüllt, sind die gleiche Anzahl von Punkten zugedacht wie dem Straßenfeger, der sie ebenso gut erfüllt. Es soll statt der kapitalistischen Struktur eine gemeinschaftliche erstrebt werden, Demokratie von unten, gegenseitige Verpflichtung, Swadeshi.[310]

Anmerkungen

[121] Herder bestimmt ,,die Vernunft und ihr Organ, die Tradition" (Ideen zur Philosophie der Geschichte der Menschheit, Wiesbaden o.J., S. 417). Er stellt fest: ,,Die Fortpflanzung der Geschlechter und Traditionen knüpfte ... auch die menschliche Vernunft aneinander ..." (ebd.).

[122] Siehe unten, S. 131.

[123] Vgl. Kiss 1972, Bd. 1, S. 38ff. Kant modifiziert diese Auffassung aber nach den Angriffen Herders dagegen. Siehe unten, S. 131.

[124] Kant, Die Metaphysik der Sitten. In: ders. 1968, S. 389.

[125] ebd., S. 431.

[126] Kant, Die Religion innerhalb der Grenzen der bloßen Vernunft. In: ders. 1968, S. 753.
[127] Kant 1968, Die Metaphysik der Sitten, S.345.
[128] Kant 1968, Die Religion ..., S.753.
[129] ebd., S. 752.
[130] in: Kants Werke, Bd. 8., 1923, S. 15ff.
[131] ebd., S. 18.
[132] ebd., S. 18f.
[133] ebd., S. 19.
[134] ebd.
[135] ebd., S. 20.
[136] ebd., S. 21.
[137] ebd., S. 22.
[138] ebd.
[139] ebd., S. 23.
[140] ebd.
[141] ebd., S. 24.
[142] ebd., S. 26.
[143] ebd., S. 27.
[144] ebd., S. 28.
[145] ebd., S. 29.
[146] ebd., S. 30.
[147] Herder o.J., Ideen .... S.212.
[148] ebd., S. 213.
[149] in: Kants Werke, Bd. 8., 1923, S.107ff.
[150] ebd., S. 118.
[151] ebd., S. 119.
[152] Kant, Bd. 4., 1911, S. 402.
[153] ebd., S. 412.
[154] ebd., S. 412f.
[155] ebd., S. 413.
[156] ebd., S. 416.
[157] ebd., S. 421.
[158] ebd.
[159] ebd., S. 428.
[160] ebd.
[161] ebd., S. 429.
[162] ebd., S. 437.
[163] Siehe C.3.
[164] Schiller 1959, S. 46.
[165] Schweitzer 1990, S.196f.
[166] Buhr 1981, S. 115.
[167] Gulyga 1978, S. 50.
[168] Herder o.J., Ideen ..., S. 131.
[169] ebd., S. 136.
[170] ebd., S. 143.
[171] ebd.
[172] ebd., S. 144.
[173] ebd.

[174] ebd., S. 411. Das „große Gesetz der Billigkeit und des Gleichgewichts des Menschen" (ebd., S. 127) wird anschließend unter 2 wiedergegeben.

[175] ebd., S. 229.

[176] ebd., S. 241.

[177] Herder 1887, Zum neunten Buch (der Ideen). In: Herders sämtliche Werke, Bd. 13., S. 453.

[178] Ideen ... o.J., S. 146.

[179] ebd.

[180] Vgl. Nietzsche, der in „Also sprach Zarathustra" sagt: „Der Mensch ist ein Seil, geknüpft zwischen Tier und Übermensch, - ein Seil über einem Abgrunde. Ein gefährliches Hinüber, ein gefährliches Auf-dem-Wege, ein gefährliches Zurückblicken, ein gefährliches Schaudern und Stehenbleiben." (Nietzsche 1939, S. 11).

[181] Auszüge jeweils nach Fichte 1976.

[182] ebd., S. 118.

[183] ebd.

[184] ebd., S. 139.

[185] Kultur und Ethik 1990, S. 217f.

[186] Siehe „Enzyklopädie der philosophischen Wissenschaften", „Phänomenologie des Geistes".

[187] Hegel 1970, Vorlesungen über die Philosophie der Geschichte, S. 20.

[188] ebd., S. 32.

[189] ebd., S. 33.

[190] ebd., S. 33f.

[191] ebd., S. 44.

[192] ebd., S. 45.

[193] ebd., S. 46.

[194] ebd., S. 49.

[195] ebd.

[196] ebd., S. 50.

[197] ebd., S. 56.

[198] ebd., S. 76.

[199] Siehe unten, S. 104f.

[200] Siehe „Die Kulturenergien der Ehrfurcht vor dem Leben". In: Schweitzer 1990, S. 353ff.

[201] Rubinstein 1961, S. 766 (623).

[202] ebd., S. 772 (628).

[203] Marx 1973: Ökonomisch-philosophische Manuskripte ..., S. 544.

[204] ebd., S. 546f.

[205] Rubinstein 1961, S. 774 (630).

[206] ebd. 1984, S. 775 (631). - Vergleiche auch Reißig (Leiter d. Koll.) 1984.

[207] ebd., S. 782 (637).

[208] ebd., S. 783 (637).

[209] Vgl. „Das Ideal der allseitig entwickelten, harmonischen Persönlichkeit", unten, S. ...

[210] Archangelski 1965, S. 161 (134).

[211] Sève 1972, S. 347 (417).

[212] ebd., S. 348 (418).

[213] ebd., S. 321 (389).

[214] Sie wird mit den entwickelten Hochkulturen möglich.

[215] ebd., S. 323f. (391).

[216] ebd., S. 324 (391).

[217] Siehe unten, S. 94.

[218] ebd., S. 326 (394).

[219] ebd., S. 327 (394f.). Besonders Jugendliche ohne genügendes psychologisches Produkt sind in hohem Grade kriminalitätsanfällig.

[220] Diesen Terminus - wie einige andere Termini - entnimmt Sève der Politischen Ökonomie. Dort bedeutet er: Akkumulation des Kapitals, kapitalistische Aneignung fremder Arbeit auf sich vergrößernder Stufenleiter (im Kapitalismus), vergrößerte Akkumulation der assoziierten Produzenten (im Sozialismus). Autoren der DDR kritisierten Sève wegen der Übernahme von Termini der Politischen Ökonomie in die Psychologie.

[221] Sève ebd., S. 328 (395).

[222] ebd., S. 330 (398).

[223] ebd.

[224] ebd., S. 330f. (398).

[225] ebd., S. 319 (386).

[226] ebd., S. 350 (420).

[227] ebd., S. 335 (404).

[228] Marx 1973, Kritik des Gothaer Programms, S. 21.

[229] Sève 1972, S. 337 (405).

[230] Marx 1972, Das Kapital. Erster Band, S. 618.

[231] Rubinstein 1961, S. 786ff. (640ff.).

[232] ebd., S. 789 (643).

[233] ebd., S. 790 (643f.)

[234] ebd., S. 773 (629).

[235] Miller 1984.

[236] ebd., S. 40.

[237] Lenin 1976, S. 218 (207).

[238] Miller 1984, S. 46.

[239] Schmollack 1984, S. 333ff.

[240] Siehe Sagladin/Frolow 1982.

[241] Schmollack 1984, S. 343.

[242] ebd., S. 345f.

[243] ebd., S. 347.

[244] ebd., S. 348.

[245] Dem Gesetz der Bewegung zufolge.

[246] Ananjew 1974, (Leningrad 1969).

[247] Vgl. Ormea 1970, S. 98ff.

[248] Engels 1973, Dialektik ... S. 324, 327.

[249] Hollitscher 1984, S. 59. - Vgl. auch Frolow 1984, S. 84ff.

[250] Vgl. Israel 1972.

[251] Marx 1972. Theorien über den Mehrwert. Dritter Teil, Bd. 26.3, S. 255.

[252] ebd., S. 267.

[253] ebd., S. 467.

[254] Marx 1973, Ökonomisch-philosophische Manuskripte, S. 511.

[255] ebd., S. 514.

[256] Engels 1973, S. 272.

[257] Marx 1974, S. 133.

[258] Kurella 1981, S. 338f.

[259] Marx 1973, Ökonomisch-philosophische Manuskripte, S. 555.

[260] ebd.

115

[261] ebd., S. 538.

[262] Kurella 1981, S. 337.

[263] ebd.

[264] Siehe „Das Ideal der allseitig entwickelten, harmonischen Persönlichkeit", nächster Abschnitt.

[265] Vgl. oben, S. ...

[266] Goethes Werke (Weimarer Ausgabe), Bd. 47, 1896, S. 323.

[267] Herders sämtliche Werke, Bd. 30, Berlin 1889, S. 271.

[268] Siehe Ahrbeck 1979, S. 128.

[269] Schiller 1966, Über die ästhetische Erziehung des Menschen. Zitate nach Schillers Werke. Vierter Band.

[270] Schiller 1962, S. 284. -Vgl. C.2.1.1 bei Kant.

[271] ebd., S. 288.

[272] Wilhelm von Humboldt 1980, Theorie der Bildung des Menschen. S. 235.

[273] Wilhelm von Humbold 1980, Über den Geist der Menschheit. S. 512.

[274] Wilhelm von Humboldt 1980, Plan einer vergleichenden Anthropologie. S. 339.

[275] Marx 1973, Ökonomisch-philosophische Manuskripte, S. 542.

[276] Vgl. Gleserman 1982.

[277] Marx/Engels 1973, S. 33.

[278] Marx 1974, S. 387.

[279] ebd., S. 439.

[280] ebd., S. 440.

[281] ebd., S. 599.

[282] ebd.

[283] ebd.

[284] Kurella 1969, 1969, S. 112f.

[285] ebd., S. 118.

[286] ebd., S. 120.

[287] Sève 1972, S. 387 (460).

[288] Vgl. ebd., S.203 (249f.)

[289] Röhr 1979, S. 182.

[290] Sève 1972, S. 379 (451).

[291] Röhr 1979, S. 183ff.

[292] Siehe oben, C.1.3.

[293] Heinrich Mann 1974, S. .47.

[294] Wegner 1986, Die russische Literatur und das 20. Jahrhundert. In: Bd. 2, S. 569.

[295] Gramsci 1980, S. 13.

[296] Wladimir Solov'ev 1953-1980. (St. Peterburg 1901-1903). Goerdt 1984 und 1989.

[297] Michael Wegner 1986, Fjodor Dostojewski. In: Bd. 2, S. 188.

[298] ebd.

[299] Siehe ausführlicher unten, S. 137f. - Vgl. auch Goerdt 1984 und 1989.

[300] Dostojewskij o.J., S. 111 (97).

[301] Siehe dazu den Roman „Auferstehung" (Voskresenie) sowie die Abhandlungen „Was sollen wir denn tun?" und „Die große Sünde" (Velikij grech).

[302] Leo N. Tolstoj 1991, S. 183 (380).

[303] ebd., S. 188 (383).

[304] ebd., S. 224 (397).

[305] ebd., S. 226 (398).

[306] Heinrich Mann 1974, S. 49.

116

[307] Die Upanischaden sind grundlegend für die indische Ethik.

[308] Gandhi 1993, S. 79f.

[309] Sequeira 1987, S. 194f.

[310] Siehe Gandhi 1938. - Siehe auch „Gandhi zum Abdriften der 'modernen Gesellschaft' von der Weltkultur", unten, S. 139f.

D. Der historische Bruch seit 1500 und 1750 und dessen Kriminalsoziologie

Wir haben die Menschheitswerte bestimmt und eingehend erörtert. Eine andere Schlüsselkategorie unserer Untersuchung ist die des historischen Bruches. Der Begriff des historischen Bruches stammt von Karl Jaspers.[1] Auf die Zeit seit 1500 bezogen, spricht er von der ,,Loslösung vom Grunde der Natur und der menschlichen Gemeinschaft", einem ,,Hineintreten ins Leere"[2]. Westeuropa habe sich ,,durch einen frühen Bruch von der asiatischen Mutter getrennt".[3] Durch den historischen Bruch seit 1500 und 1750 wird die Wirksamkeit von Menschheitswerten empfindlich getroffen. Sie werden ideologisch frontal angegriffen und durch die Schaffung veränderter Verhältnisse unterhöhlt.

1. Fast ein historischer Bruch vor 2.200 Jahren

China war als erstes in Gefahr, auf eine exzessive Ausbeutung der Biosphäre und der Menschen zuzusteuern. Die Ideologie dafür ist beim Legismus (Han Feizi 280?-234) und dessen Vorbereiter Xunzi (310-230) zu finden. Mit der Anwendung des Legismus durch Qin Shi Huangdi (Regierungszeit 221-207) und dessen Sturz hätte das Thema für die Menschheit geklärt sein können. Indes mangelte es an der Rezeption chinesischen Denkens und chinesischer Erfahrungen dort, wo sie besonders dringend benötigt worden wären.

1.1 Xunzi: Die Natur als Objekt
Xunzi wendet das vom Daoismus zum Ausdruck gebrachte Bewußtsein der Spaltung der Welt ins „Positive".

a) Gesetzmäßigkeiten der Natur
Wie der Daoismus geht Xunzi von einer Gesetzmäßigkeit des Naturprozesses aus. Daß der Naturhimmel kein Inbegriff göttlicher Macht, sondern selbst festen Gesetzmäßigkeiten unterworfen ist, dieses Ergebnis naturphilosophischer Überlegungen der vorangehenden Jahrhunderte stellt Xunzi an den Anfang seines Traktates „Über den Himmel".[4] Er sagt: Die Natur kennt keinerlei Zwecke, und auch hinter ihren absonderlichsten Erscheinungen versteckt sich keine geheime Absicht, keine Warnung, die der Mensch zu beherzigen hätte, sondern ein in sich geschlossener Prozeß:

„Wenn Sternschnuppen fallen, so fürchten sich alle und fragen: 'Was mag das bedeuten?' Ich sage: Es bedeutet gar nichts. Es ist die Wandlung von Himmel und Erde (= der Natur) und der Wechsel von Yin und Yang; allerdings handelt es sich um Dinge, die selten auftreten. So mag es angehen, wenn man sich darüber wundert, doch es zu fürchten, ist falsch. Nun, Sonnen- und Mondfinsternisse, Wind und Regen zur Unzeit und das unerwartete Erscheinen seltsamer Gestirne gibt es regelmäßig in ausnahmslos jeder Generation. Wenn die Obrigkeit aufgeklärt und die Politik gerecht ist, so schadet selbst ein gleichzeitiges Auftreten [all jener Erscheinungen] nichts. Ist aber die Obrigkeit borniert und die Politik abenteuerlich, dann nützt es sogar nichts, wenn nicht einmal eine von ihnen auftritt."[5]

Worauf also der Mensch sein Augenmerk zu richten hat, ist nicht ein verborgener Wille, der aus der Natur oder durch sie hindurch zu ihm spräche, sondern jener Bereich, von dessen vernünftiger Organisation sein Wohlergehen nach Xunzi einzig abhängt, nämlich der des Politischen und des Sozialen. Ebenso sinnlos, wie aus der Natur die Fingerzeige einer geheimnisvollen Macht herauslesen zu wollen, ist der umgekehrte Versuch ihrer Beeinflussung durch Magie. Denn:

*„Der Himmel setzt dem Winter noch lange kein Ende,
weil der Mensch die Kälte nicht mag.*

Die Erde hört noch lange nicht auf, weit zu sein,
weil der Mensch große Entfernungen nicht mag." [6]

Alle Bemühungen des Menschen, sich die Natur durch Magie willfährig zu machen, sind mangels einer alles mit allem verbindenden kosmischen Sympathie gegenstandslos. Scheinbare Erfolge beruhen nur auf zufälligen Übereinstimmungen:
    ,,Wenn es nach der Regenbittzeremonie regnet, was bedeutet das? Ich antworte: Es bedeutet gar nichts. Es ist, wie wenn es auch ohne Regenbittzeremonie regnen würde." [7]
    Bis hierher scheint Xunzis Argumentation recht wissenschaftlich zu sein. Sie dreht dann aber offen ab in eine andere Richtung.

b) Positivistische Analogie
,,Ich sage: Willst du tausend Jahre erblicken, dann zähle den heutigen Tag! Willst du zehntausend und Millionen kennen, dann erforsche eines und zwei! Und deshalb sage ich ferner: Vermittels des Nahen erkennt man das Weite, vermittels des einen erkennt man die zehntausend." [8]
    Xunzi strebt danach, die Geschichte vom jeweiligen Heute aus zu verkürzen.

c) Funktionalismus
Xunzi stuft nun die Natur zum Objekt des Menschen herab. Geht der Mensch mit einer nüchternen Einstellung an die Natur heran, so vermag er sie, unbeschadet ihrer auf ewig unerschütterlichen Eigengesetzlichkeit, sich dienstbar zu machen. Die wichtigste Voraussetzung zur Beherrschung der Natur ist, neben der Reinigung des Denkens von Mystifikationen, eine funktionierende Gesellschaft, wobei Gesellschaftlichkeit überhaupt eines der Unterscheidungsmerkmale von Mensch und Tier ist:
    ,,Wie kommt es, daß der Mensch sich Rinder und Pferde dienstbar macht, obwohl doch seine Kraft nicht der eines Rindes und seine Schnelligkeit nicht der eines Pferdes gleichkommt? Ich sage: Die Menschen vermögen sich zu organisieren, jene aber nicht. Wodurch aber vermögen die Menschen sich zu organisieren? Ich sage: Durch die soziale Rollenteilung. Und wodurch funktioniert die Rollenteilung? Ich sage: Durch die Gerechtigkeit. [9] Werden also gemäß der Gerechtigkeit die Rollen verteilt, dann herrscht Harmonie. Harmonie bedeutet Einheit, Einheit bedeutet große Kraft, und große Kraft bedeutet Stärke. Und Stärke bedeutet, die Dinge unterwerfen zu können. Auf diese Weise wurde es den Menschen möglich, Häuser zu bewohnen." [10]
    Wo immer Xunzi von Natur spricht, ist auch die funktionierende Gesellschaft mit im Spiel. Eine funktionierende Gesellschaft ist das denkstrategische Ziel der gesamten Naturdiskussion.

d) Programmatik der Naturunterwerfung
Zusammenfassend erfahren wir von Xunzi:
,,Die Natur als großartig zu bestaunen und seine Gedanken auf sie zu richten -
wie denn wäre das dem vergleichbar,
sie wie ein Ding zu domestizieren und über sie zu verfügen!
Der Natur Gefolgschaft zu leisten und sie zu besingen -
wie denn wäre das dem vergleichbar,
sie für sich einzurichten und zu nutzen!
Einen günstigen Zeitpunkt herbeizugucken und auf ihn zu warten -
wie denn wäre das dem vergleichbar,
auf jeden Augenblick zu reagieren und ihn für sich wirken zu lassen!
Den Dingen nachzulaufen und sie sich mehren zu lassen -
wie denn wäre das dem vergleichbar,
sein Können zu entfesseln und sie zu verändern!" [11]

Ähnlich wie später Bacon interessierte sich Xunzi nicht dafür, ,,was die Welt im Innersten zusammenhält" (Faust), er stellt keine Was-Fragen, sondern Wie-Fragen, entsprechend der späteren funktionalistischen Natur- und Gesellschaftswissenschaft. Daß Xunzi sich in China nicht durchsetzen konnte, ist allein schon seines fundamentalen Satzes wegen der Fall, auf dem alle anderen Aussagen beruhen: ,,Der Mensch ist schlecht; was gut an ihm ist, ist künstlich." Deshalb muß nach Xunzi der Mensch wie später bei Hobbes vom Staat unter Kuratel genommen werden. - Daoismus und Konfuzianismus weisen nach, daß der Mensch von Natur aus gut ist. Es ist, wie wir gesehen haben, die zweite, die historisch errungene Natur, die als Anspruch der Gattung, der Tätigkeit der vergangenen Individuen, sprich des Himmels unabweislich ist.

1.2 Han Feizi: Der Mensch als Funktionär
Es handelt sich bei dem durch Xunzi vorbereiteten Legismus des Han Feizi um eine pseudorationalistische Ideologie, die den Menschen als einen Automaten versteht, der auf Belohnung und Bestrafung reagiert, indem er sich an der Gesetzesnorm (fa) orientiert.[12] Die pessimistisch-funktionale Persönlichkeitssoziologie des Han Feizi nimmt in den Grundzügen die heutige Rollentheorie vorweg. Joseph Needham ordnet die ,,Soziologie der Legalisten" als mechanistischen Materialismus ein.[13] Franke/Trauzettel sprechen von dem ,,das Individuum zur steuerzahlenden und gesetzbefolgenden Maschine degradierenden Legalismus"[14].

1.3 Qin Shi Huangdis Anwendung des Legismus
Die Zhou-Zeit ist von einer Lehensverfassung und später von faktisch unabhängigen Fürstenstaaten geprägt. Seit -771 beschränkte sich die Herrschaft der Zhou auf die Ausübung des Kultus; die Fürstenstaaten wurden faktisch unabhängig. Bis zum Jahr -221 warf der Staat Qin alle anderen Fürstenstaaten, die in einem

Prozeß dauernder Auseinandersetzungen zwischen den einzelnen Staaten noch übriggeblieben waren, nieder. Fürst Zheng von Qin nahm -221 den Titel „Erhabener Herrscher" (huang di) = Kaiser mit der Bezeichnung „shi huangdi" = Erster Kaiser an. Die Lehen wurden abgeschafft, der Adel wurde deportiert, und das in Qin bereits bestehende Verwaltungssystem wurde auf ganz China ausgedehnt; der Achsstand der Wagen und die Hohl-, Längen- und Flächenmaße wurden vereinheitlicht; es wurden einheitliche Münzen geprägt; eine neugefaßte Schrift wurde eingeführt; es wurde begonnen, ein Netz von kaiserlichen Straßen und Kanälen anzulegen und eine Große Mauer zum Schutz gegen die Steppennomaden zu bauen. Die Außenpolitik der Qin war expansionistisch. Die Innenpolitik gründete auf drakonischen Strafen. Das absolutistische Schreckensregiment, dem die Bevölkerung unterworfen wurde, war ideologisch von Han Feizi und andern vorbereitet worden. Unter den Qin wurde der Boden allgemein verkäuflich: Ware. Auf ein Mal gab es ein riesiges inneres Wirtschaftsgebiet mit ungeheueren Möglichkeiten. Wie später im Frankreich des Absolutismus waren eine Reihe von Voraussetzungen für die Entwicklung kapitalistischer Verhältnisse geschaffen.

Schon im Jahr -207 wurde die Qin-Dynastie gestürzt. Zuvor hatte der Erste Kaiser im Jahr 213 alle Bücher (mit Ausnahme medizinischer und landwirtschaftlicher Abhandlungen sowie von Orakelbüchern) verboten und verbrennen lassen. Damit sollte vor allem der Konfuzianismus getroffen werden. Auf die Qin-Dynastie folgte die Dynastie der Frühen Han (-206 bis +8) und der Späteren Han (+25 bis 220). Der Staat blieb zentralisiert. Die Beamten wurden zum Teil durch ein Prüfungssystem rekrutiert. Dieses gründete auf den Konfuzianismus. Die Händler, die unter den Qin großen Einfluß hatten, wurden zurückgedrängt - und damit die kapitalistischen Ansätze. Unter der Frühen Han wurde ein Staatsmonopol auf Salz und Eisen eingerichtet. „Diese Maßnahme ... scheint ... die Macht der Großkaufleute, die gleichzeitig Industrie- und Handwerksunternehmer waren, eingeschränkt zu haben."[15]

Trotz der Ablösung der Qin blieb China technisch-ökonomisch an der Spitze der Welt und brachte eine Fülle von Erfindungen hervor, die später in Europa exzessiv angewendet wurden. Wir müssen daher einen Blick auf die ökonomisch-technische Entwicklung Chinas seit der Shang-Zeit und bis ins 17. Jahrhundert werfen, ehe wir zu abschließenden Feststellungen gelangen.

1.4 Eisenzeit und chinesische Erfindungen
Literatur:
Joseph Needham: Science and Civilisation in China, bisher 17 Bände, Cambridge 1954-1990. Robert K.G. Temple: Das Land der fliegenden Drachen - Chinesische Erfindungen aus vier Jahrtausenden, Bergisch Gladbach 1990. Institute of the History of Natural Sciences, Chinese Academy of Sciences: Ancient Chinas Technology und Science, Beijing 1983. Herbert Cerutti: China - wo das Pulver erfunden wurde, München 1987. Walter Böttger: Kultur im alten

China, Köln 1977. Liu Guojun u. Zheng Rusi: Die Geschichte des chinesischen Buches, Beijing 1988.

In der Shang-Zeit (16.-11. Jh.) setzte sich die Bronze durch. Man verfügte über Pferd, Wagen, Pflug und Schrift. Vom Westen her drangen Stämme, die vom Haus Zhou angeführt wurden, in das Shang-Territorium ein. „Als viehzüchtende Bewohner des Hochlandes fühlten sich die Zhou-Völker des Nordens wahrscheinlich (frz. Text: sans doute = zweifellos; F.F.) ... den Steppenbewohnern näher verbunden als den seßhaften Bauern des unteren Tals des Gelben Flusses."[16] Die Zhou gehörten zu den Pferdezüchtern, die sich als eine besondere Kultur im Gebiet zwischen Wien und dem heutigen Shanxi herausgebildet hatten. Mit den Zhou dringt eine Ethnie einer Kultur nach Osten vor, die nicht nur mit China, sondern auch mit anderen Kulturen Eurasiens Kontakte unterhält und deshalb besonders leicht Kulturgüter zu transportieren in der Lage ist.[17] Viele Kulturgüter gelangen von Südwestasien nach Ostasien. Später dreht sich der Wind.

Die Zeit der Kämpfenden Staaten in China (481-221) ist eine der an technischen Neuerungen reichsten Epochen der Menschheitsgeschichte (z.B. Kompaß, Armbrust). Von da an über die Qin (221-207), Han (-206 bis +220), Tang (618-906), Song (960-1279) war China technisch führend in der Welt. Diese Stellung behielt es noch bis in die Zeit der mongolischen Fremdherrschaft (Yuan 1280-1367) und der Ming-Dynastie (1368-1644), als die Weltgewichte schon radikal verschoben worden waren.

Das Verfahren zur Bearbeitung reinen Eisens gelangte von den Hethitern her spätestens um -700 nach China. Davor wurde Eisen allerdings schon der Bronze beigegeben. Aufgrund der Spitzenstellung Chinas im Bronzeguß wurde hier das Gußeisen erfunden (spätestens -6. Jh.). Eisenwerkzeuge wie Pflugscharen, Hacken, Beile, Spaten, Messer, Sicheln ermöglichten eine tiefere Bodenbearbeitung und erleichterten Urbarmachung und große Bauarbeiten. Das Eisengießen brachte die Chinesen sehr früh auf die Idee der serienweisen Reproduktion von Gegenständen. Bereits im -2. Jh. erzeugten die Chinesen Stahl, im -2. Jh. Papier. Im +1. Jh. schufen sie Wassermühlen für den Antrieb von Kolbengebläsen in Schmieden. Im 8. Jh. wurde der Blockdruck erfunden, im 11. Jh. der Druck mit beweglichen Lettern (Bi Sheng). Im 10. Jh. gab es Feuerwaffen in Form von Brandgeschossen, im 11. Jh. Hochseedschunken für 1.000 Personen. Im 11. Jh. wurde Steinkohle bei der Eisenherstellung verwendet, im 11. Jh. Sprengstoff im Bergbau. 13. Jh.: Die Mongolen setzen chinesische Feuerwaffen östlich Wien ein. 12. Jh.: Einführung des Kompasses für die Seefahrt, 13. Jh.: Spinnrad, 16. Jh.: fünffarbige Drucke. Europa verspätete sich gegenüber China beim Dezimalsystem um 2.300 Jahre, bei Gußeisen um 1.700 Jahre, bei Stahlerzeugnissen aus Gußeisen um 2.000 Jahre, beim Kompaß um 1.500 Jahre, bei Streichhölzern um 1.000 Jahre, beim Blockdruck um 700 Jahre, beim Druck mit beweglichen Lettern um 400 Jahre, beim Schießpulver um 300 Jahre, bei der Feuerwaffe indes nur um 50 Jahre.[18]

Von den Song bis zu den Ming war China die größte Seemacht der Welt. Die Expeditionen von je 20.000 Teilnehmern unter Zheng He zwischen 1405 und 1433 besuchten Südasien, Westasien und Afrika. Die Chinesen verfügten über mehrfach größere und technisch ungleich besser ausgerüstete Schiffe als Kolumbus. 1431 erschienen als eine Frucht der Expeditionen die „Aufzeichnungen über die Barbarenländer der westlichen Meere" (Xiyang fanguo zhi) im Druck.[19]

Nach dem Genfer Wirtschaftshistoriker Paul Bairoch ist China noch bis ca. 1720 technologisch überlegen gewesen. Es war das Land mit der weltweit größten gewerblich-industriellen Produktion. Pro Kopf bezogen standen Deutschland und China Mitte des 18. Jh. etwa gleich.[20] Später überholte Großbritannien alle anderen.

1.5 Keine ethische Entbindung

Ein historischer Bruch wurde also abgewendet mit dem Sturz der nur 14 Jahre regierenden Qin. Der Konfuzianismus beflügelte daraufhin zwar, wie wir soeben zeigten, Technik und Ökonomie Chinas, hielt sie zusammen mit dem Daoismus aber in ethischen Grenzen, ein Ergebnis, das der deutsche Soziologe Max Weber richtig erkannt hat. China habe keinen Kapitalismus im westlichen Sinn, keine „Entzauberung der Welt", keine „Beherrschung der Welt" hervorgebracht. Und die Ursache dafür sieht Max Weber in den vom Konfuzianismus (Kong Fuzi und Mengzi) und Daoismus (Laozi und Zhuangzi) politisch wie individuell geprägten chinesischen Verhaltensweisen.[21]

Der Konfuzianismus reihte die Händler in der Reihenfolge der Stände nach den Beamten, Gelehrten, Bauern und Handwerkern ein. Als handels- und gewerbeökonomische Kräfte sich da und dort zu verselbständigen begannen, wurde die produktivkraftantreibende Lehre des Xunzi geächtet. Den Händlern wurde klargemacht, schon bei Errichtung des Staatsmonopols für Salz und Eisen, daß sie unter den Bauern stehen und eine Bemächtigung nicht geduldet wird. In Übereinstimmung damit wurde durch den Neokonfuzianismus die Lehre der Großen Gemeinsamkeit[22] kanonisiert.

Erst heute wirft sich China auf grenzenlose Massenproduktion beliebiger Güter, die nun weltmarktorientiert ist ähnlich wie die kapitalistische seit je. Daß es dabei zu einer Verselbständigung von Händlern und Unternehmern soweit kommt, daß diese den Staatszweck bestimmen, ist eher unwahrscheinlich aufgrund des historischen Bewußtseins Chinas.

2. Der historische Bruch seit 1500 und 1750

Eine Voraussetzung des historischen Bruches seit 1500 und 1750 sind die chinesischen Erfindungen wie Buchdruck, Kompaß, Schießpulver usw.[23] In China selbst bewirkten sie keinen historischen Bruch.[24] Der Bruch ist ein Effekt des Imperialismus: des reiternomadischen Ostimperialismus (Mongolensturm und türkische Okkupation) und des Westimperialismus (Kolonialismus). Auf deren Grundlage kam es zum ideologischen Bruch, der sogenannten Aufklärung. Diese schuf die geistigen Voraussetzungen für den materiellen Bruch, die Industrielle Revolution. Ostimperialismus und Westimperialismus wendeten die chinesischen Erfindungen als Waffe gegen die übrige Welt. Der Westimperialismus begründete sein 500jähriges Reich.[25]

2.1 Die Entstehung der „modernen Gesellschaft"
a) Der Einbruch der Pferdenomaden in die Hochkulturen: Überlagerung[26]
Pferdenomadismus 1. Phase

Nach der Entstehung der zwiespältigen frühen Hochkulturen durch Prozesse innerer Differenzierung ist der Pferdenomadismus zu betrachten als eine im schließlichen Effekt regressive Erscheinung. Indes: In ihrer ersten Großphase ab ca. -2000 setzten die Pferdenomaden Progressives in Bewegung: die entwickelten Hochkulturen. Während sich in einem Halbkreisgürtel von China bis Europa - den wir den „großen fruchtbaren Halbmond" nennen könnten - seit mehr als 10.000 Jahren neben der auf das Sammeln zurückgehenden Erntewirtschaft die Landwirtschaft ausbreitete und halten konnte und dann in einem großen Teil dieses Gebietes frühe Hochkulturen geschaffen wurden, gingen abgeschnittene und abgedrängte Sippen und Stämme daran, die dazwischen liegenden nach der Eiszeit trocken fallenden Weiten Eurasiens von den Ostalpen bis Nordchina nomadisch über die Kleinviehzucht hinaus für Großviehzucht zu nutzen. Auf das Hornvieh ab dem 5. Jahrtausend folgten die Pferde. Diese wurden im 2. Jahrtausend vor Streitwagen gespannt. Die militärisch starken Pferdenomaden drangen in die umliegenden landwirtschaftlichen Kulturen ein und überschichteten sie: Iran ab -1800, Indien ab -1200, China[27] ab -11. Jahrhundert, wobei binnen 700 Jahren die großen entwickelten Hochkulturen der Chinesen, Inder und Iraner entstanden.

Das Nomadentum, die Lebensweise der Hirtenvölker, ist wie die städtische Lebensweise eine Wirtschaftsform ohne Ackerbau, die jedoch von diesem zehrt und ohne ihn nicht entstanden wäre. Beide brauchen die Verbindung mit Ackerbauern, die schon einen Mehrertrag über das eigene Existenzminimum hinaus erzielt haben. Die Städter erwerben von den Ackerbauern Lebensmittel im Austausch gegen ihre eigenen Erzeugnisse und Dienste; die Nomaden tauschen lebendes Vieh und dessen Häute und Felle gegen die Erzeugnisse der seßhaften Gemeinschaften. Obwohl die Wanderhirten den Ackerbau aufgegeben oder ihn nie betrieben haben, ist ihre Lebensweise nur durchführbar in einer Symbiose mit Nachbarn, die den Boden bebauen. Es ist die produktivste Art, trockenes Grasland zu nutzen, ohne es zu zerstören. Die Kultivierung solchen Landes mag kurzfristig größere Erträge bringen; aber die Ernte jedes Jahres ist unsicher, und die Strafe für das Umpflügen der Graswurzeln kann die Verwandlung eines Graslandes in eine Wüste sein. Damit das trockene Grasland eine möglichst große Herde ernähren kann, muß der Nomade seine Schafe und Rinder ständig in einem regelmäßigen jahreszeitlich bedingten Turnus von einem Weidegrund zu einem anderen treiben. Das kann er nicht ohne die Hilfe von Pferden oder Kamelen; und da der Treck einer ganzen Nomadengemeinschaft gründlich geplant und sorgfältig durchgeführt werden muß, ist seine Logistik nicht weniger kompliziert als die eines militärischen Feldzuges. Infolgedessen waren die Hirtenvölker für eine bewegliche Kriegführung gut vorgebildet.[28] Sie bestürmten mit pferdebespannten Streitwagen die frühen Hochkulturen und überrannten sie. Die Domestizierung des Pferdes gab dem Menschen die Hilfskraft, die das Wanderhirtentum ermöglichte; aber das Wildpferd war klein und schwach. Es hielt das Gewicht eines Mannes nicht aus, und erst ein Gespann von vier Pferden war imstande, einen zweirädrigen Wagen der leichtesten Bauart zu ziehen. Tausend Jahre Pferdezucht waren nötig, um ein Pferd für einen leicht gerüsteten Reiter hervorzubringen, und noch mehrere Jahrhunderte, bis es das große Streitroß gab, das selber gewappnet war und einen von Kopf bis Fuß gewappneten Krieger tragen konnte.[29]

Franz Hančar[30] erkennt folgende Entwicklung: Mitte 3. Jt.: Beginn der Pferdezucht (noch früher vermutlich in der Tripolje-Kultur am oberen Dnjestr). Spätes 3. Jt.: Einbau des neuen gezähmten Tieres Pferd ins Wirtschaftsmilieu der eurasischen Steppenviehzüchter. -2000 Streitwagen; -1500 Reiten wird im Altai-Gebiet systematisch Teil des Transportwesens (Wagenbespannung); -9. Jh. erste Reiterabteilungen im assyrischen Heer; -500 freihändiger Pferdebogner (vorher Lanze, Schwert, Streitaxt), Trense; -500 frühe Reiternomaden.

Eine Regression also - Pferdenomadismus - erschütterte die Hochkulturen, löste aber Lehre entwickelter Hochkultur, geistige Progression aus. Diese Progression trägt im Iran ganz den Stempel der Nomadenabwehr, wie wir oben zeigten. Hingegen sind die Lehren der entwickelten Hochkulturen Indiens und Chinas von der iranischen Dichotomie nicht geprägt, sie sind ihrem Gehalt nach von außen induzierte innere Progression der hochkulturellen Ackerbaugesellschaft selbst, die sich, was China betrifft, nach dem Einbruch der Zhou konsolidierte. Jedoch sind es gerade auch die entwickelten Hochkulturen Indiens und Chinas, die später von den Pferdenomaden und noch später von deren strukturellen Nachfolgern, den Westimperialisten, überfallen und in ihrer Entwicklung zurückgeworfen werden.

Pferdenomadismus 2. Phase: Reiternomadismus
Die in den eurasischen Steppen verbliebenen Pferdenomaden lebten weiterhin teilsepariert von den Ackerbaukulturen. Sobald sie schließlich als Reiter, die vom Pferd weg mit dem Bogen zu schießen verstanden, den Seßhaften wiederum militärisch überlegen wurden, tauchten sie am Horizont der entwickelten Hochkulturen auf.[31]

b) Schwächung der entwickelten Hochkulturen durch Mongolensturm und türkische Okkupation (Ostimperialismus)
In Eurasien bildete sich aus dem Pferdenomadismus der Reiternomadismus

heraus. Die Hunnen (Xiongnu) erschienen am Horizont. Sie berannten zuerst China, beeinflußten dort die ab -221 abgeschlossene Reichseinigung und den Bau der Großen Mauer. Später wandten sie sich nach dem westlichen Mittelasien und dem entfernteren Westen. Hier setzten sie die iranisch-slawisch-germanische Völkerwanderung in Bewegung. Diese zertrümmerte den Westteil des Römischen Reiches, da der Limes 283 zerbrach und auch die Grenze am Oberrhein und Hochrhein 405 von Rom nicht mehr gehalten werden konnte. Nach mehreren anderen Reiterstürmen (u.a. Awaren, Ungarn) überrannte im 13. Jahrhundert eine neue Föderation von Reiternomaden, die Mongolen, die Große Mauer und überwältigte China. Bald gingen die persische Kultur und das Zentrum der arabischen Kultur Mittel- und Westasiens durch die Mongolen in Flammen auf. Der mongolische Ritt nach Mitteleuropa hingegen wurde trotz der Erfolge bei Liegnitz und im Vorfeld von Wien abgebrochen wegen des Todes von Großkhan Ügedei. Die Mongolen hatten sich vorgenommen, ,,bis zum letzten Meer", dem Atlantik, durchzustoßen.[32] Das Kiewer altrussische Reich wurde zerstampft. Zwei Jahrhunderte mußte sich Rußland unter dem Joch der Mongolen ducken.[33] Im Norden griff der Deutsche Orden das von den Mongolen bedrängte Rußland an. Indien geriet unter die Herrschaft türkisch-mongolischer Kräfte, die auf dem Weg über Kabul kamen. Die Auslöschung Griechenlands durch die Türken ist beim nächsten Gliederungspunkt einzuordnen.

Wenn es auch den entwickelten Hochkulturen schwerfiel, progressive Ethik zu verwirklichen, so bemühten sie sich doch darum. Die Erfolge der Mongolen und Türken waren für die Hochkulturwelt eine Katastrophe. Die Reiternomaden schufen die Umstände, aus denen die Bruchzeit nach 1500 hervorging. Mongolensturm und türkische Okkupation verwüsteten die bedeutendsten Gebiete der entwickelten Hochkulturen Eurasiens. Dadurch und durch eindringliche Anwendung der chinesischen Erfindungen erhielt der Westimperialismus freie Bahn: Amerika wurde überwältigt, Millionen von Schwarzen wurden nach Amerika verfrachtet und versklavt, Indien wurde ausgebeutet, China wurde durch Opium zersetzt. Auf dieser Basis kam es zum ideologischen Bruch und zum materiellen Bruch, der Industriellen Revolution. Daraus entstand die ,,moderne Gesellschaft".

c) Überwältigung Amerikas, Versklavung der Schwarzen, Ausbeutung Indiens, Zersetzung Chinas (Westimperialismus/Kolonialismus)[34]
,,Unser großes Land ist kein Tierschutzgebiet für schmutzige Wilde."
(Theodore Roosevelt)
Es rückte die Stunde des bis dahin (mit Ausnahme von Andalusien) ökonomisch wenig entwickelten und abseits gelegenen Westeuropa näher. Als die Türken auf den Balkan übersetzten (1354), war auch die Macht Griechenlands, dem zuvor die Kreuzfahrer zugesetzt hatten, endgültig gebrochen.[35] Westeuropa schickte sich an, das Erbe Griechenlands, der Perser und Araber und sogar Indiens und Chinas anzutreten, beginnend auf der Iberischen Halbinsel.[36] Durch

die Unterwerfung und Ausbeutung Amerikas, wozu die Verschiffung von Millionen Schwarzafrikanern als Sklaven dorthin gehört, gewann es die Übermacht auch in der Alten Welt und meinte schließlich über die entwickelten Hochkulturen, einschließlich derer Indiens und Chinas, zu triumphieren. Die für die Weltgeschichte so folgenreiche mit den Hunnen einsetzende freibeuterische Dynamik wechselte also vom Osten nach dem Westen, 1. Phase Spanien, Portugal, 2. Phase Niederlande, England. Die westeuropäischen Freibeuter seit dem 16. Jahrhundert benutzten vornehmlich nicht Pferde, sondern Schiffe, ein Ergebnis ihrer geographischen Lage. ,,Reitervölker sind im soziologisch-psychischen Habitus ... identisch mit seefahrenden Völkern" aufgrund ihrer Bodengelöstheit.[37] Doch die entwickelten Hochkulturen konnten weder von den Mongolen und Türken noch von den Briten dauerhaft oder überhaupt einverleibt werden. Im ganzen zeigten die entwickelten Hochkulturen gegen die westeuropäischen Freibeuter eine Resistenz, wie sie sie schon gegen die Mongolen und Türken erwiesen hatten.

Hunnen, Mongolen, Türken und Übersee-Freibeuter sind ansonsten ungleich. Der Unterschied zu den westlichen Übersee-Freibeutern liegt vor allem darin, daß die westlichen Länder, bevor die Freibeuter obenauf kamen, schon selber einige Zeit entwickelte Hochkulturen gewesen waren; sie regredierten aber dann und scherten aus dem entwickelten hochkulturellen Band wieder aus. Die christliche Ethik, die sich diese Länder ein Stück weit angeeignet hatten, wurde ins Ghetto gedrängt, ohne daß bisher eine andere entwickelte hochkulturelle Ethik an ihre Stelle getreten wäre. Ein zweiter Unterschied besteht darin, daß die Westfreibeuter in der 2. Phase (Niederlande, England, Frankreich) exzessiv im Gewerbe akkumulierten, woraus schließlich die Industrielle Revolution, der größte materielle Bruch in der bisherigen Weltgeschichte, resultierte.

Der Boden für das Westfreibeutertum und seine Sklaverei wurde durch die Sklavenhaltergesellschaften des Mittelmeerraumes, besonders durch das Römische Imperium und schließlich unmittelbar durch die Kreuzzüge, die Reconquista und das italienische Handelskapital bereitet. Vorgeschichte des mongolisch-türkischen Freibeutertums ist die ganze Geschichte der Reiternomaden. Opfer des mongolisch-türkischen Imperialismus waren Chinesen, Russen, Iraner, Araber, Inder und andere; Opfer des 500jährigen Reiches des überseeischen Westimperialismus waren Dutzende von Kulturen und Völkern, besonders Indianer[38], Neger, Inder und Araber. In China und Indien verzahnten sich türkisch-mongolisch-tungusischer[39] Imperialismus und Westimperialismus. Weil sie bereits unter türkisch-mongolischer bzw. tungusischer Fremdherrschaft standen, konnten die Westimperialisten auch dieser großen Länder habhaft werden. Es war in Indien zuletzt die türkische Fremdherrschaft der Moguln, in China die tungusische Fremdherrschaft der Mandschu.

d) Funktionalisierte Naturerkenntnis und Naturunterwerfung
Der Praxis exzessiv ausbeutender Weltherrschaft Westeuropas über Menschen und Güter anderer Kulturen verband sich die Idee der Unterwerfung und exzes-

siven Ausbeutung der Natur. Programmatisch formulierte sie Francis Bacon (1561-1626). Er bezeichnet die Natur als etwas ethisch Indifferentes, Äußerliches, das auf die Folter gelegt und zerschnitten werden kann. Zunächst durch das Experiment.[40] Objekte solchen experimentierenden Folterns und Zerschneidens sind u.a. die Tiere. Die Natur wird Element eines maschinellen Prozesses. Wolfgang Krohn erläutert: Bacon sieht die Natur als ein Lager von Materialien und Waren. Der Tischler oder Tuchhändler vertraut darauf, daß die Natur sie weitgehend umsonst beliefert, und sie rechnen sich und ihre Handlungen dieser Natur nicht zu. Dieser Gegensatz von Handlungssubjekt und Natur ist von Bacon und schärfer später von Descartes philosophisch formuliert worden und hat zu der Entzauberung der Natur geführt, die eine Voraussetzung für die industrielle Entwicklung ist. Der Mensch handelt zwar in die Natur hinein und er ist auch von ihr abhängig - aber er ist kein Teil von ihr. Zumindest als intelligentes Wesen ist er ihr enthoben. Bacons Trennung zwischen dem herrschenden Subjekt und der beherrschten objektiven Realität, die keine ethischen Rücksichten verlangt, hat dazu geführt, die Natur als ein Waren- und Materiallager zu betrachten. ,,Bleiben wir bei dieser Sicht der Dinge, finden wir uns unversehens als Objekte in den Lagerhallen wieder."[41]

Wenig später reduziert das Denken von René Descartes (1596-1650) die Natur auf eine Ausdehnung im Raum, der lebendige Organismus ist seinem Denken zufolge eine Maschine.

e) Industrieller Umsturz: Funktionalisierung der Menschen in Produktion und Konsum

Gleichfalls in Britannien kam - gegen die christliche Ethik - eine Gesellschaftslehre auf, die egoistische Durchsetzung von Interessen im Verkehr der Menschen untereinander billigte und förderte (Hobbes 1588-1679, Locke 1631-1704, Hume 1711-1776, Smith 1725-1790). Koloniale Ausbeutung, Ausbeutung der heimischen Arbeitskraft und exzessive Naturausbeutung zusammen trieben Britannien schließlich in die Industrielle Revolution.

Das Faktum des industriellen Umsturzes brauchen wir nicht zu belegen. Karl Marx analysierte die Folgen dieses Umsturzes unter den Bedingungen des ideologischen Bruches für die gesellschaftliche Entwicklung und die Persönlichkeitsentwicklung (zunehmende Entfremdung). Die ökologischen Folgen hemmungslosen Produzierens und Konsumierens werden heute deutlich sichtbar. Strukturfunktionalismus und Rollentheorie versuchen, diese Erkenntnisse positivistisch stillzulegen und die Funktionalisierung der Menschen in Produktion und Konsum als ,,normal" deswegen hinzustellen, weil sie nun einmal hervorgebracht werden und die Systeme erhalten. Ideologische Wegbereiter von Strukturfunktionalismus und Rollentheorie sind die Soziologen Auguste Comte (1798-1857) und Herbert Spencer (1820-1903).

Strukturfunktionalismus

Die Benennung „Strukturfunktionalistische Soziologie" bezieht sich auf die Eigentümlichkeit, für Strukturen bestimmte Funktionen zu setzen und Handlungen nach Funktionalität oder Dysfunktionalität zu beurteilen, das heißt der Verzicht auf die Frage nach der Kausalität, nach den Ursachen, nach dem Zustandekommen.

Ursache und Wirkung ist ein Wechselverhältnis zwischen zwei Erscheinungen, wobei die eine Erscheinung stärker, die andere schwächer ist. Das Bewirkende ist die Ursache, das Bewirkte ist die Wirkung. Demgegenüber tritt im Strukturfunktionalismus die Struktur als „Ursache" von Funktionen auf bzw. die Funktionen sind Funktionen einer bestimmten Struktur, erfüllen Zwecke, Aufgaben, leisten etwas für sie. Die Struktur „verursacht" Funktionen. Umgekehrt halten die Funktionen die Struktur aufrecht.

Führender Theoretiker dieser Richtung ist der US-Amerikaner Talcott Parsons.

Rollentheorie

Der in der Soziologie und anderen Wissenschaften verwendete Begriff der sozialen Rolle stammt von Ralph Linton (The Study of Man, 1936). Mit diesem Begriff wird der Mensch segmentiert, die ganzheitliche Persönlichkeit als Subjekt, die den Humanismus kennzeichnet, wird zerstückelt. Es handelt sich um eine Widerspiegelung der wirklichen Zerstückelung im Prozeß der „modernen Gesellschaft".[42] Durch die Rolle wird Systemintegration erreicht, auf diese Weise werden die Menschen funktionalisiert. Man muß sie dazu bringen, sich nicht historisch-ethisch, sondern vom jeweils herrschenden System bestimmen zu lassen.

Das früheste dieser Konstrukte ist das des homo oeconomicus, das Konstrukt eines, wie es im Lexikon heißt, „nach rein wirtschaftlichen Prinzipien handelnden Menschen". In Wirklichkeit handelt der Mensch dieses Konstruktes freilich nicht nach wirtschaftlichen Prinzipien, sondern nach Profitprinzipien. Hier begründet und erhält die Eigensucht das System, weil jeder erkennen muß, daß er für die Verfolgung seiner Eigensucht ein System benötigt, das ihm diese ermöglicht.

Umgekehrt läuft es beim „homo sociologicus", beim Rollenspieler, der tun muß, was die Rollenerwartungen ihm anmuten, der dadurch angeblich sozialisiert, in Wirklichkeit aber funktionalisiert wird auf bestimmte Verhältnisse hin. In praxi dient die Rollentheorie der Kanalisierung der Individuen auf Streß-Produktion und Konsum-Freizeit hin. Rollenhandeln ist funktionalisiertes Handeln, das der Anpassung der Individuen an das jeweilige System dient. Die den Menschen auf Rollen funktionalisierende Soziologie „ist zu einer durchaus inhumanen, amoralischen Wissenschaft geworden".[43]

Strukturfunktionalismus und Rollentheorie sind soziologische Theorien, die einer progressiv ethisch geprägten Persönlichkeit keinen Raum gewähren. An

Stelle einer ethisch geprägten Persönlichkeit ist bei Parsons ein triebbestimmter und normengeleiteter Reaktionsautomat eingesetzt. Das Individuum ist Objekt der Gesellschaft. Im Ansatz von Dahrendorf werden Gesellschaft und Individuum getrennt, so daß auch hier keine ethisch geprägte Persönlichkeit vorkommt, sondern ein isoliertes, verlorenes Individuum, das der Gesellschaft und Gemeinschaft ziemlich feindlich gesonnen ist.[44]

Strukturfunktionalismus und Rollentheorie sind in ihrer Hauptaussage ein Abbild des frühchinesischen Legismus: Der einzelne hat zu funktionieren. Dies wird durch die Mechanik von Lohn und Strafe erreicht. Bildung und Sittlichkeit sind dazu nicht erforderlich, nur Gesetzesgehorsam. Es spielen daher nicht die Philosophen-Literaten oder die Geistlichen die erste Geige, sondern die Juristen.[45]

Kritik aus buddhistischer Sicht
Vom Standpunkt des Buddhismus beurteilt Edward Conze die Funktionalisierung wie folgt: Das Ansehen, welches der naturwissenschaftliche Ansatz unter unseren modernen Philosophen genießt, scheint mir gänzlich auf dem Anwendungsaspekt zu beruhen. Wenn ein Philosoph versichert, daß alles uns zugängliche, ,,reale" Wissen den Naturwissenschaften zuzuschreiben sei; daß allein die exakten Wissenschaften uns ,,Nachrichten über das Universum" liefern - was kann ihn zu einem derartigen Glauben geführt haben? Was ihn blendete, waren zweifellos die praktischen Ergebnisse, der enorme Machtzuwachs, welcher auf dem durch die Naturwissenschaften herausgebildeten spezifischen Wissenszweig beruht. Was wären denn all diese wissenschaftlichen Theorien ohne jene praktischen Konsequenzen? Seifenblasen, ein Zeitvertreib für Mathematiker, die sonst nichts weiter zu tun haben, ein Vexierbild wie die *Alice im Wunderland.* Die Naturwissenschaften haben in letzter Zeit beträchtliche Veränderungen im materiellen Universum bewirkt. Die Denkmäler der Wissenschaft, obwohl keineswegs ,,dauernder als Erz", sind dennoch recht eindrucksvoll: zugemauerte Landstriche, zahllose Maschinen von erstaunlicher Leistungsfähigkeit, beschleunigter Verkehr, massenhaft ausgerottete Tiere, verkürzte Krankheiten, verzögerter oder beschleunigter Tod und so weiter. Diese wissenschaftliche Methode ,,klappt" offensichtlich, wenn auch nicht in dem Sinne, daß sie uns mehr ,,Stille" beschert - weit entfernt davon! Ihre Leistung besteht lediglich darin, die Kontrollgewalt des ,,Menschen" über seine ,,materielle Umwelt" zu vergrößern, und das ist nun etwas, was die yogische Methode nicht einmal ansatzweise angestrebt hat. Die naturwissenschaftliche Technik verspricht tatsächlich schrankenlose Macht, und zwar schrankenlos in dem Sinne, daß sie ihrem eigenen Siegeszug weder sittliche noch sonstige Grenzen setzt. Naturwissenschaftlich orientierte Philosophen mit ihrem erbarmungslosen Willen zu unumschränkter Macht und ihrer Mißachtung aller Dinge außer dem vermeintlichen Komfort der Menschheit vermögen unter den unzähligen Aspekten des Universums lediglich jene zu erkennen, welche sich mit ,,wissenschaftlichen" Methoden erschließen lassen.

Sie sind auerstande, zu beweisen oder auch nur annähernd schlüssig nahezulegen, daß dieser kleine Bruchteil der Wahrheit über die Realität ausgerechnet das sein soll, was sich am meisten zu wissen lohnt. Unter den unermelichen Möglichkeiten des menschlichen Denkvermögens heben sie lediglich jene hervor, die in der modernen technischen Zivilisation Überlebenschancen besitzen. Nicht nur wird bloß ein Bruchteil des menschlichen Geistes angesprochen, es fragt sich vielmehr auch, ob dies dessen wertvollster Aspekt ist, zumal wenn wir unsere häßlichen, lärmenden und rastlosen Städte betrachten oder beobachten, wie sich der Umgang mit Maschinen auf die Arbeiter und der Umgang mit wissenschaftlichem Gerät auf die Forscher auswirkt.[46]

Abschließende Feststellungen
Max Weber sieht den Funktionalisierungsprozeß des Kapitalismus als Rationalisierungsprozeß und wirft den entwickelten Hochkulturen Chinas und Indiens vor, sie hätten das Zustandekommen eines solchen Prozesses bei sich verhindert.[47] Im Anschluß daran geht Ogburn vom ökonomisch-technischen Prozeß des Kapitalismus aus und verlangt in seiner Theorie des ,,cultural lag" von den entwickelten Hochkulturen, sich diesem unterzuordnen.[48] Bei dieser Betrachtungsweise wird der Kausalvorrang ,,ganz selbstverständlich, methodologisch höchst unbefangen, den technisch-naturwissenschaftlichen Umformungskräften ... zugeschrieben".[49] Folge des historischen Bruches ist die fast totale Funktionalisierung der Menschen in Produktion und Konsum und sind in dessen Folge u.a. exzessive Kriminalitätsraten.

2.2 Die grundlegende Kritik Chinas an der ,,modernen Gesellschaft"
Diese Kritik wird aus Konfuzianismus, Daoismus und Buddhismus gespeist (siehe dort). Trotz Opiumkrieg und Entzünden des Bürgerkriegs konnte China nicht auf die Linie der Westimperialisten gezwungen werden. - Japan dagegen wurde 1853/54 durch die USA-Flotte gezwungen, das Land dem Einfluß der USA auszusetzen und wurde in dessen Folge selbst vorübergehend eine von westimperialistischen Motiven geleitete Macht. Inzwischen versteht es sich wieder mehr und mehr als asiatisches Land, das die ,,moderne Gesellschaft" kritisiert.[50]

2.3 Deutsche Gesellschaftstheoretiker zum Abdriften der ,,modernen Gesellschaft" von der Weltkultur
Die neuere gesellschaftswissenschaftliche Kritik am westlichen Imperialismus ging als erstes von Deutschland aus.[51] Die Kritik deutscher Theoretiker am ,,Sonderweg" des Westens richtet sich gegen die Trennung von Ökonomie, Recht usw. von der Ethik.

a) Immanuel Kant: Eroberndes Besuchen[52]
,,Bei den handeltreibenden Staaten unseres Weltteils geht die Ungerechtigkeit,

die sie in dem Besuche fremder Länder und Völker (welches ihnen mit dem Erobern derselben für einerlei gilt) beweisen, bis zum Erschrecken weit. Amerika, die Negerländer, die Gewürzinseln, das Cap etc. waren bei ihrer Entdeckung für sie Länder, die keinem angehörten; denn die Einwohner rechneten sie für nichts. In Ostindien (Hindustan) brachten sie unter dem Vorwande bloß beabsichtigter Handelsniederlagen fremde Kriegsvölker hinein, mit ihnen aber Unterdrückung der Eingebornen, Aufwiegelung der verschiedenen Staaten desselben zu weit ausgebreiteten Kriegen, Hungersnot, Aufruhr, Treulosigkeit, und wie die Litanei aller Übel, die das menschliche Geschlecht drücken, weiter lauten mag. China und Japan, die den Versuch mit solchen Gästen gemacht hatten, haben daher weislich, jenes zwar den Zugang, aber nicht den Eingang, dieses auch den ersteren nur einem einzigen europäischen Volk, den Holländern, erlaubt."[53]

b) Johann Gottfried Herder: Kaufleute und Räuber
Herder sagt, China und Indien betreffend, keins habe andere Welten aufgesucht, um sie als ein Postament ihrer Größe zu gebrauchen. „Der auswärtige chinesische Handel ist ganz ohne Unterjochung fremder Völker."[54] Diese Länder, auch Japan, hätten sich „den unleugbaren Vorteil verschafft, ihr Inneres desto mehr nutzen zu müssen, weil sie es weniger durch äußeren Handel ersetzen". Die Westeuropäer „dagegen wandeln als Kaufleute oder als Räuber in der ganzen Welt umher ...". Die westlichen Staatskörper, „sind also Tiere, die, unersättlich am Fremden, Gutes und Böses, Gewürze und Gift, Kaffee und Tee, Silber und Gold verschlingen ...".[55] Schließlich: „Was ... ist von der Kultur zu sagen, die von Spaniern, Portugiesen, Engländern und Holländern nach Ost- und Westindien, unter die Neger nach Afrika, in die friedlichen Inseln der Südwelt gebracht ist? Schreien nicht alle diese Länder mehr oder weniger um Rache? Um so mehr um Rache, da sie auf eine unübersehliche Zeit in ein fortgehend wachsendes Verderben gestürzt sind."[56]

c) Oswald Spengler: Raubstaaten
Oswald Spengler spricht von den Westfreibeutern als „Barbaren" und „Raubstaaten". Als sie die altamerikanischen Kulturen vernichteten, befanden sie sich nach Spengler „etwa auf der Stufe, welche die Maya um 700 schon überschritten hatten".[57] Aber sie hatten die schlimmeren Waffen. So wurde die altamerikanische Kultur „das einzige Beispiel für einen gewaltsamen Tod. Sie verkümmerte nicht, sie wurde nicht unterdrückt oder gehemmt, sondern in der vollen Pracht ihrer Entfaltung gemordet, zerstört wie eine Sonnenblume, der ein Vorübergehender den Kopf abschlägt."[58]

d) Alfred Weber: Großkapitalistischer Weltaufbau
Alfred Weber weist auf den großen Gegensatz „zwischen den in ihrer Substanz unversehrt bleibenden Hochkulturgebieten der östlichen Hemisphäre und dem

tatsächlichen Offenliegen der übrigen drei Erdteile gegenüber der Willkür europäischer Expansion" hin.[59] Westeuropa will - und tut es - die Welt „politisch unterwerfen, zivilisatorisch angliedern und wirtschaftlich verwerten. Erddomestikation!"[60] Diese erreicht umwälzende Auswirkung im 19. Jahrhundert durch den „großkapitalistischen Weltaufbau". Bei der Erddomestikation wird es üblich, „dort wo die Eingeborenen lieber auf Fortpflanzung verzichteten als sich in die Zwangsarbeit der Bergwerke und Plantagen zu fügen, sie durch vor allem in Westafrika zusammengetriebene kräftige Neger zu ersetzen".[61] So gelangte man dazu, im neuen Kontinent einen schwarzen Sklavengürtel anzulegen. 1562 hatten die Engländer als Lieferanten der Spanier und Portugiesen damit den Anfang gemacht. Afrika wurde durch die Jahrhunderte dauernden Negerjagden in seinem Westen entleert und ruiniert. „Geschäft ging über alles." Die Imperialisten hatten sich nicht gescheut, „alte Kulturen zu zerstören, die Welt auszuplündern und sie in ihrer gewachsenen ethnischen Zusammensetzung in Unordnung zu bringen".[62]

Die Schule Alfred Webers bemerkt, daß bis +1500/1600 der Zivilisationsprozeß gebunden bleibt. Erst danach erfolge die technische Überwältigung des natürlichen Daseins. Von da an trete an die Stelle der Natureinfügung die Erdbeherrschung, deren „Träger das sich ausdehnende Abendland wird"[63]. Hier wird der technische Fortschritt entfesselt. „Sozialstrukturell entstehen hierdurch Gebilde von mächtiger Eigenentwicklung ..., der Kapitalismus und der mit ihm verbündete absolute Staat."[64] Ergebnis ist die Gefahr des „vierten Menschen" in der Geschichte, eines Menschen, der technisiert, funktionalisiert ist. Der Zivilisationsprozeß ist übermächtig geworden und wird von der Kulturentwicklung nicht mehr erfaßt.

e) Alexander Rüstow: Ein Schandfleck der Geschichte

„Ein kriegstechnisches Machtgefälle gleich dem der ersten altweltlichen Überlagerungen führte zu gleichen soziologischen Folgeerscheinungen, nur daß die zügellose Bestialität der Conquistadoren mit ihrem christlichen Bekenntnis und ihrer abendländischen Kultur denkbar schneidend kontrastierte. Zur Selbstrechtfertigung bestritt man zunächst geradezu, daß die Unterworfenen und Vergewaltigten überhaupt Menschen seien und eine Seele hätten. ... Alles in allem ist das halbe Jahrtausend des abendländischen Kolonialimperialismus ein blutiger Schandfleck auf der Geschichte der Menschheit, eine ununterbrochene Kette schwerster Verbrechen gegen die Menschlichkeit, eine Kette, die auch in unserem 20. Jahrhundert noch keineswegs abriß."[65]

In jüngster Zeit ist das Abdriften der „modernen Gesellschaft" besonders von ökologischen Denkern analysiert worden. Hier sind auswahlweise zu nennen: Friedrich Georg Jünger[66], Ernst Jünger[67], Günter Anders[68], Stefan Breuer[69], Herbert Gruhl[70].

2.4 Dostoevskij zum Abdriften der „modernen Gesellschaft" von der Weltkultur

Aus dem „Versuch über den Bourgeois", auf den wir unter „Wertkonservative Entwürfe in Europa" kurz verweisen werden („Winteraufzeichnungen über Sommereindrücke")[71], sind hier ausführliche Passagen wiederzugeben.

Versuch über den Bourgeois

„Ein Vermögen anzuhäufen und möglichst viele Sachen zu besitzen - das ist heute das wichtigste Moralgesetz, der Katechismus der Pariser. Das hat es auch früher gegeben, doch jetzt, jetzt hat das ein sozusagen sakrosanktes Ansehen. Früher hat man doch außer dem Geld auch noch irgend etwas anderes anerkannt, so daß ein Mensch, auch wenn er kein Geld, dafür aber andere Qualitäten besaß, immer noch mit einem gewissen Respekt rechnen konnte, jetzt aber - keine Spur! Jetzt heißt es, Geld zusammensparen und sich möglichst viele Sachen anschaffen, dann kann man damit rechnen, wenigstens einigermaßen für voll genommen zu werden. Und nicht nur die Achtung der anderen, nein, auch Selbstachtung ist nur auf diese Weise zu erlangen. Der Pariser hält sich für keinen Sou wert, wenn er weiß, daß seine Taschen leer sind, und zwar mit vollem Bewußtsein auf Ehre und Gewissen und mit der größten Überzeugung. Man macht Ihnen die unglaublichsten Zugeständnisse, wenn Sie nur Geld haben. Ein armer Sokrates hingegen ist nur ein dummer und schädlicher Schönredner und wird höchstens auf der Bühne respektiert, weil der Bourgeois im Theater noch immer gern die Tugend hochleben läßt...

Liberté, égalité, fraternité. Nicht schlecht. Und was ist das, liberté? Freiheit. Welche Freiheit - die gleiche Freiheit für jedermann, im Rahmen der Gesetze alles zu tun, wozu er Lust und Laune hat? Wann kann man alles tun, wozu man Lust und Laune hat? Wenn man eine Million hat. Bekommt jedermann von der Freiheit eine Million? Nein. Was ist der Mensch ohne diese Million? Ein Mensch ohne Million ist nicht der, der alles tut, wozu er Lust und Laune hat, sondern einer, mit dem andere machen, wozu sie Lust und Laune haben. Was folgt daraus? Daraus folgt, daß es außer der Freiheit noch die Gleichheit gibt, und zwar die Gleichheit vor dem Gesetz. Von dieser Gleichheit vor dem Gesetz läßt sich nur eines sagen: Daß sie in der Form, in der sie jetzt praktiziert wird, von jedem Franzosen für eine persönliche Beleidigung gehalten werden kann und muß. Was bleibt also von der Formel? Die Brüderlichkeit. Das aber ist der allerkurioseste Punkt und stellt, wie man zugeben muß, bis heute im Westen den wichtigsten Stein des Anstoßes dar. Die Menschen im Westen sprechen von der Brüderlichkeit als von einer großen die Humanität befördernden Kraft, und sie ahnen nicht einmal, daß die Brüderlichkeit nirgends zu holen ist, wenn sie nicht in Wirklichkeit vorhanden ist. Was tun? Man muß also um jeden Preis Brüderlichkeit schaffen. Doch da stellt sich heraus, daß man Brüderlichkeit nicht schaffen kann, weil sie sich selbst schafft, weil sie gegeben wird, weil sie in der Natur vorhanden ist. In der französischen Natur auch wie überhaupt in der westlichen Natur erwies sie sich als nicht vorhanden, was aber vorhanden war, das war das individualistische Prinzip, das Prinzip des Einzelgängers, der gesteigerten Selbsterhaltung, der Selbstsucht, der Selbstbestimmung in seinem eigenen Ich, das Prinzip, dieses Ich der ganzen Natur und allen übrigen Menschen als ein autarkes, abgesondertes Element entgegenzustellen, das allem, was außer ihm existiert, vollkommen gleichberechtigt und gleichwertig gegenübersteht. Nun, aus einer solchen Selbstabsonderung konnte keine Brüderlichkeit hervorgehen. Warum? Weil im Falle der Brüderlichkeit, der wahren Brüderlichkeit, nicht der Einzelne, nicht das Ich sein Recht auf Gleichwertigkeit und Gleichgewichtigkeit gegenüber allem übrigen verfechten darf, sondern dieses übrige von sich aus zu dieser ihr Recht fordernden Persönlichkeit, zu diesem einzelnen Ich kommen und es von sich aus, ohne daß es darum gebeten wird, als gleichwertig und gleichberechtigt mit sich selbst, das heißt mit allem übrigen, das es auf der Welt gibt, anerkennen müßte. Damit nicht genug: Diese rebellierende und fordernde Persönlichkeit müßte vor allem ihr ganzes Ich, ihr ganzes Selbst der Gesellschaft aufopfern und nicht nur ihr Recht nicht fordern, sondern es der Gesellschaft bedingungslos überantworten. Doch die Persönlichkeit im Westen ist einen solchen Lauf der Dinge nicht gewöhnt: Sie erhebt Forderungen und kämpft für sie, sie verlangt ihr Recht, sie ruft nach Teilung - und so ist es denn nichts mit der Brüderlichkeit. Die freiwillige, vollkommen bewußte und durch niemanden erzwungene Selbstaufgabe ihres ganzen Selbst zum Wohle aller ist meiner Meinung nach ein Kennzeichen der höchsten Entwicklung der Persönlichkeit, ihrer größten Kraft, ihrer größten Selbstbeherrschung, der höchsten Willensfreiheit. Freiwillig sein Leben für alle hingeben, für alle den Kreuzestod auf sich nehmen, auf den Scheiterhaufen gehen, das kann nur eine ganz stark entwickelte Persönlichkeit ... Was soll denn der Sozialist machen, wenn in den Menschen des Westens nicht das brüderliche Prinzip lebendig ist, sondern ganz im Gegenteil das singuläre, individuelle Prinzip, das sich ununterbrochen absondert und mit dem Schwert in der Hand sein Recht fordert?"[72]

Dennoch denkt Dostoevskij an die Heimkehr des Westens nach Eurasien. Im „Tagebuch eines Schriftstellers" überlegt er:

„Der in Europa schon längst ohne eine Kirche und ohne Christum aufgebaute Ameisenhaufen (denn die Kirche hat dort überall ihr Ideal verloren und sich in einen Staat verwandelt), dieser Ameisenhaufen mit der zerrütteten Grundlage, die alles Allgemeine und alles Absolute verloren hat, ist ganz unterwühlt... Schon die seit langem bestehende unnatürliche politische Lage der europäischen Staaten kann der Anfang von allem sein. Wie könnte ihre Lage auch natürlich sein, wenn das Unnatürliche seit Jahrhunderten ihre Grundlage bildet? Es geht doch nicht, daß ein winziger Teil der Menschheit die ganze übrige Menschheit wie Sklaven beherrsche; aber alle bürgerlichen (schon längst nicht mehr christlichen) Einrichtungen Europas, das nun vollkommen heidnisch ist, haben doch ausschließlich diesen Zweck verfolgt. Diese Unnatürlichkeit, diese 'unlösbaren' politischen Fragen müssen unbedingt zu einem endgültigen entscheidenden politischen Kriege führen, in den alle verwickelt sein werden..."[73]

2.5 Gandhi zum Abdriften der „modernen Gesellschaft" von der Weltkultur

Gandhi sagt zum Abdriften der „modernen Gesellschaft" zusammenfassend:

„1. Es gibt keine unüberwindliche Schranke zwischen Ost und West.

2. So etwas wie eine westliche oder eine europäische Zivilisation gibt es nicht, sondern es gibt nur diese moderne Zivilisation, die rein materialistisch ist.

3. Bevor die Leute in Europa von der modernen Zivilisation berührt wurden, hatten sie sehr viel gemeinsam mit den Leuten im Osten; jedenfalls sind die Europäer, die noch nicht von der modernen Zivilisation berührt sind, viel eher fähig, mit den Indern in Kontakt zu kommen, als die Sprößlinge dieser modernen Zivilisation.

4. Es ist nicht das britische Volk, das Indien regiert, sondern es ist diese moderne Zivilisation ...

6. Wenn die britische Herrschaft morgen durch eine indische Herrschaft ersetzt würde, die auf diesen modernen Methoden aufbaut, dann wäre Indien um kein Haar besser, außer daß es etwas von dem Geld, das nun nach England fließt, zurückbehalten könnte, aber Indien wäre dann nur ein zweit- oder fünftrangiges Land, das Europa oder Amerika nachahmt.

7. Ost und West könnten sich wirklich begegnen, wenn der Westen die moderne Zivilisation, so ziemlich in ihrer Gänze, über Bord werfen würde. Sie können sich - scheinbar nur! - auch begegnen, wenn auch der Osten die moderne Zivilisation angenommen hat, aber diese Begegnung wäre nur ein bewaffneter Waffenstillstand."[74]

Gegen Nehru: „Pandit Nehru möchte Industrialisierung, weil er glaubt, daß wenn sie spezialisiert werde, sie von den Übeln des Kapitalismus frei sein würde. Meine eigene Meinung ist, daß die Übel zum Inbegriff des Industrialismus gehören, und keinerlei Sozialisierung kann sie beseitigen. Gott möge verbieten, daß Indien je Industrialisierung nach der Art des Westens übernimmt. Der wirtschaftliche Imperialismus eines einzelnen winzigen Inselreiches hält die Welt heute in Ketten. Wenn eine ganze Nation von 300 Millionen ähnliche wirtschaftliche Ausbeutung praktizieren würde, würde sie die Welt wie die Heuschrecken kahl fressen."[75]

Der Westen muß umkehren: „Man kann nur hoffen, daß Europa aufgrund seines feinen und wissenschaftlichen Verstandes das Offenkundige sehen, seine eigenen Fußstapfen zurückverfolgen und aus der demoralisierenden Industrialisierung einen Ausweg finden wird. Es wird nicht unbedingt eine Rückkehr zur alten absoluten Einfachheit sein. Aber es wird eine Neuordnung sein, in der das Dorfleben vorherrschend sein wird und in der brutale materielle Kraft der geistigen Kraft untergeordnet sein wird."[76]

„Es ist meine feste Überzeugung, daß das heutige Europa nicht den Geist Gottes oder des Christentums verwirklicht, sondern den Geist Satans. Und Satan hat den größten Erfolg, wo er mit dem Namen Gottes auf den Lippen erscheint. Europa ist heute nur dem Namen nach christlich. In Wirklichkeit betet es den Mammon an. 'Es ist leichter, daß ein Kamel durch ein Nadelöhr gehe, denn daß ein Reicher ins Reich Gottes komme.' Das sind in Wirklichkeit die Worte Jesu Christi. Seine sogenannten Anhänger bemessen ihren moralischen Fortschritt nach ihrem materiellen Besitz. Schon die englische Nationalhymne ist antichristlich. Jesus, der von seinen Anhängern verlangte, daß sie ihre Feinde lieben wie sich selbst, hätte nicht miteinstimmen können in die Verse: 'Verdirb unsere Feinde, mach' ihre schlimmen Pläne zuschanden!'"[77]

2.6 Der islamische Soziologe Schariati zum Abdriften der ,,modernen Gesellschaft" von der Weltkultur

Neben Ibn Khaldun (1332-1406) ist Ali Schariati (1933-1977) der bedeutendste islamische Soziologe.

,,Wie lauten die Parolen? Befreiung des Menschen von den Zwängen der himmlischen Vorbestimmung, Befreiung der Vernunft von der Herrschaft der religiösen Meinungen, Säuberung der Wissenschaft von scholastischen Dogmen, Hinwendung zur Erde und Aufbau des verheißenen Paradieses auf Erden. Welch aufregende Parolen! Freiheit der Vernunft, Geleitetsein von der Wissenschaft und das Paradies an Ort und Stelle. Nun, mit welchen Mitteln soll dieses Paradies auf Erden aufgebaut werden? Durch Kolonisierung der Völker, Ausbeutung der Menschen und mit Hilfe der wissenschaftlichen Technik, d.h. durch Wissenschaft und Kapital. Die Wissenschaft wurde vom Joch der Religion befreit und in den Dienst der Macht gestellt. Der Gebrauch der Maschine als Produktionsmittel, die dem Menschen dazu dienen sollte, die Natur zu beherrschen und sich von der Sklaverei der Arbeit zu befreien, führte zum Maschinismus, der den Menschen beherrschte. Der Torhüter dieses Paradieses ist der Kapitalismus, ein Kapitalismus, der mit Wissenschaft und Technologie bewaffnet ist. Ein moderner Magier, der die Menschen in eine neue Sklaverei führt, unter die Räder des erbarmungslosen Maschinismus und der Herrschaft des Techno-Bürokratismus. Und der Mensch? Er ist ein wirtschaftliches Tier, dessen Aufgabe nur darin besteht, in diesem Paradies zu grasen nach dem Motto: Konsum und immer mehr Konsum. Und die Parole des Liberalismus bedeutete die Zügellosigkeit des Menschen, der in Ketten liegt. Und Demokratie? Das ist die Wahl derjenigen, die zuvor Dein Wesen bestimmt haben. Leben? Materialistisch! Moral? Profit und Selbstsucht! Ziel? Konsum! Lebensphilosophie? Befriedigung der Triebe! Ideale? Wohlstand und Genuß! ... Glaube? Liebe? Sinn des menschlichen Daseins? ... Keine befriedigende Antwort!"[78]

Schariati analysiert den Modernismus: ,,Der Plan lautet, daß alle Menschen auf der Erde vereinheitlicht werden müssen. Sie müssen die gleiche Lebensform und die gleiche Denkweise haben ... Der Modernismus war der härteste Schlag, mit dem an jedem Ort der Welt, in der nicht-europäischen Gesellschaft die eigene Denkweise und Identität des Menschen vernichtet wurde. ... Modernist werden bedeutete, den Europäern ähnlich zu werden. Der Modernist ist modern im Verbrauch, er kauft moderne Waren, er lebt in modernen Verhältnissen; die Waren, die er verbraucht, die Art wie er lebt, haben mit seiner echten nationalen und sozialen Tradition nichts zu tun, sondern mit den Lebensformen, die aus Europa eingeführt worden sind. ... So mußten alle Nicht-Europäer modernisiert werden. Um sie zu modernisieren, mußte man zuerst ihre Religion bekämpfen, denn durch die Religion empfindet jede Gesellschaft ihre eigene Identität. ... Religion, Geschichte, Kultur als Summe der geistigen Werte der Gedanken und des künstlerischen und literarischen Schaffens geben einer Gesellschaft ihre Identität. Sie müssen alle zerstört werden."[79]

3. Die Kriminalsoziologie des historischen Bruches: „Kriminalität ist normal"

„Ein Opferwerden kann niemals
als normal bezeichnet werden ...
Denn das Opferwerden verletzt die elementaren Persönlichkeitsrechte
des Menschen und seine Würde,
die unantastbar ist (Art. 1 S. 1 GG)."
Hans Joachim Schneider: Viktimologie. Wissenschaft vom Verbrechensopfer, Tübingen 1975, S. 290.

Eine der Folgen des historischen Bruches sind exzessive Kriminalitätsraten in den davon betroffenen Ländern. Diese werden ideologisch gedeckt von der ahistorischen These „Kriminalität ist normal". Die Vertreter dieser kriminalsoziologischen These agieren von Durkheim her.[80] Sie sind Strukturfunktionalisten. Nach Dieter Meurer gehört zu den „formalen Grundannahmen funktionaler Kriminalitätstheorien: Kriminalität (abweichendes Verhalten, latente Kriminalität, Strafe) ist ein stets anzutreffendes Merkmal sozialer und/oder psychischer Systeme im Normalzustand."[81] Zum Verständnis der These „Kriminalität ist normal" ist auf die kriminalsoziologischen Aussagen Durkheims einzugehen.

3.1 Emile Durkheims Rechtfertigung der Kriminalität
Durkheim rechtfertigt Kriminalität. Dies unternimmt er in seinem theoretischen Hauptwerk „Die Regeln der soziologischen Methode".[82] Er bezeichnet Kriminalität als (norm)abweichendes Verhalten. Gegenstand der Kriminalsoziologie ist deshalb nicht mehr die Untersuchung der Wirkung krimineller Handlungen, die Gefährdung und Schädigung anderer, und die Forschung nach den Ursachen dieser Tatsachen, Gegenstand ist nur noch dies, daß Normen verletzt werden, daß normabweichend gehandelt wird, und welche Funktion normabweichende Handlungen in einem System haben. Durkheim zerreißt den Zusammenhang zwischen Handlung und Wirkung, Ergebnis der Handlung opferseits; die Opfer krimineller Handlungen verschwinden aus der Untersuchung.

Der nörmliche[83] Verbrechensbegriff Durkheims
Nach Emile Durkheim ist das Verbrechen eine „Handlung, die gewisse Kollektivgefühle verletzt ...".[84] Diese grundlegende Definition führt zu Konsequenzen bzw. resultiert aus Vorentscheidungen, welche zusammen mit anderen Thesen

Durkheims Kriminalsoziologie gesellschaftspolitisch, das heißt für eine Kriminalpolitik, die an den Grundrechten der Bürger orientiert ist, unbrauchbar machen. Die Definition Durkheims ist ungenügend, weil sie das Verbrechen lediglich nörmlich bestimmt, indirekt, nicht aber in seiner Tatsächlichkeit, als eine andere schädigende Handlung.

„Das Verbrechen ist notwendig und nützlich"
Durkheim stellt das Verbrechen als notwendig und nützlich hin. Er entwickelt diese These in drei Schritten:
1. Durkheim behauptet, das Verbrechen werde nicht nur bei der überwiegenden Mehrheit von Gesellschaften, sondern ausnahmslos bei allen Gesellschaften angetroffen. „Es gibt keine Gesellschaft, in der keine Kriminalität existierte."[85]
2. Das Verbrechen sei daher „eine normale Erscheinung"[86], eine „unvermeidliche, wenn auch bedauerliche Erscheinung"[87], es bilde „einen integrierenden Bestandteil einer jeden gesunden Gesellschaft"[88]. Durkheim erklärt eine Gesellschaft frei von Verbrechen für „ganz und gar unmöglich"[89].
3. Schließlich gelangt Durkheim zu dem Ergebnis, das Verbrechen sei notwendig und nützlich.[90]
Welchen Nutzen bringt das Verbrechen? Es erfüllt entgegengesetzte Funktionen. Es bestärkt a) die Einhaltung der gesellschaftlichen Normen. Die Reaktion der Gesellschaft auf Verbrechen ist Strafe, und Strafe hat die Funktion, das Gefühl des Abscheus gegen den Verbrecher (der „gewisse Kollektivgefühle verletzt", der von den Normen abweicht) und damit die Normen zu festigen. Es ist b) Voraussetzung dafür, daß sozialer Wandel, die Setzung neuer Normen, möglich ist. Den sozialen Wandel führt Durkheim ausschließlich auf die „individuelle Originalität", sofern sie als Genie ausgeprägt ist, zurück. Verbrechen und individuelle Originalität (Genie, Idealist) verbindet er miteinander. „... damit die Moral des Idealisten, der seinem Jahrhundert voraus sein will, sich entfalten kann, muß die unterhalb des Zeitniveaus stehende Moral des Verbrechers möglich sein. Eines bedingt das andere"[91]. Die Möglichkeit schlägt dann unvermeidlich um in die Wirklichkeit: „... unvermeidlich", daß sich unter den gesamten Abweichungen von der Moral, von den Normen, „auch solche befinden, die einen verbrecherischen Charakter tragen"[92]. Demnach dient das Verbrechen indirekt dem „Fortschritt". Ja häufig auch direkt. „Wie oft ist das Verbrechen wirklich bloß eine Antizipation der zukünftigen Moral, der erste Schritt zu dem, was sein wird"[93]. Hier ist das Verbrechen normenstürzend.

Wir fassen zusammen: Das Verbrechen wird nach Durkheim überall angetroffen. Es ist normalerweise normenerhaltend und -bestärkend, ausnahmsweise normenstürzend. In beiden Fällen ist es damit „notwendig" und „nützlich".

An Einzelkritik sei an dieser Stelle lediglich festgehalten, daß für Durkheims Aussagen über die Allgegenwart des Verbrechens in Raum und Zeit die ausreichenden Belege fehlen.[94]

142

Die verbrecherische Gattung

Kriminalität ist nach Durkheim ein ewiges Merkmal der Gattung Mensch. Sie ist Schicksal, Fatum, Kismet: eben ,,normal". Damit aber wird sie nicht soziologisch, sondern biologisch-anthropologisch erklärt. Hier sind nicht einzelne zum Verbrechen geboren wie bei Lombroso, sondern die Gattung ist zum Verbrechen bestimmt, das Verbrechen muß ,,der unverbesserlichen Böswilligkeit der Menschen zugeschrieben werden"[95].

Die Anomie

Eine weitere These Durkheims besagt, daß ,,ein allzu auffälliges Absinken der Kriminalität" auf eine soziale Störung hinweise.[96] Ebenso ein starker Anstieg. Durkheim nennt die den Anstieg verursachende Störung ,,Anomie"[97]. Durkheim erklärt, der einzelne habe keine Möglichkeit, von sich aus seine Leidenschaften im Zaume zu halten, dies müsse durch eine äußere Kraft geschehen, nämlich durch die kollektive Ordnung als die von außen regulierende Kraft, welche die Ziele, an denen die Menschen ihr Verhalten regulieren sollen, festlegt. Wenn jedoch die kollektive Ordnung zerrissen oder gestört werde, könnten die menschlichen Wünsche über alle Möglichkeiten der Erfüllung hinausschießen. Unter diesen Bedingungen erfolge der normative Zusammenbruch oder die Anomie. Sie werde durch wirtschaftliche Mächte geschaffen: durch plötzliche Depression oder plötzlichen Wohlstand.

Nun sei allerdings durch die kapitalistischen Verhältnisse die Anomie zu einem Dauerzustand geworden. Sie ergreife zunächst den Unternehmer. Rapide technische Entwicklungen und die Existenz von weiten unausgeschöpften Märkten regten die Phantasie des Unternehmers mit anscheinend grenzenlosen Möglichkeiten der Ansammlung von Reichtum an. Da der Unternehmer ,,erwarten darf, die ganze Welt zum Kunden zu haben, wie sollten vor diesen grenzenlosen Perspektiven seine Begierden sich wie früher zügeln lassen?"[98]

Die fieberhafte Betriebsamkeit habe sich aber von der Wirtschaft auf alle Bereiche der Gesellschaft ausgedehnt. ,,Es ist da ein Hunger nach neuen Dingen, nach unbekannten Genüssen, nach Freuden ohne Namen, die aber sofort ihren Geschmack verlieren, sobald man sie kennenlernt."[99] Und: ,,Von oben bis unten in der Stufenleiter ist die Begehrlichkeit entfacht, ohne daß man weiß, wo sie zur Ruhe kommen soll."[100] Das Konzept der Anomie könnte auf den ersten Blick die gesellschaftspolitische Brauchbarkeit der Kriminalsoziologie Durkheims im nachhinein herstellen. Da der - an sich zur Aufschließung von Zusammenhängen geeignete - Gedanke der Anomie im System der Theorie von Durkheim aber nicht zum Tragen kommt, sondern verblaßt und abgeschnitten wird, verbleibt als Essenz von Durkheims Kriminalsoziologie doch nur die ,,Normalität" der Kriminalität.

Nachfolger Durkheims

Als Nachfolger Durkheims sind besonders Talcott Parsons in den USA und René König in der Bundesrepublik Deutschland hervorzuheben. Über sie ist die lähmende These „Kriminalität ist normal", „Kriminalität ist funktional" weithin in die Soziologie einer Anzahl von Ländern, darunter der Bundesrepublik Deutschland, und auf diesem Weg in die öffentliche Meinung der betroffenen Länder transportiert worden.

3.2 Die These „Kriminalität ist normal" und die allgemeine Soziologie

Es stellt sich die Frage, wie die kriminalsoziologische Grundthese „Kriminalität ist normal" mit der allgemeinen Soziologie der Strukturfunktionalisten, der Richtung, die den historischen Bruch als Ganzes ideologisch abdeckt, verbunden ist. Durkheim scheidet die sozialen Tatsachen in solche, „die durchaus so sind, wie sie sein sollen" und in solche, „die anders sein sollten, als sie sind".[101] Er nennt die einen die normalen, die anderen die pathologischen Phänomene. Das Sollen bezieht sich auf den Durchschnitt, denn normal sind Tatsachen, „die die allgemeinsten Erscheinungsweisen zeigen".[102] Durkheim stellt fest, „daß der normale Typus mit dem Durchschnittstypus in eins zusammenfließt und daß jede Abweichung von diesem Schema der Gesundheit eine krankhafte Erscheinung ist."[103] Weiterhin stimme der normale Typus mit dem Typus der Gattung überein. „Die Gattung ist die Norm ... und kann daher nichts Anormales enthalten."[104] Damit wird „die nur tatsächlich normale Beschaffenheit" einer Erscheinung „zu einer rechtmäßigen erhoben".[105] Wir brauchen aus dieser Kette von Definitionen im Hinblick auf die Kriminalität zunächst nur festzuhalten, daß sie allgemein und damit normal ist. Erst bei Überschreiten (Anomie) oder Unterschreiten eines gewissen Ausmaßes wird die Kriminalität „pathologisch".

Ausgangspunkt Durkheims sind „faits sociaux", soziale Tatsachen.[106] Was sind soziale Tatsachen bei Durkheim? Sie bestehen „in besonderen Arten des Handelns, Denkens und Fühlens, die außerhalb des einzelnen stehen und mit zwingender Gewalt ausgestattet sind, kraft deren sie sich ihnen aufdrängen".[107] Entscheidend für sie ist, daß ihr Substrat nicht im Individuum gelegen ist. So verbleibt für sie kein anderes Substrat „als die Gesellschaft, sei es die staatliche Gesellschaft als Ganzes, sei es eine der Teilgruppen, die sie einschließt, Religionsgemeinschaften, politische oder literarische Schulen, berufliche Korporationen usw.".[108] Es sind die Institutionen, die sich als soziale Tatsachen erweisen. Neben den Institutionen gehören aber auch sogenannte soziale Strömungen dazu: Sitte, öffentliche Meinung usw. Institutionen und soziale Strömungen zusammen bilden die „physiologische Ordnung". Zweitens gibt es soziale Tatsachen „anatomischer oder morphologischer Ordnung". Sie umfassen „die Anzahl und Natur der Teile, aus denen sich Gesellschaft zusammensetzt, die Art ihrer Anordnung, die Innigkeit ihrer Verbindung, die Verteilung der Bevölkerung über die Oberfläche des Landes, die Zahl und Beschaffenheit der Verkehrswege, die Gestaltung der Wohnstätten usw." und machen das „Substrat des Kollektivlebens",[109] den „eigentlich erklärenden Teil der Wissenschaft"[110] aus. Durkheim unterstreicht: „Ein soziologischer Tatbestand[111] ist jede mehr oder minder festgelegte Art des Handelns, die die Fähigkeit besitzt, auf den einzelnen einen äußeren

Zwang auszuüben ..."[112]
Wie leicht zu sehen, ergibt sich daraus eine Soziologie der Konformität. Erst die paradoxe These Durkheims, daß der Normenbruch die Normen stärke, vor dem Verdämmern bewahre (oder - dies verständlich - die Einführung neuer Normen ermögliche), bringt die funktionale Methode dahin, daß aus ihrer Anwendung die These „Kriminalität ist nützlich" resultiert. Die Verdrehung geschieht durch das Ineins-Setzen von Durchschnittstypus, Norm und Allgemeinheit. Wenn ein soziales Phänomen allgemein sei, sagt Durkheim, so sei es das, weil es obligatorisch, und nicht umgekehrt sei es obligatorisch, weil es allgemein sei.[113] Wenn eine Art des Verhaltens, die außerhalb des Einzelbewußtseins existiere, allgemein werde, so könne es nicht anders geschehen als durch Zwang. Normen jeder Art provozieren also den Normenbruch, um sich zu erhalten, Institutionen, wie auch immer sie beschaffen sein mögen, benötigen Kriminalität für ihr Überleben.

3.3 Kritik des Begriffs „Abweichung"
Durkheim nennt das Verbrechen eine „Abweichung". Damit unterstellt er dem Verbrechen Allgemeinheit und daraus folgend Normalität. Der Begriff der „Abweichung" macht ihm dies leicht durch seine Weitgefaßtheit, seine Uferlosigkeit. Sicherlich wird es immer Buben geben, die verbotenerweise aus dem Honigglas schlecken oder Menschen, die sich nach eigener Eingebung kleiden. Wir können mit Durkheim übereinstimmen, daß solches „abweichende Verhalten" auf unabsehbare Zeit hinaus - Honig und Kleidungsbedürfnis vorausgesetzt - „normal" bleiben wird. Und würde diesen Erscheinungen durch das Versiegen des Honigs usw. der Boden entzogen, so gäbe es ganz bestimmt nach wie vor genügend andere Abweichungen und neue dazu. Eine Gesellschaft, in der es keine Abweichungen gibt, ist ganz und gar unmöglich, sagt Durkheim. Da hat er recht. Indes diese Tatsache wird uns für die übergroße Mehrzahl der Fälle kaum erschüttern, sie betreffen uns niemals in der gleichen Weise wie das Verbrechen. Daß jemand ein schmutziges Hemd trägt, ist eine „Abweichung" von den (hygienischen) Normen, die unangenehm auffallen kann. Raubüberfall, Vergewaltigung, fahrlässige Tötung oder Mord aber sind „Abweichungen", die Individuen und - als Massenerscheinung - Staaten in der Daseinsberechtigung und Existenz berühren können.
Für Durkheim ist Abweichung gleich Abweichung. Er meint, wenn „in jedem Bewußtsein der Hang zum Diebstahl überwunden wird, so wächst auch seine Empfindlichkeit gegen Angriffe, die es sonst nur schwach berührten; ... sie werden energischer mißbilligt und gehen aus der Gattung der rein moralischen Vergehen in die der Verbrechen über. Unreelle oder unreell erfüllte Verträge, die nur die Mißachtung der Öffentlichkeit oder die zivilrechtliche Verpflichtung zum Schadenersatz nach sich ziehen, werden zu Delikten."[114] Eine beliebige Abweichung löst eine beliebige andere ab. Ganz anders sieht der Wissenschaftler und Praktiker, der die Tat und das Opfer der Tat in den Mittelpunkt stellt, den Sachverhalt.

Die Bedeutung Emile Durkheims

Der einflußreichste deutsche Soziologe der Nachkriegszeit, René König, meint, man könne sagen, daß die moderne Soziologie ohne Durkheim nicht möglich sei. In dem Werk Durkheims „Die Regeln der soziologischen Methode" - mit dem sich unsere Ausführungen über Durkheim vor allem beschäftigen - liege eine ähnlich wichtige Schöpfung für die Soziologie vor wie in Descartes' „Discours de la méthode" von 1637 für die Philosophie.[115] Dieses Buch sei „das wesentlichste methodologische Werk der modernen Soziologie".[116]

Andere Wissenschaftler sehen in Durkheim lediglich einen Soziologen französischer Verhältnisse einer bestimmten Phase. Harry Alpert ordnet Durkheim als den Philosophen der Dritten Republik ein.[117] Für M. Marion Mitchell ist er ein Erznationalist.[118]

Durkheims Bedeutung für uns ist u.a. dadurch gegeben, daß Talcott Parsons, indem er sich auf Durkheim stützte, eine weithin wirksame Soziologie aufgebaut hat und daß in der Bundesrepublik Deutschland günstige Verhältnisse für die Verbreitung der Soziologie Durkheims und Parsons' eintraten, Verhältnisse, die René König zu einem beispiellosen Erfolg bei seinem unablässigen Bemühen um die Verbreitung dieser Soziologie führten.[119]

3.4 Abschließende kultursoziologische Bewertung

Mittels des Begriffs „Abweichung" kann Durkheim die sozialpathologische Sicht des Verbrechens eliminieren. Kriminalität ist nicht mehr bestimmten gesellschaftlichen Verhältnissen vorwerfbar (außer im Fall der nebelhaften Anomie), sie ist nicht mehr bestimmten Gesellschaften kausal zurechenbar, stimmt nicht mit den Verhältnissen überein, sondern weicht von ihnen ab. Durkheims „normale Rate" der Kriminalität ist mit jeder vorhandenen Struktur festliegend, Kismet, Schicksal. Doch Durkheim vermag nicht anzugeben, wie die „normale Rate" sich errechnen läßt. Darüber könnten „nur Hypothesen aufgestellt werden", meint er lakonisch.[120] Die Konsequenz ist, daß es von Durkheim her selbst bei extrem hohen Kriminalitätsraten keinen Antrieb gibt, Kriminalität zu verhüten, sie zu bekämpfen, sie zurückzudrängen, geschweige sie auszumerzen. Würden Gerichte, Polizei und Strafvollzug sich an Durkheim orientieren, so könnten, ja müßten sie angesichts eines aussichtslosen Kampfes in Lethargie verfallen; der Scheinkampf, den sie zum Besten der durch ihre Tätigkeit zu festigenden Normen oder eines diffusen „Wandels" fechten sollten, würde sie kaum genügend beflügeln, zumal auch „die Strafe nicht auf Heilung abzielen" kann,[121] sondern nur auf eine das Gefühl von den Normen warmhaltende Rache. Durkheims Konzept zieht die Leiden der Opfer ins Systemkalkül. Die Bürger müssen sterben oder verkrüppelt werden und in Angst zittern, damit das System überlebe.[122]

Kriminalität als gesellschaftliche Massenerscheinung ist eben nicht „abweichendes Verhalten", sondern gerade übereinstimmendes Verhalten: Kriminalität stimmt überein mit bestimmten gesellschaftlichen Verhältnissen. So spricht

Pinatel von der „société criminogène"[123], Hermann Mannheim von „our criminogenic society"[124]. Bei der Theorie des „abweichenden Verhaltens" hingegen betrachtet sich die Gesellschaft „als reines Wesen, das mit dem Verbrechen nichts gemein hat...".[125] Dies ist eine nichtsoziologische Weise der Betrachtung, weil es dann gesellschaftliche Ursachen der Kriminalität, irgendeine Kausalverbindung zwischen gesellschaftlichen Kräften und kriminellem Handeln, nirgends und in keinem Falle geben würde. Abweichend, und zwar „lediglich" von Strafrechtsnormen, ist der einzelne Täter, derjenige, der dann, wenn die unmittelbare Wirklichkeit so beschaffen ist, daß sie ihn stößt, im Feld zwischen einer solchen Wirklichkeit und ihm gebietender Strafrechtsnormen allein gelassen ist und nicht mehr die Kraft aufbringt, den ihn stoßenden Kräften zu widerstehen und strafrechtsnormtreu zu handeln. Insofern ist Kriminalitätsverhütung eine Frage der Persönlichkeitsentwicklung, wobei nach den gesamtgesellschaftlichen, familiären, schulischen usw. Bedingungen für die Entwicklung von Persönlichkeiten zu fragen ist. Unter unseren Bedingungen zur Zeit ist der nichtkriminelle Bürger abweichend von Verhältnissen, die zur Kriminalität verleiten.

Halten wir fest:

1. Ausgangspunkt einer gesellschaftspolitisch verpflichteten Kriminalsoziologie sind die Leiden der Opfer, ist die Verhinderung des Opfer-Werdens der Bürger, ist erst damit verbunden der Täter. Unverkürzte Kriminalsoziologie fragt, unter welchen Voraussetzungen der elementare Staatszweck der Sicherheit der Bürger zu verwirklichen ist, und gibt Antwort, indem sie die gesellschaftlichen Ursachen von Kriminalität erforscht und die Ergebnisse ihrer Forschungen der Kriminal- und Gesellschaftspolitik zur Verfügung stellt.

2. Das zu Verfolgende an der Kriminalität ist nicht, daß Normen, sondern daß Personen sowie deren Eigentum und die sie tragende Gemeinschaft gefährdet, bedroht, beschädigt, verletzt und vernichtet werden. Die Norm ist soziologisch als ein Maßstab zu verstehen, der bestimmte Handlungen verbietet und sie für den Fall, sie geschehen trotzdem, unter Sanktionsdrohung setzt. Die Norm ist demnach axiomatisch für die Strafrechtswissenschaft und zum großen Teil für die bisherige Kriminologie. Dagegen überschreitet unverkürzte Kriminalsoziologie und eine durch sie bestimmte Kriminologie diese Grenze. Ihre Fragestellung ist die nach den gesellschaftlichen Ursachen von Kriminalität. Für sie stecken die Strafrechtsnormen lediglich das in die Untersuchung einzubeziehende Feld von Verletzungen ab.

Wohin das Konzept „Kriminalität ist normal" führen und wozu es dienen kann, zeigt der Durkheimianer Howard Zehr, der erklärt: „Für die Gesellschaft ... ist Kriminalität funktional, weil sie als ein Sicherheitsventil dient, das Enttäuschungen und Wut ableitet, die andernfalls - und ganz folgerichtig - gegen Struktur und Grundlagen der Gesellschaft gerichtet werden könnten."[126] Zum Beispiel der Mann, der seine Frau mißhandle, könne dadurch helfen, die Gesellschaft in ihrer gegenwärtigen Form zu erhalten.[127] Joachim Hellmer und andere sind sich darüber klar, daß Kriminalität die Gesellschaft nicht erhält, sondern verdirbt.[128]

147

Das Handeln des Staates für seine Bürger ist vorgezeichnet. Gesellschaftliche Strukturen, die nur durch Tötung, Verkrüppelung, Schändung oder Beraubung von Bürgern aufrechterhalten werden können, muß der Staat, wenn sein Dasein nach innen Sinn behalten soll, unter Anwendung seiner Macht verändern, auflösen, notfalls zerschlagen.[129]

3.5 „Kriminalität ist ein Ergebnis von Zuschreibung": Verschieben des Forschungsgegenstandes

Diese These ist, Durkheim überholend, sozusagen der „letzte Schrei". Der Gegenstand der Kriminalsoziologie verschiebt sich mit dieser These in eine andere Richtung. Bei Durkheim wird die kriminelle Handlung abgeschnitten von ihrem Ergebnis bei den von ihr Betroffenen. Hier nun verschwindet sie völlig. Untersucht wird nur noch die Einwirkung von Polizei, Strafjustiz und anderen gesellschaftlichen Einrichtungen auf Bürger, mögen sie Straftaten verübt haben oder nicht. Ohne Zweifel ist das selektive Vorgehen der Justiz und anderer Institutionen ein untersuchungsbedürftiges, ja brennendes Thema. Jedoch verdreht man das Thema, wenn man sagt, Justiz und andere Einrichtungen „produzieren" durch ihre Zuschreibung die Kriminalität. Sie legen vielmehr fest, wer bestraft wird. Sicher gestalten sie dadurch den Gang der Kriminalität mit, weil die Täter geringer bestrafter Schichten oder geringer bestrafter Deliktsgruppen weniger gestört ihr Unwesen treiben können. Das gilt etwa für einen beträchtlichen Teil der Wirtschaftskriminalität. Über die Ursachen von Kriminalität ist aber mit dieser Feststellung nichts ausgesagt. Sie enthält nur den Befund, daß die Ursachen ungestört oder weniger gestört wirken können. Darüber hinaus ist freilich auch eine Verstärkerwirkung durch Stigmatisierung und miglückten Strafvollzug in Rechnung zu stellen. Insoweit werden durch die These von der Zuschreibung doch auch einige Ursachen von Kriminalität aufgewiesen. Die Vertreter dieses Konzeptes richten ihre Aufmerksamkeit - ausgehend davon, daß ein großer Teil der Kriminalität im Dunkel bleibt - vornehmlich auf die Tatsache, daß von Staatsanwaltschaften, Gerichten usw. nur ein Teil der kriminellen Handlungen verfolgt wird. Allein die Verfolgungstätigkeit bzw. ihre Unterlassung ist ihnen untersuchenswert. Sie übersehen bei der Verschiebung des Forschungsgegenstandes, die sie damit vollziehen, die primäre Tatsache der kriminellen Handlungen, die Schädigung von Menschen, ihrer Gesundheit, ihrer Würde, ihres persönlichen Eigentums. Folglich sind ihnen auch Verantwortung und Schuld kein von der Kriminalsoziologie zu berücksichtigender Gegenstand.[130]

148

Anmerkungen

[1] Jaspers 1957, S. 67.

[2] ebd., S. 69.

[3] ebd., S. 74.

[4] Die folgenden Zitate - mit Abweichungen - und ein gut Teil der Erläuterung nach Roetz 1984, S. 284ff.

[5] ebd., S. 290.

[6] ebd.

[7] ebd., S. 290f.

[8] ebd., S. 296.

[9] Gemeint sind die Normen.

[10] ebd., S. 309.

[11] ebd., S. 316.

[12] Watson (Übers.) 1967.

[13] Needham 1984, S. 349.

[14] Franke/Trauzettel 1968, S. 68.

[15] Gernet 1983, S. 128 (131).

[16] Watson 1980, S. 48 (59).

[17] Vgl. Eberhard 1980, S. 28f.

[18] Siehe die Übersichten bei Temple 1990.

[19] Vgl. Gernet 1983, S. 278ff., 336ff. (287ff.) (346ff.).

[20] Siehe Osterhammel 1989, S. 38.

[21] Max Weber 1978, S. 276ff.

[22] Siehe oben, S. 63f.

[23] Dazu Gernet 1983, S. 297f. (305ff.) - Nach den Forschungen von W. Gerd Kramer - der zunächst den Weg des Pulvers und der Feuerwaffe über Arabien und den oberitalienischen Orienthandel nach Deutschland markiert - hat Berthold Schwarz Schießpulver und Feuerwaffe entscheidend „verbessert" (gekörntes Pulver, Steinbüchse). Voraussetzung seiner Tätigkeit in Freiburg war das reiche Schwarzwälder Bergbaurevier zwischen Badenweiler und dem Kinzigtal, dessen Silbererträge auch den Bau des Freiburger Münsters - nach Fertigstellung des Turmes das höchste Bauwerk Europas - beförderten. (W. Gerd Kramer (1993) Der Fall Berthold Schwarz. Chemie und Waffentechnik im 15. Jahrhundert. München. Abhandlungen und Berichte des Deutschen Museums). Die genannten Schriften gründen u.a. auf der Handschrift 362 der Universitäts-Bibliothek Freiburg i.Br. von 1432, Vorlage teils 1380. Aufschlußreich für die seinerzeitige Denkart in Deutschland ist es, daß Berthold Schwarz seiner Erfindungen wegen verfolgt und nach Spruch des kaiserlichen Gerichts in Prag verbrannt wurde, „damit sein Name für immer aus dem Gedächtnis der Menschen gelöscht werde".

[24] Siehe oben auf dieser Seite.

[25] Vgl. Bonasso 1990.

[26] Vgl. die Überlagerungs-Hypothesen der deutschen Soziologen Ludwig Gumplowicz, Franz Oppenheimer, Alexander Rüstow und Alfred Weber.

[27] Die Zhou, die vom Westen, von Innerasien her zur Macht kamen, waren zuvor den Shang tributpflichtig.

[28] Toynbee 1988, S. 90.

[29] ebd.

[30] Hančar 1956. Vgl. auch Vajda 1968.

[31] Siehe Brentjes 1988.

[32] Siehe Dschingis Khan 1985.

[33] Siehe Stökl 1990, S. 121ff.

[34] Reinhard 1983-1990.

[35] Da den Türken die Einnahme der Reichshauptstadt Wien nicht gelang (Einsatz des badischen Kontingents unter dem Türkenlouis), konnte der türkische Plan, Deutschland zu erobern, so wenig wie der mongolische verwirklicht werden. Später drängten das Deutsche Reich und Rußland die Türken wieder ab.

[36] 1453 Fall von Konstantinopel, 1492 Fall von Granada, 1492 Landung von Columbus in Amerika.

[37] Alfred Weber 1959, S. 515.
Über das Zusammenwirken von Schiff und Pferd in Amerika äußert sich R. Romano: „... das Pferd, dieses unvergleichliche Kampfinstrument der amerikanischen Eroberungszüge. Der 'Pferdmensch' mit seinen scharfen, besonders abgerichteten Bluthunden erhob sich wie ein Gott über die Scharen der Indios ..." (Romano 1967, S. 203).

[38] Thornton 1987. Reinhold Schneider 1957.

[39] Türkisch, Mongolisch und Tungusisch sind die drei Altai-Sprachen.

[40] Bacon 2 Bde. 1990.

[41] Krohn 1981, S. 278.

[42] Vgl. Dahrendorf 1973.

[43] Dahrendorf, ebd., S. 83.

[44] Haug 1972.

[45] Siehe „Fast ein historischer Bruch", oben, S. 121ff.

[46] Conze 1990, S. 19ff.

[47] Vgl. oben, S. 126 u. unten, S. 183.

[48] Ogburn 1969.

[49] von Borch 1955, S. 202.

[50] Siehe die Selbstdarstellung Japans in der Zeitschrift „Look Japan", Tokio.

[51] Marx entschuldigte vieles am Kapitalismus und Imperialismus.

[52] Kant 1923, S. 358f.

[53] Weltbürgerrecht ist nach Kant Besuchsrecht (Dritter Definitivartikel zum ewigen Frieden).

[54] Herder o.J., S. 298.

[55] ebd.

[56] Herder 1978, S. 178.

[57] Spengler 1973, S. 609.

[58] ebd., S. 606f.

[59] Alfred Weber 1963, S. 359.

[60] ebd.

[61] ebd., S. 374.

[62] ebd.

[63] von Borch 1955, S. 192.

[64] ebd.

[65] Rüstow 1957, S. 506.

[66] Friedrich Georg Jünger 1946.

[67] Ernst Jünger 1963, S. 9ff.

[68] Anders 1984.

[69] Breuer 1992.

[70] Gruhl 1981.

[71] Siehe unten, S. 158f.

[72] Dostojewski 1971, 60ff. (102ff.) - Ähnlich wie Dostoevskij sieht Johannes Paul II. den historischen Bruch „in einer Auffassung von Freiheit, die das einzelne Individuum zum Absoluten erhebt und es nicht zur Solidarität ... veranlaßt." (Johannes Paul II.: Evangelium Vitae, Vatikanstadt 1995, S. 30)

[73] Harvest 1951, S. 136f. (167f.)

[74] Rau 1991, S. 59f.

[75] Sequeira (Hrsg.) 1987, S. 196f.

[76] Klostermeier 1968, S. 194f.

[77] von Glasenapp 1986, S. 281.

[78] Schariati 1983, S. 29f.

[79] Schariati 1980, S. 24f., 28.

[80] Die misanthropischen Entwürfe des Psychologen Sigmund Freud sind ein Fall für sich.

[81] Meurer 1976, S. 561.

[82] Durkheim 1961.

[83] Als „nörmlich" bezeichnen wir den Verbrechensbegriff Durkheims deswegen, weil er die Orientierung an Normen vor dem gegenständlichen Geschehen an die erste Stelle rückt.

[84] Durkheim 1961, S. 157, (Règles 67). Die Seitenangaben aus dem französischen Original beziehen sich auf die 17. Auflage, Paris 1968.

[85] ebd., S. 156 (65).

[86] ebd., S. 156 (65).

[87] ebd., S. 157 (66).

[88] ebd., S. 157 (66).

[89] ebd. (67).

[90] ebd., 159 (70).

[91] ebd., S. 160 (70).

[92] ebd., S. 159 (69).

[93] ebd., S. 160 (71).

[94] Ähnlich räumt Durkheim ein: „Es ist richtig, daß wir für die Behauptung, daß es keine Gesellschaft ohne Selbstmord gebe, nicht über ausreichendes Material verfügen." Durkheim (1973) 428 (415). - Der Selbstmord gehört wie das Verbrechen zur Durkheimschen Kategorie des „abweichenden Verhaltens", der „individuellen Originalität".

[95] Durkheim 1961, S. 157 (66).

[96] ebd., S. 161 (72).

[97] Die gegenteilige Störung müßte er „Übernomie" nennen.

[98] Durkheim 1973, S. 292 (284).

[99] ebd., S. 292 (285).

[100] ebd., S. 292f. (285).

[101] Durkheim 1961, S. 141 (47).

[102] ebd., S. 148 (56).

[103] ebd. (56).

[104] ebd., S. 150 (58).

[105] ebd., S. 151 (59).

[106] René König, der die „Regeln" vor einiger Zeit (1961) neu herausgegeben hat, übersetzt fälschlicherweise „soziologische Tatbestände".

[107] ebd., S. 107 (5).

[108] ebd.

[109] ebd., S. 113 (12).

[110] ebd., S. 176 (89).

[111] eine soziale Tatsache.

[112] ebd., S. 114 (14).

[113] ebd., S. 111 (10).

[114] ebd., S. 158 (68).

[115] René König 1961, Zur deutschen Ausgabe. In: Durkheim 1961, S. 21.

[116] ebd., S. 38.

[117] Alpert 1973, S. 311ff.

[118] M. Marion Mitchell 1931: Emile Durkheim and the Philosophy of Nationalism. In: Political Science Quarterly, S. 87ff. - Vgl. Friedrich Jonas 1969: Emile Durkheim. In: Geschichte der Soziologie, Bd. III. Reinbek, S. 45.

[119] Die These „Kriminalität ist normal" funktioniert, Verwirrung anrichtend, aber auch ganz ohne allgemeinsoziologische Ableitung.

[120] Durkheim 1961, S. 164 (75).

[121] ebd., S. 162 (72).

[122] Vgl. Zehr 1976, S. 163.

[123] Pinatel 1971.

[124] Mannheim 1966, S. 419ff.

[125] Saß 1846, S. 290.

[126] Zehr 1976, S. 143.

[127] ebd.

[128] Hellmer 1981.

[129] Vgl. Pinatel 1971, S. 126.

[130] Siehe u.a. Becker 1973.

E. Entfaltung progressiver Kriminalsoziologie

Die These ,,Kriminalität ist normal" muß vom ethischen Standpunkt aus zurückgewiesen werden. Erforderlich ist eine die Schädigung anderer und ihre extremste Erscheinung, die Kriminalität, verwerfende, eine progressive Kriminalsoziologie, eine Kriminalsoziologie auf der Höhe der Menschheitswerte. Mit der These ,,Kriminalität ist eine sozialpathologische Erscheinung" liegt ein theoretischer Ausgangspunkt für die Schaffung progressiver Kriminalsoziologie vor. Hierauf gründende Kriminalitätstheorien gibt es bereits seit langem. Wir beginnen die Sichtung solcher Theorien nach Kriterien der Menschheitswerte. Desiderat sind umfassende kriminalsoziologische Forschungsprogramme, von denen die Menschheitswerte als Schlüsselkategorie, als Maßstab für die Überprüfung bisheriger und für die schrittweise Entfaltung progressiver Kriminalsoziologie eingesetzt werden.

1. „Kriminalität ist eine sozialpathologische Erscheinung": Voraussetzung progressiver Kriminalsoziologie

1.1 Einleitung

Durkheim selbst war sich klar, daß er eine obskure These in die Welt setzte. „Wenn es eine Tatsache gibt", so schreibt er, „deren pathologischer Charakter unbestritten ist, so ist es das Verbrechen. Alle Kriminologen stimmen in diesem Punkte überein. In der Anerkennung seiner pathologischen Natur sind sie sich einig, wenn sie sie auch in verschiedener Weise erklären."[1] In der Tat „sind sie sich einig", von den frühesten Denkern der Menschheit an, von denen wir wissen, bis in die Neuzeit. Und es muß betont werden, daß dies auch immer noch für in der Praxis der Bundesrepublik Deutschland wirksame kriminalsoziologische Theorien gilt, unbeschadet aller Einbrüche - die freilich erst in zweiter Linie durch die von Durkheim ausgehenden Theorien bewerkstelligt wurden. Kriminalsoziologie war bis zu Durkheim immer verbunden mit der Auffassung, daß Kriminalität durch gesellschaftspolitische Maßnahmen zurückgedrängt werden könne. Achim Mechler schreibt: Seit G. Romagnosis Feststellung im Jahre 1791 ist die „Betrachtungsweise, die das Verbrechen als Krankheitserscheinung am sozialen Körper ins Auge faßt, von vielen aufgegriffen und weiterentwickelt worden. Die Geschichte dieser Betrachtungsweise ist die Geschichte der Kriminalsoziologie."[2] Wer anders dachte, war Kriminalpsychologe oder Kriminalbiologe. Am berühmtesten davon Lombroso mit der Lehre vom „geborenen Verbrecher". Es ist festzustellen, daß die Chinesen schon sehr früh und immer wieder über die Zurückdrängung von Kriminalität durch gesellschaftliche Maßnahmen nachgedacht haben. Thomas Morus - ethischer Strang der Renaissance - prangerte die Produktion von Kriminalität durch gesellschaftliche Umwälzungen in England an. Voltaire sah die wahre Rechtsgelehrsamkeit darin, Verbrechen zu verhüten. Holbach verlangte ein Mehr an Gerechtigkeit, um die Zahl der Verbrechen zu vermindern. Quételet erklärte, daß die Gesellschaft in sich die Keime aller Verbrechen berge. Godwin brachte die Zurückdrängung der Kriminalität mit der Eigentumsfrage zusammen. Ebenso die Sozialisten. In der ersten Hälfte des 19. Jahrhunderts haben die Autoren qualitativ-empirischer Untersuchungen das Verbrechen durchweg als sozialpathologische Erscheinung begriffen. Duchovskij bezeichnete als die Hauptursache des Verbrechens die Gesellschaftsordnung. Dostoevski sah die Ursachen der Kriminalität in Westeuropa im gesellschaftlich bedingten Mangel an Persönlichkeit und Brüderlichkeit. Franz von Liszt forderte die Bekämpfung der Kriminalität durch Umgestaltung der gesellschaftlichen Verhältnisse. Lacassagne sagte: „Die Gesellschaften haben die Verbrecher, die sie verdienen."

In der These „Kriminalität ist eine sozialpathologische Erscheinung" ist die Kriminalsoziologie begründet, die diesen Namen verdient. Diese These ist auch nach dem lähmenden Generalangriff Durkheims wieder aufgenommen worden. So versuchte z.B. die Chicagoer Schule, die sozialpolitisch erforderlichen Veränderungen zu benennen, mittels derer die Kriminalität in den US-amerikanischen Städten zurückgedrängt werden könnte. Sutherland zeigt die gesellschaftliche Entstehung von Wirtschaftskriminalität. Merton kritisiert die kriminogene Betonung der Erfolgsziele „Reichtum" und „Macht". Cohen erklärt die Jugendbanden in den USA aus den gesellschaftlichen Verhältnissen dort. Hellmer weist auf die gesellschaftlichen Bedingungen der Vermittlung der traditionellen Wertewelt hin.[3]

Die These „Kriminalität ist eine sozialpathologische Erscheinung" ist von Konservativen bis Sozialisten sehr unterschiedlich ausgeprägt worden. Einflußreiche Autoren aus der westlichen Aufklärung und von deren Nachfolgern allerdings, die Kriminalität zwar als eine sozialpathologische Erscheinung auffassen, lassen den Prozeß der Persönlichkeitsentwicklung als eine Ursache von Kriminalität außer acht. Die Verfahren dieser Autoren sind also soziologistisch; sie verlieren und verbauen den Weg zu einer unverkürzten Kriminalsoziologie trotz erster gewichtiger Erkenntnisse.

Die „normale", die Geschichte dieser Wissenschaft bestimmende Kriminalsoziologie ist demnach die, die davon ausgeht, daß Kriminalität nicht zu entstehen braucht, zumindest nicht in dem exzessiven Umfang, den sie z.B. in den USA, aber auch zunehmend in der Bundesrepublik Deutschland erreicht. Gedanken dieser eigentlichen Kriminalsoziologie, die wie Radbruch Verbrechen als „sozialpathologische Erscheinungen, als adäquate Krisenerscheinungen des sozialen, politischen und kulturellen Lebens"[4] behandelt, sind eine Voraussetzung für eine progressive Kriminalsoziologie. Es zeigt sich nun folgendes:

1. Die derzeitige westliche Kriminalsoziologie hat sich zu einem beträchtlichen Teil auf die These „Kriminalität ist normal" zurückgezogen. Die Auffassung, daß Kriminalität zurückgedrängt werden kann, ist daher zur Zeit stärker in der traditionellen Kriminologie der Juristen vertreten als in der Kriminalsoziologie, bei der nach wegbereitenden Hinweisen der Renaissance (Thomas Morus), Arbeiten der Statistiker (Quételet), sozialistischen Entwürfen und der Einführung des soziologischen Aspekts in die Strafrechtswissenschaft (Franz von Liszt) ein Theorieverlust zu verzeichnen ist, da nicht nur keine genügenden Weiterbearbeitungen erfolgt sind, sondern die Tradition der eigentlichen Kriminalsoziologie, wo immer es ging, zugeschüttet wurde.

2. Manche Theoretiker sehen zwar Kriminalität als eine sozialpathologische Erscheinung, übersehen aber die Bedeutung der Persönlichkeitsentwicklung für das Zustandekommen von Kriminalität. Eine nach dieser Seite beschnittene Kriminalsoziologie greift ebenfalls zu kurz. Soziologistische Sicht begegnet uns vom Aufklärungsdenken Holbachs über Quételet und sozialistische Autoren bis zur französischen Schule. Dagegen sind kriminalsoziologische Entwürfe der Wertkonservativen einschließlich marxistischer Ansätze, soweit sie persönlichkeitssoziologisch vermittelt sind, dadurch gekennzeichnet, daß sie sich bemühen, das Ineinanderwirken von Gesellschaft und Persönlichkeit zu zeigen, den Widerspruch zwischen Freiheit der persönlichen Entscheidung und Notwendigkeit

= Übermacht gesellschaftlicher Einwirkungen, soweit er theoretisch aufhebbar ist, zu lösen.

Die Bundesrepublik Deutschland verfügt immer noch über einen Bestand an alten antikriminogenen Verhältnissen und Werten, nicht zuletzt über die Religion und die Kirchen. Staat und Gesellschaft in der Bundesrepublik Deutschland verhindern daher - anders als in den USA - die Übertragung kapitalistischer Prinzipien[5] in alle Lebensbereiche noch in einem Maße, daß nur bei Hinzuziehung dieser Bedingungen hinreichend genug die günstigere Lage in der Bundesrepublik Deutschland erklärt werden kann. In der bisherigen Kriminalsoziologie der Bundesrepublik Deutschland machen sich diese alten Verhältnisse und Werte nur wenig bemerkbar; was vermuten läßt, daß diese alten Verhältnisse und Werte von ihr - der von maßgebenden Vertretern erwarteten gesellschaftlichen Entwicklung vorausgreifend - weitgehend abgeschrieben sind.

Bei der Zurückdrängung des deutschen Bildungsbürgertums durch das nackte, rohe Erwerbs- und Wegwerfbürgertum in den letzten Jahrzehnten wurden die in der klassischen deutschen Geschichts- und Kultursoziologie vorgestellten Perspektiven verdrängt. Der Ausbau von Geschichtssoziologie und damit verbundener Kriminalsoziologie in Anknüpfung an die früheren Ansätze der Geschichts- und Kultursoziologie in Deutschland ist ein Desiderat. Dabei wäre der wertkonservative Strang von besonderer Bedeutung. Wertkonservativen Kriminologen ist der Mangel einer allgemeinsoziologischen Grundlage für die Kriminalsoziologie in der Bundesrepublik Deutschland bewußt.

Wir betrachten im folgenden wertkonservative Entwürfe in Europa, bildungshumanistische marxistische Erörterungen und altchinesische Positionen als progressive Beispiele der Auffassung ,,Kriminalität ist eine sozialpathologische Erscheinung".

1.2 Wertkonservative Entwürfe in Europa

Wertkonservative Europäer zeichnen sich dadurch aus, daß sie aus europäischen Kulturtraditionen sprechen, daß sie Idealen nachstreben, daß sie nacktem Haben-Wollen die Sinnfrage entgegenstellen, daß sie in ihrem Denken den ganzen Menschen umfassen und auf den anderen Menschen achten, daß sie den Rückzug auf funktionale Kalküle und fatalistische Ergebenheit ablehnen. Der Schwerpunkt ihres Denkens kann auf dem einen oder anderen dieser Kriterien liegen.

Die wertkonservative kriminalsoziologische Richtung ist durch bedeutende Kriminologen vertreten; von der Kriminalsoziologie sind deren Entwürfe jedoch bislang kaum aufgenommen worden. Bei soziologisch orientierten wertkonservativen Kriminologen sind viele Ansätze für eine soziologische Bearbeitung des Kriminalitätsproblems zu finden. Es ist kein Ruhmesblatt der Soziologie, daß sie die Bearbeitung und soziologische Entfaltung dieser Ansätze bisher versäumt hat. Eine der Ursachen für dieses Fehlen ist die Verdrängung der deutschen Geschichts- und Kultursoziologie, die nach unablässigem Druck etwa Ende der

50er Jahre eingetreten ist.[6] Am Ende stehen die von Alfred Weber inspirierten Bemühungen Arnold Bergstraessers an der Universität Freiburg i.Br. Bergstraesser, ein dem Deutschen Idealismus verpflichteter Wertkonservativer, war existentiell und wissenschaftlich - mit lebenspraktischer Konsequenz - überzeugt von der Bildungsfähigkeit der Menschen, die es ermöglicht, fortzuschreiten, „das Dasein einem höheren Sinn zuzugestalten".[7] An die Stelle solchen Versuchs von Soziologen, „eine sozial-, kultur- und geschichtsphilosophische Deutungsaufgabe zu erfüllen",[8] trat - auf das Verbrechen bezogen - die Theorie von der „unverbesserlichen Böswilligkeit der Menschen",[9] vom Verbrechen als Frustrationsfolge und als notwendige Folge „einer strukturellen Verfassung unserer fortgeschrittenen Industriegesellschaften",[10] trat die These „Verbrechen sind normal".

Wir zeigen in der Kriminologie (und bei einem Dichter und Denker, dessen Text wir vornean stellen) enthaltene wertkonservative Kriminalsoziologie an zwei historischen und zwei heutigen Beispielen.

1.2.1 Fedor M. Dostoevskij

Bemerkenswert sind die Gedanken des Werteerhellers und Wertkonservativen Dostoevskij über den Zusammenhang zwischen Kriminalität und Gesellschaft. Dostoevskij sagt 1863 in seinen „Winteraufzeichnungen über Sommereindrücke"[11] (einer Reise nach Westeuropa): „Stehlen ist abscheulich, ist gemein - dafür kommt man auf die Galeere; der Bourgeois verzeiht vieles, nur Diebstahl nicht, auch wenn Sie oder Ihre Kinder zehnmal am Verhungern wären. Stehlen Sie aber um der Tugend willen, oh, dann wird Ihnen absolut alles verziehen. Dann wollen Sie offenbar faire la fortune und viele Sachen anschaffen, das heißt, Sie wollen Ihre naturgegebene und menschliche Pflicht erfüllen. Deshalb sind im Sittenkodex zwei Punkte ganz deutlich voneinander geschieden: Diebstahl aus niedrigen Beweggründen, das heißt um eines lumpigen Stückes Brot wegen, und Diebstahl um der hohen Tugend willen. Letzterer ist im hohen Grade abgesichert, er wird gefördert und ist ungewöhnlich solide organisiert."[12] Dostoevskij mißt Kriminalität nicht an gerade herrschenden Normen, sondern an herrschaftsübergreifenden Werten, von denen dann abzuweichen verzeihbar ist, wenn es in elementarer Not geschieht. Kriminogene Bestrebungen zeigen sich nach Dostoevskij sowohl beim geldgierigen Bourgeois als auch beim Arbeiter Frankreichs - Dostoevskij analysiert neben Großbritannien dieses Land: „... die Arbeiter sind ja selbst in ihrer Seele durch die Bank Besitzstrebende: Ihr ganzes Ideal besteht darin, etwas zu besitzen und so viele Sachen wie nur möglich anzuhäufen."[13] Eine solche Haltung sei ihnen in Jahrhunderten anerzogen worden. Dostoevskij zufolge ist das Kriminalitätsproblem unter bourgeoisen Verhältnissen unlösbar, denn diese drängen die Individuen in die Isolierung („Freiheits"-Ideologie). Mangel an Persönlichkeit und Brüderlichkeit bringt die Schädigung anderer, bringt Kriminalität hervor, die keinesfalls abweichendes Verhalten sein muß, da sie Ausdruck bestehender Verhältnisse ist, Kriminalität ist „scheinbare

Unordnung, die in Wirklichkeit bürgerliche Ordnung in höchster Potenz ist ..."[14] Es bedürfe „großer in Jahrhunderten gereifter geistiger Gegenwehr und Verneinung ..., um standzuhalten, um nicht dem Eindruck zu erliegen, um nicht vor dem Faktum das Haupt zu beugen ..."[15]

1.2.2 Alexander von Oettingen

Vom christlichen Standpunkt erklärt Alexander von Oettingen, Dorpater Theologe und Statistiker: Das eigentliche Motiv der Verbrechensbegehung ruhe „in der zerstörenden Macht der Selbstsucht, in jenem Egoismus, den so viele moderne Nationalökonomen als den Haupthebel gesunder ökonomischer Entwicklung und nationaler Lebensbewegung zu rechtfertigen und zu verherrlichen sich nicht scheuen".[16]

1.2.3 Joachim Hellmer

Joachim Hellmer zeigt das „Wirkungsverhältnis von gesellschaftlichen Bedingungen und individuellen Faktoren der Kriminalität"[17] auf. Er weist auf wertezersetzende Einflüsse in verschiedenen Bereichen der Gesellschaft der Bundesrepublik Deutschland hin, die u.a. junge Menschen zu kriminellen Handlungen verleiten.

Massenmedien. Etliche Massenmedien übten einen verrohenden Einfluß aus. „Filme werden aus der 'Welt des Infernos, der Infamie, der Ordinarität, der Nacktheit und des Ekels' besonders empfohlen."[18] „Die 'Strategie eines Mörders' wird angepriesen, 'sein größter Dreh' und der 'Frauenmörder von Paris' gelobt ('scharfe Konkurrenz der Ladykillers'). Leichen werden in Schubkarren abgefahren (dahinter der Pfarrer in gebückter Haltung), leergeschossene Magazine ('Kaliber 08') wirbeln durch die Luft, Faustschläge sitzen am Kinn des Gegners. Das 'Karussell' wird zum Liebesreißer, und paradiesische Zustände werden - vor allem wegen der Nacktheit der Personen - heraufbeschworen ('Erstaufführung, nackt wie die Natur uns schuf')."[19] Den Erwachsenen, meint Hellmer, mögen solche Anpreisungen nicht mehr verwunderlich erscheinen. „Aber wie", fragt er, „wirken sie auf Jugendliche, die sich ihre Meinung von der Welt erst bilden? Ist das wirklich unsere Welt, die vom Jugendlichen Gehorsam gegenüber dem Recht verlangt?"[20] Man müsse zwischen der unmittelbaren und der mittelbaren Wirkung von Massenmedien unterscheiden. Eine unmittelbare Wirkung in der Weise, daß z.B. ein im Film gezeigtes Verbrechen von Jugendlichen nachgeahmt werde, sei nicht immer nachweisbar. Allerdings komme auch das vor, Hellmer führt Beispiele an. Ein direkter Zusammenhang zwischen Filmerlebnis und Straftat bestehe auch da, wo der Film den Jugendlichen errege und enthemme und dadurch seine Tatbereitschaft erhöhe oder gar erst hervorbringe. Bedeutsamer sei die mittelbare Wirkung. Unter mittelbarer Wirkung sei die Beeinflussung der charakterlichen Haltung und Vorstellungswelt des Jugendlichen zu verstehen, aus der heraus kriminelle Taten entständen. - Hierzu werde auch der Standpunkt vertreten, nur an sich schon gefährdete Jugendliche könnten durch den Einfluß von Film, Lektüre u.a. kriminell werden. Auf den „gesunden" Jugendlichen hätten sie keine nachteilige Wirkung. Hellmer antwortet auf diese Ansicht: „Abgesehen von der Schwierigkeit der Feststellung, wer an sich schon gefährdet ist und wer nicht, bestätigt aber selbst diese Auffassung die Schädlichkeit solcher Beeinflussungen; denn selbstverständlich werden nicht alle Jugendlichen straffällig, und es geht in der Kriminalpolitik gerade um die Vermeidung der Aktualisierung von Gefährdungen."[21]

Schlechte Vorbilder. Wenn der junge Mensch sehe, daß Roheit und Rücksichtslosigkeit, Großsprecherei, sexuelle Perversion und Hemmungslosigkeit nicht nur ohne nachteilige Folgen blieben, sondern sogar zum Erfolg führten und Beifall fänden, müsse er an dem, was ihm immer vorgehalten werde, schlechterdings irre werden, und es erwache in ihm der Reiz, es einmal auf diese Weise zu versuchen. Auffällig - bei den Erwachsenen - sei vor allem das Schwinden eines ethisch verankerten Bedürfnisses, am sozialen Schaffen teilzunehmen, und dafür das immer stärkere Hervortreten rein materieller Bedürfnisse und Tendenzen.[22] Es genüge nicht, Tötung, Diebstahl und Betrug unter Strafe zu stellen. Nehme die Gesellschaft selber jährlich zigtausend Verkehrstote in Kauf, damit die Autoindustrie ungestört weiterarbeiten und der Staat Steuern einnehmen könne, so sei der Schutz des menschlichen Lebens, der durch das Tötungsverbot garantiert werden solle, weitgehend aufgehoben.[23] Und wenn Wirtschaftsverbrechen nicht verfolgt würden, habe das Diebstahlsverbot keine überzeugende Kraft mehr.[24]

Störung der Identifikation. Hellmer stellt mangelnde Hemmungen auf der subjektiven, übermächtigen Tatanreiz auf der objektiven Seite fest.[25] Die subjektive Seite verfolgt er über Sozialisation und Identifikation, die objektive Seite als Einflüsse, die den Identifikationsprozeß stören. Diese Einflüsse schlüsselt er auf in Faktoren. Mangelndes Identifikationsbewußtsein für sich, erklärt er, „ist nicht Faktor der Kriminalität - es hängt ja selbst von bestimmten Faktoren ab - sondern Kriterium zur Bestimmung der Kriminogenität eines Faktors: Einflüsse auf die Persönlichkeitsentwicklung und die konkrete Tat sind dann kriminogen, wenn sie den Identifizierungsprozeß stören oder die Identifikation mit dem 'anderen' im einzelnen Fall verhindern, so daß es nicht dazu kommt, daß dem Tatanreiz die nötige Hemmung entgegengesetzt wird."[26] Die kriminogenen Faktoren greifen aber „nicht nur von außen in das Verhältnis zwischen dem Jugendlichen und seinem Identifikationsobjekt ein, sondern es ist oft das Identifikationsobjekt selber, das eine Identifizierung verhindert".[27] Zum Beispiel könne sich der Jugendliche nur schwer mit einer Wohnumwelt identifizieren, die lediglich aus Mauern und Beton besteht; der Hauptfaktor für eine daraus entstehende Aggression gegen Sachen und Bauten in einer Stadt oder in einem Stadtviertel sei die Identifikationsunfreundlichkeit des Objekts selber. Diese könne sich so weit steigern, daß eine Identifikation bewußt abgelehnt werde, „z.B. mit einem Staat, dem Profitdenken vor Menschenwürde geht".[28] Familien-, Haus-, Kameradendiebstähle, Angriffe gegen nahestehende Personen, Tierquälerei, Sachbeschädigungen im näheren Umkreis deuteten oft darauf hin, daß der Identifizierungsprozeß schon auf der ersten Stufe, nämlich der einer Identifikation mit der nächsten Umgebung, gestört oder gescheitert sei, während Ordnungsdelikte, auch Diebstahl, Betrug oder andere Straftaten gegenüber Unternehmen (Diebstahl in Selbstbedienungsläden), juristischen Personen, Staatsvermögen ein Fehlschlagen der Identifikation auf der zweiten, abstrakteren Stufe anzeigten.[29]

In einer Skizze faßt Hellmer seine Erklärung wie folgt zusammen:[30]

1. Kriminalität ist Identitätsverletzung, das heißt Verletzung der Identität mit dem ,,anderen" (Person, Gruppe, Gesellschaft, Staat usw.).

2. Zu Verletzungsverhalten kommt es, wenn im Augenblick der Tat keine genügende Identifizierung mit dem ,,anderen" stattfindet.

3. Nichtidentifizierung mit dem ,,anderen" beruht auf mangelndem Identitätsbewußtsein.

4. Identitätsbewußtsein wird in einem Prozeß wachsender Identifizierung mit der Umwelt erworben.

5. Alle diesen Prozeß störenden Einflüsse - und nur sie - sind kriminogene ,,Faktoren".

Ergebnis. Die wissenschaftliche Anteilnahme Hellmers am Werdegang der Täter geht von den Opfern aus. Denn Kriminalität ist nach Hellmer nicht nur ,,abweichendes Verhalten", sie ist zuerst ,,menschliches Verhalten, das einen anderen oder die Gemeinschaft verletzt und deshalb unter Strafe gestellt ist ...".[31] Hellmer ist darüber hinaus überzeugt, daß durch Kriminalität ,,nicht nur seelische, körperliche und materielle Schäden auf Kosten einzelner Personen und der Gesellschaft" entstehen, ,,sondern die soziale Substanz wird durch Sicherheits- und Vertrauensschwund angegriffen und gemindert."[32] Dies sind Schlüsselsätze einer gegen die These ,,Verbrechen sind normal" zu schaffenden kriminal- und gesellschaftspolitisch orientierten Kriminalsoziologie.[33]

1.2.4 Richard Lange

Der Kriminologe Richard Lange unterzieht verkürzte Soziologie und Kriminalsoziologie einer scharfsichtigen Kritik vom Standpunkt der philosophischen Anthropologie.[34] Es sei nicht zulässig, in der Kriminalitätsforschung den ganzen Menschen auszublenden, um ,,lediglich einen begrifflich zuhandenen Rollenträger oder einen sonstigen Teilaspekt zu beleuchten",[35] kritisiert Lange den Strukturfunktionalismus. Er gelangt zu dem Ergebnis: ,,Auch die gravierenden Kriminalitätsursachen in den gesellschaftlichen Verhältnissen sind ohne anthropologische Vertiefung nicht zu umgrenzen. Solange diese fehlt, wird die bequeme These, die Gesellschaft sei an allem schuld, leicht zu einer bloßen Ausflucht."[36] Da Lange die Menschen nicht auf funktionierende Strukturen reduziert, sieht er auch die Opfer.

Langes Anthropologie verschließt sich der Geschichte, um dem Relativismus zu begegnen und das Individuum vor es entfremdenden und zersetzenden Einflüssen der Gesellschaft und mechanistischen Auffassungen, der zufolge es keine

Schuld an seinen eigenen kriminellen Handlungen treffe, zu retten. Dieses wertkonservative, kultursoziologische Anliegen ist förderungswürdig. Es bedarf, um in die Zukunft wirken zu können, einer Erweiterung und Fortführung: des Wiedereintritts in die Geschichte und eines geschichtssoziologischen Horizontes.

1.2.5 Ausblick

Schon lange hat die Kulturkritik, besonders in Deutschland, auf die Bedeutung des Zerfalls alter Werte hingewiesen. Alte kulturelle Werte haben bis heute mitgeholfen, trotz starker kriminogener gesellschaftlicher Einflüsse das Auswuchern der Kriminalitätsraten in der Bundesrepublik Deutschland zu dämpfen.

Religion. ,,Im allgemeinen", so Franz Exner, ,,... wird man behaupten dürfen: religiöse Erziehung und religiöse Sitten stärken - dies gilt für alle Kulturreligionen - die Widerstandskräfte gegenüber dem Verbrechen ..."[37] - ,,Man wird annehmen können", meint Hellmuth von Weber, ,,daß der Gläubige einen starken Rückhalt gegen die Versuchung zur Begehung eines Delikts hat, jedenfalls dann, wenn der Tatbestand zugleich durch eine ethische Norm seines Glaubens getragen wird."[38] Es gibt nach Joachim Hellmer ,,Anhaltspunkte dafür, daß die Kirche noch immer ... kriminalitätshemmend wirkt".[39]

Für klassische humanistische Werte gilt Entsprechendes wie für religiöse Werte.

Wertkonservative versuchen, diese Werte wirksam zu halten. Hellmer spricht von der ,,Verkürzung des Wertsystems auf materielle Güter".[40] Dadurch entstehe eine Situation, in der eine Fixierung aller sozialen Kräfte auf diese Güter stattfinde, gleichzeitig aber - durch Fortfall eines darüber hinausweisenden Lebenssinns - eine Relativierung dieser Güter eintrete. Die Praktiken des Erwerbs glichen sich allmählich an, ,,wobei nur die Methoden, je nach Intelligenz, Alter, Stellung usw. variieren: von zweifelhafter Werbung über raffinierte Techniken des Geldmachens bis hinunter zur einfachen Greifhandlung, dem Diebstahl".[41]

Robert K. Merton und Edwin H. Sutherland kritisieren, ohne alte Werte direkt zu verteidigen, Pseudo-Werte, die in den USA an die Stelle alter kultureller Werte gerückt sind: Reichtum und Macht (Merton) und die ,,Sitte" von Erwerb auf Biegen und Brechen (Sutherland). Sie sind damit kriminalsoziologische Wertkritiker.

Der Einfluß der Wertkonservativen ist in der Bundesrepublik Deutschland gering. Alle Werte sind auch bei uns inzwischen auf den Geldwert reduzierbar. ,,Unsere Wirtschaftsform bringt es mit sich", meint Dieter Rössner, ,,daß praktisch jede Sache reproduzierbar ist und diesem Prozeß ein Geldwert zugeordnet werden kann."[42] Alte kriminalitätsvorbeugende Werte erliegen kriminogenen Pseudo-Werten. Die Macht des ökonomischen Geschehens einschließlich der Reklame - deren Einfluß besonders auf junge, noch ungefestigte Menschen ungeheuer groß ist -, eine durch sie entfachte grenzenlose Begehrlichkeit auf die

„Ziele" Reichtum und Macht hin, die Vermarktung des weiblichen Körpers, die Suggestion, Wegwerf-Konsum zu betreiben „im Interesse der Arbeitsplätze" - all diese Einflüsse führen ein gewaltiges kriminalitätserzeugendes Potential mit sich, gegen das die Predigt von religiösen und philosophischen Tugenden wie Einfachheit, Bescheidenheit, Ehrlichkeit, Sparsamkeit usw. sich als ohnmächtig, ja geradezu als „unmoralisch" (im Sinne der Durkheimschen Gleichsetzung von Normen und Moral) erweist.

Die kriminalsoziologische Prognose lautet daher: Kann der Werteverfall nicht aufgehalten werden, so ist ein Weiterrollen der Kriminalitätslawine bei uns zu erwarten. Die gesellschaftspolitische Forderung lautet, auf Verhältnisse hinzuwirken, die dem Werteverfall Einhalt gebieten.[43]

1.3 Bildungshumanistisch-marxistische Kriminalsoziologie
Die Verankerung kriminalsoziologischer Aussagen im bildungshumanistischen Aspekt des Marxismus ist oben unter C.2.2 zu finden.

Besonders in der DDR und der Sowjetunion erarbeitete bildungshumanistische Kriminalsoziologie wird derzeit in Asien rezipiert - allerdings nicht als dogmatische Lehre, sondern im Zusammenhang mit konfuzianischem, daoistischem und buddhistischem Denken[44]; auch Strömungen des Islam werden von marxistischer Kriminalsoziologie erreicht, vor allem in Mittelasien, Südostasien und Südasien.

a) Allgemeine Soziologie, Kriminalsoziologie, Kriminologie
„Eine Soziologie, die die Kriminalität und ihre Ursachen zum Gegenstand ihrer Forschungen macht, muß notwendig zur Kriminologie werden und sich deren Forschungsmethoden aneignen, das heißt die Soziologie muß sich in Kriminologie verwandeln, wenn sie ernsthaft Kriminalitätsforschung betreiben will."[45] Von hier aus sind Gegenstand der marxistischen Kriminologie „die Ursachen der Kriminalität und die Gesetzmäßigkeiten ihrer Wirkungsweise im Sinne sozialer (materieller und ideologischer) Phänomene sowie die Mitwirkung an der Herausarbeitung von Grundsätzen zur Eindämmung und schrittweisen Aufhebung der Kriminalität durch umfassende gesellschaftliche und staatliche Maßnahmen, die im Rahmen der ... Umgestaltung der Gesellschaft zum Kommunismus notwendig und möglich sind".[46] Wie man sieht, ist der Gegenstand der marxistischen Kriminologie in keiner der herkömmlich bekannten Wissenschaften ganz unterzubringen, denn er ist „eine komplexe gesellschaftliche Erscheinung, die in alle Gebiete des materiellen und geistigen Lebens der Gesellschaft und des einzelnen Menschen hineinragt oder besser: darin eingebettet ist".[47] Das Bezugssystem, von dem eine Kriminologie ausgehen müsse, könne nicht die Selbstbewegung der Kriminalität sein. „Die Kriminologie käme dann aus der bloßen Empirie ... nicht heraus."[48] Würde man die Kriminalität als „ewige" Begleiterscheinung der menschlichen Gesellschaft nehmen, dann würde das Bezugssystem der Kriminologie in der Kriminalität selbst gesucht werden können und die Kriminologie wäre eine Wissenschaft, die gewissermaßen in sich

selbst ruht. „Wer aber der Kriminalität dieses Wesen, das heißt das mit dem Guten ewig verbundene Böse, nicht zuerkennt, sondern sie - wie der Marxismus - nur als eine primitive Äußerungsform menschlichen Verhaltens begreift, die in primitiven sozialen Zuständen und Denkweisen ihre sozialen (materiellen und ideologischen) Wurzeln hat, die ihrerseits keineswegs ewiger Natur und dem Wesen des Menschen nicht notwendig vorgegeben sind, für den kann das wissenschaftliche Bezugssystem der Kriminologie nicht in der Kriminalität selbst liegen."[49] Bezugs- und Maßsystem der Kriminalität seien hier vielmehr „die allgemeinen gesellschaftlichen Prozesse und deren Gesetzmäßigkeiten ..., die das Verhalten des einzelnen Menschen in der Gesellschaft bestimmen".[50] Kriminologie ist demzufolge zwar nicht ausschließlich, aber wesentlich Kriminalsoziologie.

b) Grundlagen der marxistischen Theorie über die Ursachen der Kriminalität
ba) Dialektischer Determinismus
Für die Theorie der Ursachen drehe es sich, sagt Lekschas, nicht lediglich um das Problem der Kausalität, des einfachen unmittelbaren sich nicht wiederholenden Zusammenhangs. Man müsse vielmehr die Grenze des einfachen direkten Zusammenhangs überschreiten und die „Beziehungen einer Gesamtheit von Kausalrelationen" untersuchen. Es komme darauf an, die Rolle der verschiedenen objektiven und subjektiven Erscheinungen in einer Vielzahl von Kausalrelationen aufzudecken, die sich auf die Kriminalität als gesamtgesellschaftliche Erscheinung beziehen. Oft werde der Fehler gemacht, die Untersuchung der Ursachen von Kriminalität bei der Behandlung einfacher, direkter Zusammenhänge abzubrechen. Da man sich auf diese Weise zwinge, bei der nächsten Ursache, dem Tatentschluß und seiner Entstehung im Kopf des Täters, stehenzubleiben, verzichte man auf die Erforschung weiterer Zusammenhänge. Diese aber beträfen eben nicht nur die einfachen unmittelbaren Zusammenhänge zwischen zwei Erscheinungen, sondern auch die mittelbaren Zusammenhänge einer Gesamtheit von Kausalrelationen, also ganzer Prozesse. „Gerade das aber ist die Aufgabe der Theorie von den Ursachen der Kriminalität."[51] Andernfalls erliege man leicht einem mechanischen Gesetzesbegriff. Der dialektische Determinismus erkenne nicht nur eine Form des Gesetzes, sondern mehrere an.[52] Er befreie die Fragen von Möglichkeit und Wirklichkeit, Zufälligkeit und Notwendigkeit aus der mechanistischen Beschränktheit. Es müsse dabei insbesondere beachtet werden, „daß die Gesetze, die das Handeln der Menschen bestimmen, wohl in den seltensten Fällen einfache direkte Notwendigkeiten sind, wie sie die klassische Mechanik kennt".[53]

Die „Untersuchung von Kausalzusammenhängen, die zu einer Straftat geführt haben, ist immer die Untersuchung der Wirklichkeit, und zwar einer begrenzten einzelnen Erscheinung der Wirklichkeit. Es wird hierbei stets die Tatsache festgestellt, daß bestimmte Erscheinungen der Realität eine andere bestimmte Erscheinung - die Straftat - hervorgerufen haben. Nimmt man die Kriminalität als Summe aller geschehenen Taten, so geht es ... darum, zunächst festzustellen, welche der vielen einzelnen Erscheinungen der Realität zu der gegebenen Vielzahl verschiedenartiger Straftaten geführt hat. Es geht hier immer noch um die Aufdeckung gegebener konkreter einzelner - wenn auch vieler - Kausalrelationen. Bliebe die Theorie hierbei stehen, so würde dies nur die nachträgliche Protokollierung der vielfältigsten, sich in derselben Weise nie wiederholenden Vorgänge sein, die ohne weitere wissenschaftliche Durchdringung noch relativ wertlos sind, weil eben diese Feststellungen zugleich auch Feststellungen sich nicht wiederholender Zufälligkeiten sind. Aufgabe der Theorie aber ist es, eine Richtschnur für die Erforschung jener Faktoren zu geben, von denen sich voraussagen läßt, daß sich bei ihrem Vorliegen bestimmte Vorgänge wiederholen werden, um von dieser Erkenntnis her die Prophylaxe ansetzen zu können."[54]

Die als Ursache der Einzeltat bzw. der Kriminalität festgestellten Erscheinungen „tragen ... in sich nur die Möglichkeit, Menschen zu kriminellen Handlungen zu determinieren. Die Straftat kann als deren Wirkung eintreten, muß es aber nicht."[55] Die Feststellung, daß die Kriminalität nur eine mögliche Wirkung dieser Ursachen sei, schließe jedoch noch nicht aus, daß zwischen den Ursachen der Kriminalität und ihr selbst ein dynamischer Zusammenhang angenommen werde, wonach dann die Kriminalität zwar nur eine Möglichkeit, zugleich aber auch die einzige Möglichkeit der Wirksamkeit dieser Ursachen sei. Auch wenn man es mit dynamisch-gesetzmäßig bestimmten Zusammenhängen zu tun habe, könne die Umwandlung einer Möglichkeit in die Wirklichkeit durch das Dazwischentreten neuer Bedingungen verhindert werden, „ohne daß deswegen das dynamische Gesetz des Zusammenhangs zwischen den Erscheinungen in seiner Gültigkeit irgendwie beeinträchtigt würde. Möglichkeit und Gesetzmäßigkeit sind keine sich ausschließenden Gegensatzpaare."[56] Nur ein kleiner Teil der Mitglieder der Gesellschaft bleibe den destruktiven Wirkungen dieser Erscheinungen unterworfen und nur bei einem prozentual sehr kleinen Teil dieser Menschen schlagen, sagt Lekschas, solche Rudimente unter den vielfältigsten und ständig wechselnden Bedingungen des gesellschaftlichen und individuellen Lebens in Straftaten um.

Wenn also von den Ursachen der Kriminalität die Rede ist, so sind damit immer Erscheinungen gemeint, von denen die Kriminalität nur eine neben anderen möglichen und von diesen die extremste mögliche negative Wirkung ist. Hier werde ersichtlich, daß zwischen der Kriminalität und ihren Ursachen kein dynamisch gesetzmäßiges Verhältnis im Sinne der Mechanik, keine mechanisch-lineare Kausalität bestehe. Während es bei der Untersuchung von Einzeltaten um bereits vollzogene Ursache-Wirkung-Zusammenhänge gehe, meine die allgemeine Theorie der Ursachen der Kriminalität oder bestimmter Deliktskategorien mit ihren Aussagen zugleich noch nicht geschehene, zukünftig mögliche Zusammenhänge. Mit ihrer Hilfe könne man daher Kriminalität verhüten, nämlich „indem man die in vergangenen Zusammenhängen als tatsächliche Ursachen erkannten Erscheinungen nunmehr in der Gesellschaft auszuräumen beginnt".[57]

bb) Grundtypen sozialen Verhaltens

Jede Straftat, die Kriminalität im ganzen, ist Buchholz zufolge eine spezifische Form des Sozialverhaltens von Menschen: eine gesellschaftlich negative und destruktive.[58] Das Wechselverhältnis von Produktivkräften und Produktionsverhältnissen erzeuge in der jeweiligen Gesellschaftsformation (Feudalismus, Kapitalismus usw.) einen spezifischen Grundtyp sozialen Verhaltens. In ihm drücke sich das Bindeglied zwischen der sozialökonomischen Struktur einer Gesellschaft und den tausendfältig zufälligen Formen des Sozialverhaltens ihrer Individuen aus. Auf Grund dessen präzisiere sich die Frage nach der sozialen Bedingtheit der Kriminalität auf die Frage nach dem Bezug der Kriminalität zum Grundmodell des Sozialverhaltens der betreffenden Gesellschaftsordnung: Ist sie ihm adäquat oder inadäquat?[59]

c) Die Kriminalität im Kapitalismus

In der antagonistischen Klassengesellschaft, so legt der Arbeitskreis ,,Kriminalitätsbekämpfung" dar, sei dementsprechend die soziale Grundursache für die Kriminalität der soziale Charakter der herrschenden Produktions- und Machtverhältnisse. Letztere ,,werden durch den Hauptwiderspruch zwischen privater Aneignung und gesellschaftlicher Produktion sowie durch die politische Macht gekennzeichnet, die zum Zweck der Aufrechterhaltung dieser Ausbeutungsverhältnisse errichtet wurde".[60] Sie seien der materielle und politische Bestimmungsgrund und die Hauptquelle für ein solches soziales Denken, Fühlen und Handeln, bei dem die Gesetzmäßigkeit sei: der Mensch ist des Menschen Feind. Der Deformierungs- und Entfremdungseffekt, der in der massenhaften kriminellen Verseuchung aller Verhältnisse und Beziehungen objektive Gestalt annehme, werde verursacht von dem Charakter der Produktionsverhältnisse. Die Kriminalität als soziale Erscheinung sei die Kehrseite ,,der aus der ausbeuterischen Ware-Geld-Beziehungen erwachsenden antagonistischen Entgegensetzung von Individuum und Gesellschaft, die sich in massenhafter unbewußter (spontaner), anarchischer ... Rebellion der isolierten einzelnen gegen die herrschenden Produktions-, Eigentums- und Machtverhältnisse äußert ...".[61] Als Schreckenszeit der Kriminalität erweise sich der Imperialismus, die Zeit des Verfalls der letzten Ausbeuterordnung, doch habe die Kriminalität schon in Zeiten des Verfalls der vorausgegangenen Ausbeuterordnungen jeweils Höhepunkte erlebt. Die zunehmende Kriminalität zeuge von um sich greifender dumpfer Rebellion, Neurotisierung der Individuen und Verfall der Gesellschaft. ,,Mit Recht wird also davon gesprochen, daß unter solchen Existenzbedingungen die Kriminalität dem sozialen Gesamtsystem wesensimmanent ist."[62]

Das Grundmodell des Sozialverhaltens im Kapitalismus ist nach Buchholz der Individualismus und Egoismus, die Isolierung und Vereinzelung des Individuums, der Gegensatz von Individuum und Gesellschaft. Dieses über Jahrhunderte und - seine Vorgänger eingerechnet - Jahrtausende ausgearbeitete und ausgefeilte Muster des Sozialverhaltens habe sich fest in das gesellschaftliche Bewußtsein eingefressen und sei in Sprichwörtern wie „Jeder ist sich selbst der Nächste", „Das Hemd ist mir näher als der Rock" usw. geläufig.[63] Freilich dürfe ein solches Grundmodell nicht so verstanden werden, als gebe es für eine bestimmte Gesellschaftsordnung nur Verhaltensweisen entsprechender Prägung. In jeder Gesellschaft kommen zahllose Handlungen vor, die dem Grundmodell inadäquat oder sogar direkt entgegengesetzt sind. Die soziale Funktion des Grundmodells bestehe vielmehr darin, das den gegebenen gesellschaftlichen Produktions- und Lebensverhältnissen gemäße grundlegende soziale Verhalten der Menschen zu steuern, die typische, sich in tausend Zufälligkeiten durchsetzende Aktions- und Reaktionsweise der Menschen zu bestimmen.

Der Grundtyp des Sozialverhaltens im Kapitalismus führe dazu, daß die Individuen gegeneinander stehen und in Gegensatz zur Gesellschaft als Ganzem geraten. Vielfältige Einzelakte der Negierung oder Verletzung der Interessen anderer oder der Gesamtheit seien die Folge. Die staatlichen Rechtsnormen sollten diese Beeinträchtigung anderer Individuen bzw. der Gesamtgesellschaft auf ein vertretbares Minimum herunterbringen. Doch könne dadurch der Krieg aller gegen alle nicht aus der Welt geschafft werden. Paradoxerweise stelle das Strafrecht der Ausbeuterordnungen Handlungen unter Strafe, die ihrem Wesen nach dem Grundmodell des Sozialverhaltens eben dieser Gesellschaftsformationen entsprächen und lediglich in ihren Formen und Ausmaßen einen als legitim gesetzten, durchaus variablen Grenzwert überschritten hätten. Es wende sich gegen Produkte, Ausflüsse, auch Auswüchse seines eigenen gesellschaftlichen Mutterbodens. In einem Satz: Die Kriminalität sei im Kapitalismus dem Grundtyp und Grundmuster des Sozialverhaltens dieser Gesellschaften adäquat.[64]

d) Gesellschaftliche Ursachen der Kriminalität im Sozialismus

Im Sozialismus, so argumentiert der Arbeitskreis „Kriminalitätsbekämpfung", werde der Klassenantagonismus liquidiert; zugleich werde „der materielle Bestimmungsgrund für den Antagonismus von Individuum und Gesellschaft, der den Menschen in die Isolierung von der Gesellschaft treibt, in revolutionärer Weise aufgehoben".[65] Schließlich werde der Weg bereitet für die Entwicklung aller produktiven Kräfte, insbesondere für die allseitige Entwicklung des Menschen. Die sozialistischen Ware-Geld-Beziehungen vermittelten dem einzelnen schon nicht mehr Macht über den Menschen. „Sie vermögen allerdings von sich aus den alten überlebten Individualismus nicht völlig aufzuheben, weil die ungerechtfertigte Ausnutzung dieser Beziehungen noch eine zeitweilige Befriedigung der Bedürfnisse ohne Arbeitsleistung ermöglicht."[66] Da die Existenz dieser Beziehungen in letzter Instanz bestimmt sei durch den überkommenen, überlieferten, noch zu niedrigen Stand der Produktivkräfte, verlagere sich das Schwergewicht der materiellen Bestimmungsgründe für soziale Fehlleistungen in immer stärkerem Maße in den Bereich der Produktivkräfte. Die Autoren übersehen bei dieser Behauptung nicht, „daß eine bloße Entwicklung der Produktivkräfte noch nicht automatisch zur Senkung der Kriminalität führt ...".[67]

Dieses Ergebnis werde nur erreicht, wenn sich auch die Persönlichkeit entsprechend entwickle. - Hier ist die Tendenz der Verfasser, sozialistische Produktionsverhältnisse als mögliche Mitverursacher von Kriminalität zu entlasten, besonders deutlich. - Der Spielraum der Kriminalität werde im Sozialismus in dem Maße eingeschränkt, wie die neuen sozialen Verhältnisse die Entwicklung der Produktivkräfte bewußt förderten und als Resultat neue gesellschaftliche Denk-, Lebens- und Verhaltensweisen hervorriefen, deren Wirkung alle Bereiche des Zusammenlebens erreiche. „Aus dieser Sicht ist es daher berechtigt zu sagen, daß die Kriminalität der neuen Lebensordnung wesensfremd ist und im Widerspruch zum Bestimmenden und Typischen der sozialistischen Gesellschaft steht."[68]

Der Sozialismus bringe einen anderen Grundtyp des Sozialverhaltens hervor: den des „Wir" im Denken und im Handeln, den der kameradschaftlichen Zusammenarbeit und der gegenseitigen Hilfe.[69] Aber: Es bestehe kein mechanisches Widerspiegelungsverhältnis zwischen der neuen, sozialistischen sozialökonomischen Grundstruktur und dem neuen, sozialistischen Verhaltensmuster. Das neue Grundmodell sei nicht mit einem Schlag das absolut und allein Existente. Das alte völlig entgegengesetzte Verhaltensmuster des Privateigentums, das sich „über Jahrhunderte und Jahrtausende fest im Denken und Handeln der Menschen eingeschliffen und eingefressen hat und infolgedessen einen hohen Grad an relativer Verselbständigung erreichte, ist nicht über Nacht - wie Kreidezeichen auf einer Schultafel - auszulöschen".[70] Es müsse vielmehr in mühevoller Kleinarbeit herausgelöst, ersetzt, ein neuer Stereotyp müsse ausgearbeitet und eingeschliffen werden. Dabei sind die Kategorien Verantwortung und Schuld entscheidende Elemente. Sie gründen auf der Ablehnung krimineller (statt politischer) Handlungen des Proletariers im Kapitalismus durch Marx und Engels und die marxistische Kriminalsoziologie.

Für das Proletariat ist das Verbrechen nach Engels eine Sackgasse. Er begreift es als „die erste, rohste und unfruchtbarste Form" der Empörung des Proletariats gegen die Bourgeoisie.[71] Engels argumentiert: Der Arbeiter lebte in Not und Elend und sah, daß andere Leute es besser hatten als er. Seinem Verstande leuchtete nicht ein, warum er grade, der doch mehr für die Gesellschaft tat als der reiche Faulenzer, unter diesen Umständen leiden sollte. Bald aber hätten die Arbeiter eingesehen, daß Diebstahl und ähnliche Handlungen nichts halfen. Die Verbrecher konnten nur einzeln, nur als Individuen durch ihren Diebstahl gegen die bestehende Gesellschaftsordnung protestieren; die ganze Macht der kapitalistischen Gesellschaft habe sich auf jeden einzelnen geworfen und ihn mit einer ungeheuren Übermacht erdrückt.[72] Marx bezeichnet im „Kapital" Vagabunden, Verbrecher und Prostituierte als das Lumpenproletariat.[73] Der Proletarier weicht nach Marx, wenn er verbrecherisch handelt, von der Perspektive ab, die ihm seine Klasse gebe. Doch weiche er damit von der Praxis der Bourgeoisie gerade nicht ab. Diese Auffassung wird von Engels ausführlich begründet. „Mir ist nie", bemerkt er, „eine so tief demoralisierte, eine so unheilbar durch den Eigennutz verderbte, innerlich zerfressene und für allen Fortschritt unfähig gemachte Klasse vorgekommen wie die englische Bourgeoisie ..."[74] Für sie existiere nichts auf der Welt, was nicht um des Geldes willen da wäre, sie selbst nicht ausgenommen, sie lebe für nichts, als um Geld zu verdienen, sie kenne keine Seligkeit als die des schnellen Erwerbs, keinen Schmerz außer dem Geldverlieren. „Bei dieser Habsucht und Geldgier ist es nicht möglich, daß eine einzige menschliche Anschauung unbefleckt bliebe."[75] „Ich ging einmal", erzählt Engels, „mit einem solchen Bourgeois nach Manchester hinein und sprach mit ihm von der schlechten, ungesunden Bauart, von dem scheußlichen Zustande der Arbeiterviertel und erklärte, nie eine so schlecht gebaute Stadt gesehen zu haben. Der Mann hörte das alles ruhig an, und an der Ecke, wo er mich verließ, sagte er: „... und doch wird hier enorm viel Geld verdient - guten Morgen, Herr!'"[76] Was kein Geld abwirft, das ist für diese Bourgeoisie dummes Zeug, unpraktisch, idealistisch.[77] Bereits die Geburt des Kapitals war nach Marx vielfach mit brutalsten kriminellen Akten verbunden, besonders dem Sklavenhandel. Das Kapital kam, schreibt Marx, „von Kopf bis Zeh, aus allen Poren, blut- und schmutztriefend"[78] zur Welt. In den Darlegungen von Marx und Engels kommt der Kraft der Persönlichkeit, kriminogenen Einflüssen standzuhalten, besondere Bedeutung zu. Der Lumpenproletarier erliegt den kapitalistischen Verhältnissen, wird kriminell und ist damit nicht besser als ein Kapitalist. Dagegen wird der klassenbewußte Proletarier nicht kriminell, er überwindet im Vorgriff die kriminogenen kapitalistischen Verhältnisse.

1.4 Altchinesische Positionen

In den Werken des Staats- und Gesellschaftsdenkens der alten Chinesen werden schon unmittelbar Positionen progressiver Kriminalsoziologie vertreten. Kong Fuzi weist auf die Bedeutung von gegenseitigem Vertrauen und gegenseitiger Hilfe hin. Laozi geht vom „Entbehren inmitten der Fülle" aus. Mo Di warnt vor einem Strafvollzug, der nur unterdrückt. Besonders sei auf die Große Gemeinsamkeit des Liji zurückverwiesen.[79] Ko Hong bringt Sucht und Reichtum und Macht mit dem Verbrechen in Verbindung. Mo Di sieht die Ursache der Verbrechen in dem Mangel an gegenseitiger Liebe. „Der Weise", stellt Mo Di fest, „der sich die Ordnung des Reiches zur Aufgabe macht, kommt ... nicht umhin, die Ursachen der Verwirrung zu untersuchen. Wenn er nachforscht, woher die Verwirrung kommt, so wird er finden, daß sie an dem Mangel an gegenseitiger Liebe ihren Grund hat ... Und selbst bei den Dieben und Räubern im Reich verhält es sich so; die Diebe lieben nur ihr eigenes Haus und nicht das der anderen und daher bestehlen sie die anderen Häuser, um ihrem eigenen Hause Vorteil zu verschaffen. Und die Räuber lieben nur sich selbst und nicht die anderen Menschen, daher berauben sie diese, um sich selbst zu nützen. Woher kommt das? Dies alles ist eine Folge des Mangels an gegenseitiger Liebe."[80]

1.5 Ergebnis

Aufgabe einer progressiven Kriminalsoziologie muß es sein, die gesellschaftlichen Ursachen krimineller Handlungen zu erforschen, dabei die Verantwortungs- und Schuldfähigkeit des einzelnen, das heißt die Persönlichkeit anzuerkennen, hierbei nach den Bedingungen zu fragen, unter denen der einzelne strauchelt und schuldig wird. Es ist also a) das Gegeneinandertreffen und Ineinanderdringen kriminogener gesellschaftlicher Einflüsse und aufbauender (antikriminogener) Kräfte des Individuums zu untersuchen, b) die Gesellschaft daraufhin zu befragen, wieweit sie die Entwicklung aufbauender Kräfte des Individuums fördert, bewußte und verantwortungsvolle Persönlichkeiten hervorbringt, wieweit nicht (bzw. im konkreten Einzelfall: das Individuum gefördert hat oder nicht). An der Schuld ist festzuhalten, denn das Individuum ist kein Automat, sondern - außer bei hirnorganischen Störungen usw. - befähigt, verantwortlich und sorgsam handelnde Persönlichkeit zu sein; jedoch ist das Zustandekommen der Schuld selbst soziologisch zu betrachten. - Solcherweise ist, um ein Beispiel zu nennen, an die Erforschung der bei der Verkehrskriminalität zutage tretenden Persönlichkeits-Phänomene wie ,,Rücksichts- und Hemmungslosigkeit, Gleichgültigkeit gegenüber Leben und Gesundheit anderer Menschen, Unreife, Egoismus und Freude am Risiko"[81] heranzugehen.

2. Die Menschheitswerte: Schlüsselkategorie progressiver Kriminalsoziologie

Welche konstituierenden Elemente haben wir der Kategorie der Menschheitswerte inhärent gefunden, die bestimmend sein sollen als Schlüsselkategorie zu entfaltender progressiver Kriminalsoziologie? Es sind folgende Forderungen:
- der Weltfriede, die eine polyphone Welt, die jedem Heimat läßt (keine Vertreibungen) und gibt (Selbstbestimmungsrecht der Ethnien und Kulturen), kein Imperialismus, keine Hegemonie, keine Atomwaffen,
- der Friede mit der Natur. Verminderung der Naturausbeutung, der Überproduktion, des Konsumismus,
- die Humanisierung des Produktionsprozesses, seine demokratische Verfassung und die Entfaltung seiner persönlichkeitsbildenden Kraft,
- der soziale Friede: die klassenlose Gesellschaft. Aufhebung der Ausbeutung von Menschen durch Menschen, Brüderlichkeit,
- der Friede zwischen den Geschlechtern: auf Liebe gegründete Geschlechterbeziehungen,
- die Herausbildung der allseitig - geistig (ästhetisch und wissenschaftlich), sittlich, körperlich - entwickelten, harmonischen Persönlichkeit eines jeden, der Friede mit dem Nächsten: keine Schädigung anderer.

Gesellschaften, die sich an diesen Werten orientieren, weisen eine erheblich verminderte Kriminalitätsbelastung auf, Individuen, für die sie Leitstern sind, werden kaum kriminell. Dagegen folgen aus der Entbindung von den Menschheitswerten hohe bis extrem hohe Kriminalitätsraten. Gesellschaftspolitik kann mithin den Weg schaffen, dessen Begehung die Kriminalitätsbelestung vermindert. Begehen dieses Weges heißt, kurz gesagt, ethisch gebundene Persönlichkeits- und Gesellschaftsentwicklung als ineinander wirkender Prozeß.

Elemente progressiver Kriminalsoziologie sind, wie unsere Arbeit ergeben hat, bereits unter den Theorien zu finden, die Kriminalität als sozialpathologische Erscheinung erfassen. Um progressive Kriminalsoziologie von der Erkenntnis dieses Ausgangspotentials her zu entfalten, müssen daher diese soziologischen Kriminalitätstheorien in umfassenden Einzeluntersuchungen an den einzelnen Elementen der Menschheitswerte detailliert gemessen werden. Derartige Untersuchungen werden seit Ende der 80er Jahre im Forschungsbereich des Faches Soziologie der Pädagogischen Hochschule Freiburg schon unternommen. Die vorliegende Arbeit versteht sich als fachwissenschaftlich befestigtes didaktisch-methodisches Instrumentarium solcher Einzelforschungen. Richtig angelegte Messungen können präzise Aussagen darüber ergeben, welche einzelnen Teile der jeweils untersuchten Kriminalsoziologie progressiv und als Elemente einer daran anknüpfenden Kriminalsoziologie geeignet sind. Eine wissenschaftlich umfassend begründete progressive Kriminalsoziologie auszuarbeiten, ist ein anspruchsvolles, länger dauerndes Vorhaben. Lohnt sich die Mühe? Wie sind die Aussichten für eine progressive Kriminalpolitik, die sich auf progressive Kriminalsoziologie stützen könnte? Wirksam werden können Menschheitswerte als Elemente von Kulturen.[82] Verminderte Kriminalitätsproduktion weisen Kulturen auf, in denen Menschheitswerte als Ideale wirksam sind: entwickelte Hochkulturen. Deren Gesamt, die Weltkultur, birgt sowohl die geistig-seelischen Potenzen, die Menschheitswerte, als auch kulturell geprägte Institutionen, die für die Minimierung von Kriminalität erforderlich sind. Vordringliche Frage ist, auf welche Weise die abgedrifteten Mächte und Gebiete, die seit dem historischen Bruch und besonders seit dem 19. und 20. Jahrhundert Kriminalitätsherde sind, in die entwickelte Hochkultur zurückkehren. Wie Hegel erkennt, ist die Weltgeschichte ,,nicht das harm- und kampflose Hervorgehen''[83]. Wir stehen am Beginn des Weltkulturkampfes.[84] Deutschland hat dabei gute Aussichten, wenn es sich auf sein kulturelles Erbe besinnt und das Zusammenwirken mit den anderen entwickelten Hochkulturen der Welt sucht. Hier ist besonders gewichtig das Potential des chinesischen und deutschen Bildungshumanismus, das Eurasien durchzieht. Auf die heutige Lage dieses Potentials soll in einem Anhang kurz eingegangen werden.

Anmerkungen

[1] Durkheim 1961, S. 156 (65).

[2] Mechler 1970, S. 193.

[3] Eingehende Darlegungen in: Filser 1983 (UTB 1217); Stellenverweise S. 110.

[4] Radbruch u. Gwinner 1951, S. 5.

[5] Zu ,,Kapitalismus" vgl. ,,Eine Bedrohung der rechten Wertordnung". In: Papst Johannes Paul II.:

171

[6] Enzyklika über die menschliche Arbeit. 1981, S. 29ff.

[6] Vgl. Eckert 1970, S. 6.

[7] Bergstraesser 1962, S. 422.

[8] Schelsky 1959, S. 18.

[9] Durkheim 1961, S. 157 (66).

[10] König (1971) Einige Bemerkungen zur Stellung des Problems der Jugendkriminalität in der allgemeinen Soziologie. In: Peter Heintz und René König (Hrsg). Soziologie der Jugendkriminalität, Sonderheft 2 der Kölner Zeitschrift für Soziologie und Sozialpsychologie (1957), Opladen, S. 9.

[11] Dostojewski 1971, S. 9ff. (61ff.)

[12] ebd., S. 63 (104).

[13] ebd., S. 64 (105).

[14] ebd., S. 49 (93).

[15] ebd., S. 50 (93).

[16] von Oettingen 1882, S. 423.

[17] Hellmer 1978, S. 66.

[18] Hellmer 1966, S. 104.

[19] ebd.

[20] ebd.

[21] ebd., S. 105.

[22] ebd., S. 101.

[23] Hellmer 1978, S. 95.

[24] ebd.

[25] ebd., S. 68.

[26] ebd., S. 70.

[27] ebd.

[28] ebd.

[29] ebd.

[30] Hellmer (1976) Kriminalität und Identität. In: Günter Warda (u.a.; Hrsg.) Festschrift für Richard Lange zum 70. Geburtstag. Berlin, S. 584f.

[31] Hellmer 1978, S. 1.

[32] ebd., S. 3.

[33] Vgl. auch Hellmer 1981.

[34] Lange 1970, siehe besonders 5. Kapitel, S. 99ff. und 8. Kapitel, S. 284ff.

[35] ^bd., S. 345.

[36] ᴄ ᴐd.

[37] Exner 1949, S. 88.

[38] von Weber 1977, S. 89.

[39] Hellmer 1978, S. 97.

[40] Hellmer 1969, S. 16.

[41] ebd., S. 18. - Vgl. Lange 1970, S. 185f.

[42] Rössner 1976, S. 13. - So werden dann auch Körperverletzungen analog den Sachschäden zu „Personenschäden".

[43] Siehe hierzu Papst Johannes Paul II. (Laborem Exercens) 1981.

[44] Vgl. unten, S. 180f.

[45] Lekschas 1971, S. 61.

[46] ebd., S. 59.

[47] ebd., S. 72.

[48] ebd.

[49] ebd.

[50] ebd.

[51] ebd., S. 83.

[52] in den Bereichen unbelebte Materie, belebte Materie, Gesellschaft, Bewußtsein.

[53] ebd., S. 84.

[54] ebd., S. 85.

[55] ebd., S. 86.

[56] ebd.

[57] ebd., S. 88.

[58] Buchholz 1971, S. 175.

[59] ebd., S. 176f.

[60] Schüßler (Redakteur) 1975, S. 16.

[61] ebd.

[62] ebd.

[63] Buchholz 1971, S. 177.

[64] ebd., S. 177ff.

[65] Schüßler (Redakteur) 1975, S. 16.

[66] ebd., S. 17.

[67] ebd.

[68] ebd.

[69] Buchholz 1971, S. 180.

[70] ebd.

[71] Engels 1972, S. 431.

[72] ebd., S. 431f.

[73] Marx 1972, Bd. 23, S. 673.

[74] Engels 1972, S. 486.

[75] ebd.

[76] ebd., S. 487.

[77] ebd.

[78] Marx 1972, Bd. 23, S. 788.

[79] Siehe oben, S. 63f.

[80] Mo Ti 1975, S. 136f.

[81] Hellmer 1978, S. 34.

[82] Vgl. oben, B.1.

[83] Hegel 1955, Vorlesungen über die Philosophie der Weltgeschichte, Bd. 1: Die Vernunft in der Geschichte. Hamburg 1955, S. 152.

[84] Kants Entwurf „Zum ewigen Frieden" verlangt, daß Überlagerungen jeder Art vermieden werden. Deswegen heißt Weltbürgerrecht Besuchsrecht. Alles was dieses Prinzip mißachtet, schafft Unfrieden (vgl. oben, S.134f.). Hier trifft sich Kant mit Herders Einschätzung territorialer Individualität als Voraussetzung für ein friedliches, harmonisches Konzert von „Stimmen der Völker".

Anhang

Chinesischer und deutscher Bildungshumanismus heute als Potenzen progressiver Kriminalsoziologie

Am Quell der Donau
,,Dich Mutter Asia! grüß ich ...
Mit Donau Woge ...
Komm ich zu dir."
(Hölderlin)

Die Grundlehren in ihrer chinesischen Ausprägung zusammengenommen, bilden den chinesischen Bildungshumanismus. Die entscheidende geistige Kraft auf der chinesischen und asiatischen Seite ist der Konfuzianismus, ein Konfuzianismus, der anderen Elementen der Menschheitswerte in sich Raum läßt.[1] Auf der deutschen Seite scheint alles noch offen zu sein. Daß die Rezeption von Elementen des deutschen Bildungshumanismus in Asien voranschreitet, läßt indes hoffen auch für das Ursprungsland.

1. Der Metakonfuzianismus

Konfuzius fuhr durch den Staat Wei. Ran Qiu lenkte den Wagen. ,,Wieviele Menschen es hier gibt!" sprach der Meister. Da fragte Ran Qiu: ,,Da es schon so viele sind, was könnte man noch dazutun?" Konfuzius erwiderte: ,,Sie wohlhabend machen!" Darauf wieder Ran Qiu: ,,Und wenn die Menschen wohlhabend sind, was dann noch?" ,,Sie bilden!" sprach der Meister.
(Kong Fuzi: Lunyu)

Durch den Westimperialismus wurde das Potential des Konfuzianismus von außen, seit der 4.-Mai-Bewegung 1919 (,,zerschlagt den Laden der Familie Kong"), der Machtergreifung der Kommunisten 1949 und besonders der Kulturrevolution 1966-1976 von innen hart bedrängt. Inzwischen hat sich die Lage geändert.
Mitte 1985 berichtete die Beijing-Rundschau, daß in Beijing ein Institut zur Forschung über die Philosophie von Konfuzius gegründet wurde. In einem kommentierenden Bericht zu dieser Gründung führte die Beijing-Rundschau aus: Kong Fuzi hat als Lehrer und Philosoph einen bleibenden Einfluß auf die chinesische und asiatische Kultur ausgeübt. Er befürwortete eine Welt, in der Harmonie dadurch erreicht wird, daß jeder seinen bestimmten Platz einnimmt. Wo der Sohn seinem Vater gehorcht und die Untertanen sich der Führung durch die Herrschenden unterwerfen, herrsche Ordnung und Friede, meinte er. 2.500 Jahre lang beherrschte der Konfuzianismus die chinesische Bildung und Bürokratie. Erst zu Beginn des 20. Jahrhunderts wurde die konfuzianische Lehre in Frage gestellt, und zwar von Reformern, die neue Ideen vom Westen einführen wollten. Der Zusammenstoß zwischen den alten und neuen Gedanken schlug sich in der berühmten Losung nieder: ,,Die chinesischen Lehren als Grundlage und die westlichen Lehren zum praktischen Nutzen". Die Reformisten überzeugten die Traditionalisten, daß die westlichen Methoden zum Aufbau der Industrie

177

und des Transportwesens nutzbar seien, während sie die moralische und geistige Autorität weiterhin im Konfuzianismus sahen. Nach der Revolution wurden die konfuzianischen Ideen als Stütze der herrschenden Klasse kritisiert. Während der „Kulturrevolution" (1966-1976) wurde die Lehre von Konfuzius vollständig verurteilt. Der Konfuziustempel in Qufu, Provinz Shandong, dem Geburtsort des Kong Fuzi, wurde zerstört, die Philosophie des Konfuzius als Schrott verdammt. Die Aufgabe des neuen Instituts sei es nun, die Ideen und die Ethik von Konfuzius wissenschaftlich einzuschätzen und festzulegen, was für China nützlich ist. „Vorbei sind die Tage der Verehrung des Konfuzius, aber auch die Tage des blinden Kampfes gegen ihn. Es ist höchste Zeit, die feudalen Züge von der Doktrin des Konfuzius abzusondern und die demokratische Essenz dieser Lehre zu pflegen", sagte der Vorsitzende des Instituts. Das Institut wird von der Chinesischen Volksuniversität, der Pädagogischen Hochschule in Shaanxi, der Beijinger Bibliothek und der Kreisregierung von Qufu unterstützt. Die Regierung des Kreises Qufu stellte Geldmittel für die Restaurierung des Hauses, Grabes und Tempels von Konfuzius bereit, die während der Kulturrevolution von Rotgardisten zerstört wurden.[2]

1986 erschien die erste Nummer einer neuen Zeitschrift mit dem Titel „Konfuzius-Studien" (Kongzi Yanjiu). Herausgeber dieser Vierteljahreszeitschrift ist die Konfuzius-Stiftung. Die Redaktion sitzt in Konfuzius' Geburtsort Qufu.

Bemerkenswert ist nach „China aktuell", Hamburg (1986, S. 141f.), daß ein Politiker das Vorwort zur ersten Ausgabe der „Konfuzius-Studien" schrieb, nämlich Staatsratskommissar Gu Mu. Schon aus dem ersten Satz spreche eine positive Grundhaltung und ein gewisser Stolz: „Konfuzius ist in der chinesischen Geschichte ein großer Denker, Politiker und Erzieher und einer der Giganten in der Kulturgeschichte der Welt." Ganz gleich, wie man Konfuzius beurteile, so fährt Gu Mu fort, die objektive Tatsache, daß die Gedanken und die Lehre des Konfuzius die über zweitausendjährige Kultur und Ideologie der chinesischen Feudalgesellschaft nachhaltig beeinflußt haben, mache es notwendig, Konfuzius wissenschaftlich zu studieren und zu bewerten. Er geht auch darauf ein, daß die Konfuzius-Forschung in der Zeit seit 1949 ein außerordentlich sensitives Forschungsgebiet war und daß viele sie für ein gefährliches Terrain hielten und nicht wagten, auf diesem Gebiet zu arbeiten. Nach dem Sturz der Vier habe eine neue historische Epoche begonnen, in der man sachlich und mit wissenschaftlicher Haltung darangehe, Konfuzius zu erforschen und zu bewerten. Gu Mu fordert die Wissenschaftler auf, Konfuzius im Sinne der „kritischen Übernahme des kulturellen Erbes" zu studieren; man dürfe Konfuzius und die chinesische traditionelle Kultur weder blind verehren noch eine Haltung des „historischen Nihilismus" einnehmen, vielmehr müsse man beide als wissenschaftliches Objekt systematisch untersuchen. Dabei sollten alle Meinungen frei im Geist der „Hundert Schulen" diskutiert werden. Ausdrücklich bezeichnet Gu Mu die Zeitschrift als ein Forum nicht nur für Wissenschaftler in der VR China, sondern auch für Wissenschaftler aus Taiwan, Hongkong und Macau sowie aus dem Ausland.

Gu Mu mißt Konfuzius' Ideen und dem Konfuzianismus eine wichtige Rolle beim Aufbau einer sozialistischen geistigen Zivilisation mit chinesischen Merkmalen bei. Dies ist neu: daß Konfuzius und dem Konfuzianismus nun eine positive Rolle bei der Schaffung einer sozialistischen Kultur zuerkannt wird, einer Kultur, die chinesische Charakteristika tragen soll.

In der Gongren Ribao wurde 1986 postuliert, daß die kommunistische Moral nicht losgelöst von der Tradition entwickelt werden könne. ,,Ihre Entwicklung sollte aus den Traditionen des Landes erwachsen."[3] Nur wenn die traditionellen Tugenden übernommen und weitergepflegt würden, könne eine wahre kommunistische Ethik herausgebildet werden.[4] Die in den 80er Jahren begonnene Tendenz wurde in den 90er Jahren verstärkt. 1994 erklärte Li Ruihuan auf einem Symposion zur Feier des 2545. Geburtstags von Kong Fuzi, ein jeder Chinese sei verpflichtet, Konfuzius und seine Philosophie zu studieren. Freilich ging es 1994 schon nicht mehr um die inzwischen selbstverständliche Anerkennung des Kong Fuzi in der VR China, sondern um die Förderung seiner Lehre im übrigen Asien und in der Welt. Am 5.10.1994 (Geburtstag des Konfuzius) wurde in Beijing eine internationale Gesellschaft für den Konfuzianismus gegründet. Ehrenvorsitzender ist Lee Kuan Yew, früherer Premierminister von Singapur. Es wurde festgestellt: ,,Die Gründung der Gesellschaft soll der Verbreitung des Studiums des Konfuzianismus in der Welt dienen."[5]

Aufbau des Sozialismus chinesischer Prägung

Welche Konsequenzen hat die neue Einstellung? Die KP Chinas erklärt inzwischen, China befinde sich derzeit in der ersten Phase beim Aufbau des Sozialismus chinesischer Prägung. Diese Phase werde mindestens 100 Jahre dauern.[6] Hier spricht jetzt der große Atem der tief in der Geschichte gegründeten chinesischen Kultur. Ohne Zweifel kann sich China Zeit lassen - vorausgesetzt, seine rasche ökonomische Entwicklung rückt es schnell wieder an die erste Stelle und seine militärische Aufrüstung ermöglicht es, bald die Balance mit der Abrüstung der USA zu erreichen.

Erinnern wir uns, daß China bis 1500 und später an der Spitze der technisch-ökonomischen Entwicklung in der Welt stand.[7] Obwohl die Wendung gegen exzessive Technik schon früh besonders radikal war,[8] trieb China, durch den Daoismus zwar ständig gewarnt und durch den staatsmächtigen Konfuzianismus einigermaßen in Bahnen gehalten, die technisch-ökonomische Entwicklung voran. Die drei Insignien der Neuzeit, die Bacon hervorhebt: Buchdruck, Schießpulver, Kompaß stammen alle aus China.[9] Später überholte Westeuropa China technisch-ökonomisch. Was ist zu erwarten, wenn die frühere Stellung wieder erreicht oder wenn sie überschritten wird? Aufgrund der historischen Verankerung ist eine gewisse Aussicht, daß sich Chinas Produktivkräfte weniger als die der westkapitalistischen Länder in Destruktivkräfte verwandeln.

Oskar Weggel vom Institut für Asienkunde, Hamburg, bezeichnet die neue Ausformung hinsichtlich des Konfuzianismus als ,,Metakonfuzianismus". China, sagt er, hat „solide antikapitalistische Traditionen, die sich bis ins Jahr 81 v.Chr. zurückdatieren lassen: Damals fand die Salz- und Eisendiskussion statt, bei der es um die Frage ging, ob diese seinerzeit wichtigsten Produktionsmittel Privateigentum bleiben oder aber in Staatsmonopol übergehen sollen."[10] Das Mandarinat optierte damals für die Monopollösung. Heute sei China eine Übergangsgesellschaft auf dem Weg zum „Metakonfuzianismus". Es befinde sich in einer Art „Renormalisierungsprozeß", der nicht in die Vergangenheit zurückführe, sondern die Möglichkeit zur Ich-Findung in der Industriegesellschaft eröffne. Die langsame, aber unaufhörliche Rückkehr konfuzianischer Werte in neuem Gewand wirke insofern wie eine Eigenblutinjektion.[11]

Einige Belege aus der chinesischen Zeitschrift „Social Sciences in China", Beijing, über Forschungsthemen in diesem Zusammenhang: Yang Shi: The Historical Status of the Traditional Chinese Theory of Men, 4/1989, S.49ff. Ju Shengwu: Vestiges of Colonialist Ideology. A comment on the Cambridge History of China: Late Qing, 1800-1911, 4/1991, S.32ff. Chui Dahua: Zhuangzi's Thought and the spread of Buddhism, 4/1991, S.85ff. Hu Sheng: On the establishment of a New International Order and the basis of the Five Principles of Peaceful Coexistence, 1/1992, S. 5ff. Zhang Binguan: Propriety, Benevolence and the Mean: The Evolution of Confucius Thinking, 2/1992, S.133ff. Yin Shuhui: Confucianism and modern societies in East Asia, 2/1992, S.178ff. Ye Tan: Confucian Thought and Japanese Culture, 2/1992, S.221ff. Die Erörterung von Themen traditioneller Werte der „drei Lehren" setzt sich in den späteren Jahrgängen fort.

In Chinas Geschichte konnten fast stets mehrere Lehren entwickelter Hochkultur nebeneinander und miteinander wirken. Deren Zahl hat sich im Laufe der Geschichte vergrößert:

1. Von den großen chinesischen Lehren der Achsenzeit blieben Konfuzianismus und Daoismus bis heute immer wirksam. Auch die Ächtung des Konfuzianismus während der Kulturrevolution hat seine Wirkung im Volk nicht aufheben können.

2. Ab dem +1. Jh. kam der Buddhismus hinzu. China ist das größte buddhistische Land geworden. Die buddhistische Literatur in chinesischer Sprache ist die umfangreichste.

3. Seit der Mongolenzeit (13. Jh.) ist der Islam in China stärker verbreitet. Die islamischen Hui, obwohl Han-Chinesen, sind als besondere „Nationalität" anerkannt.

4. Konfuzianismus/Daoismus und Buddhismus durchdringen sich seit langem und leben in Symbiose.

5. An Stelle der Relation Dogma-Glaube steht in China das Ideal des Weisen, des sich Wesenswissen aneignenden Menschen.

6. Der Marxismus-Leninismus strebte eine dogmatische Alleinwirksamkeit an. Derzeit wird der Marxismus-Leninismus als ein Element in das chinesische Kulturerbe eingebunden. Dieser Prozeß wird gefördert von den Strömungen des

Neobuddhismus, Metakonfuzianismus, Neoislam usw., die ganz Asien erfaßt haben. [12] Chinas sich herausbildende neue Weltlehre - zu der auch Gelehrte Hongkongs, Taiwans, Singapurs, Koreas, Vietnams, der Mongolei, Japans, chinesische Gelehrte der USA u.a. Beiträge leisten - erstrebt ein Ineinander konfuzianischer und marxistischer, aber auch daoistischer und buddhistischer Elemente.

Mao Zedong, der das alte System bekämpfte, schrieb Gedichte in klassischer Form. Zum Beispiel dieses: [13]

Schnee
Februar 1936

Nördliches Land! Tausend Li eisige Starre,
Zehntausend Li schneeverweht.
Sehe diesseits und jenseits der Großen Mauer
Nur grau verdämmernde Weite.
Der Gelbe Fluß, stromauf, stromab,
Jäh erstarrt sein Ungetüm.
Grate, wie Silberschlangen im Tanz,
Kuppen - jagende Elefanten aus Wachs,
Möchten dem Himmel gleich sein an Höhe.
Muß an sonnigem Tag,
Weißes Gewand in roten Schleier gehüllt,
Feengleich maßlos schön sein.
Land wie dieses, unendlich verlockend,
Ließ viele Helden im Wettstreit sich beugen.
Doch ach! Tjin Schi-huang und Han Wu-di
Literarisch wenig gebildet!
Tang Tai-dsung, Sung Tai-dsu,
Dürftig ihre Poesie.
Eines Menschenalters Himmelssohn,
Dschingis Khan,
Konnte nur bogenschießen nach großen Adlern.
Alle dahin!
Wahrhaft große Menschen zählst du
Erst im Blick auf heute.

2. Deutscher Bildungshumanismus heute

Das Schicksal des deutschen Bildungshumanismus ist in einigen Punkten dem des chinesischen Bildungshumanismus ähnlich. Auch der deutsche Bildungshumanismus wurde im vergangenen und in diesem Jahrhundert von außen und von

181

innen bedrängt. Nach dem Ende der Nachkriegszeit kann er sich nun in der neuen Weltepoche wieder stärken. Seine musikalische Seite, die deutsche klassische Musik, wird zur Zeit weltweit geradezu stürmisch rezipiert, vor allem in Ostasien. In Japan und auch Korea ist dieser Prozeß schon fortgeschritten, China hat ein großes Programm zur Rezeption der deutschen klassischen Musik in Gang gesetzt.[14]

3. Austausch zwischen Deutschland und China: Stärkung der kulturellen Potenzen

„In diesen Tagen, seit ich Sie nicht gesehen", sagte er, „habe ich vieles und mancherlei gelesen, besonders auch einen chinesischen Roman, der mich noch beschäftiget und der mir in hohem Grad merkwürdig erscheint." „Chinesischen Roman?" sagte ich. „Der muß wohl sehr fremdartig aussehen." „Nicht so sehr, als man glauben sollte", sagte Goethe. „Die Menschen denken, handeln und empfinden fast ebenso wie wir, und man fühlt sich sehr bald als ihresgleichen ..." „Aber", sagte ich, „ist denn dieser chinesische Roman vielleicht einer ihrer vorzüglichsten?" ... „Keineswegs", sagte Goethe, „die Chinesen haben deren zu Tausenden und hatten ihrer schon, als unsere Vorfahren noch in den Wäldern lebten ..."
(Eckermann, Gespräche mit Goethe, Mittwoch, den 31. Januar 1827)

„Es gibt in Asien, was uns fehlt."
(Karl Jaspers)

„Kohl verwies auf die alten Beziehungen Deutschlands zur chinesischen Hochkultur ... Die kulturelle und wissenschaftliche Zusammenarbeit mit China soll vertieft werden ... Die chinesische Seite legt Wert auf die Verbreitung klassischer deutscher Literatur und Musik." (FAZ v. 18.11.1993)

China rezipiert heute den deutschen Bildungshumanismus. Wir referieren hierzu aus einem Bericht von Hong Handing der Zeitschrift „China heute":
Das Studium der deutschen Philosophie hat in der heutigen chinesischen Philosophenwelt einen hohen Stellenwert. In erster Linie sehen wir die deutsche Philosophie als ein Werkzeug an, mit Hilfe dessen wir unser traditionelles Gedankengebäude kritisch erneuern und zu neuen Denkweisen vorstoßen können. Wir sind der Überzeugung, daß die theoretische Gründlichkeit, Originalität und Lebenskraft der deutschen Philosophie die der Philosophien aller anderen Nationen bei weitem übertreffen. In den Augen der chinesischen Philosophen hat die deutsche Philosophie drei Hauptmerkmale, die ausschlaggebend für ihre ungeheure Anziehungskraft sind:
1. Die abstrakte Spekulation mit ihrer Tiefe und Fundamentalität;
2. Die kritische Anwendung der Philosophie in der Praxis;
3. Der tiefe Humanismus.

Zur Zeit planen wir eine vollständige Übersetzung der deutschen philosophischen Klassiker. Herausgegeben werden sollen u.a. Werke von Kant, Fichte, Schelling und Hegel in zusammen 39 Bänden und ein Hegel-Lexikon in zwei Bänden. Außerdem erscheint die Zeitschrift ,,Die deutsche Philosophie". Darin veröffentlichen wir speziell Forschungsbeiträge zur deutschen Philosophie. Sie ist die einzige Zeitschrift dieser Art in China.[15]

Bei der Diskussion der neueren Philosophie stehen Husserl, Heidegger und Jaspers im Vordergrund.

Anders ist die Lage in Deutschland. Die Rezeption des chinesischen Bildungshumanismus kommt in Deutschland nur mühsam wieder in Gang. An die Stelle der christlichen Dogmatik sind andere Dogmen getreten, die als kulturelle Sperre wirken. Leibniz (1646-1716) und Wolff (1679-1754) leiteten in Deutschland die Rezeption ein, die später ins Stocken geriet.[16] Was die deutsche Soziologie anbelangt, so war die schiefe Fragestellung des Chinawerkes von Max Weber bis in die jüngste Zeit hinderlich.[17] Erst das Symposion, dessen Ergebnisse unter dem Titel ,,Max Webers Studie über Konfuzianismus und Taoismus" 1983 von Wolfgang Schluchter herausgegeben wurden, schuf einer unverstellten Sicht wieder Raum.[18] Es ist nun an der Zeit, im Sinne der Äußerungen von Leibniz, Herder, Goethe, Hölderlin, Jaspers und anderen die kulturelle Sperre gegen die progressiven Potenzen des chinesischen Bildungshumanismus aufzuheben, so daß Menschheitswerte in Deutschland sich wieder sowohl aus dem Vermögen der eigenen welthaltigen Tradition stärken als auch von Asien her einfließen können, ähnlich wie deutsche kulturelle Potenz in Asien rezipiert wird. Chinesischer und deutscher Bildungshumanismus, diese tiefreichenden Potenzen, können austauschend einander beflügeln.[19] Dann ist zumindest von der ,,Überbauseite" her Aussicht für die Entwicklung davon geprägter Persönlichkeiten und Hoffnung auch für die Verminderung des für Millionen vergangener, gegenwärtiger und zukünftiger Opfer so bitteren Kriminalitätsproblems.

Anmerkungen

[1] Vgl. unten, S. 180f.

[2] Institut zur Konfuzianismus-Forschung. In: Beijing-Rundschau v. 2.7.1985, S. 10 u. 15.

[3] Aus der Gongren Ribao: Traditionelle Werte - noch immer modern. In: Beijing-Rundschau v. 3.6.1986, S. 29.

[4] ebd.

[5] Beijing-Rundschau v. 18.10.1994, S. 5f.

[6] Jiang Zemin: Die Reform, die Öffnung und die Modernisierung beschleunigen. In: Beijing-Rundschau v. 27.10.1992, S. VII.

[7] Siehe oben, S. 124ff.

[8] ,,Wenn einer Maschinen benützt, so betreibt er all seine Geschäfte maschinenmäßig; wer seine

Geschäfte maschinenmäßig betreibt, der bekommt ein Maschinenherz." (Zhuangzi Nr. XII, 11: Der Ziehbrunnen).

[9] Siehe Needham 1954-1990.

[10] Oskar Weggel: Zwischen Marxismus und Metakonfuzianismus: China auf dem Weg zur „Renormalisierung". In: Silke Krieger/Rolf Trauzettel (Hrsg.) (1990) S. 497.

[11] ebd.

[12] Vgl. den Hinweis des Buddhologen Conze, oben, S. 72.

[13] Mao Tsetung 1978, S. 23f.

[14] Von der „Kulturrevolution" wurden Kong Fuzi und Beethoven angegriffen. - Die intensivste Rezeption deutscher klassischer und romantischer Musik in einem großen Land ist - daran sei an dieser Stelle erinnert - bisher in Rußland zu verzeichnen.

[15] Hong Handing 1993, S. 31ff. - 1994 wurde die „Chinesische Forschungsgesellschaft für Phänomenologie" gegründet. Deren Sekretär ist der Direktor des Instituts für Deutsche Philosophie an der neugegründeten Südost-Universität in Nanjing, Ni Liangkang, der in Freiburg i.Br. über Husserl promovierte.

[16] Vgl. Adrian Hsia (Hrsg.) 1985. Siehe auch Debon 1993 und Debon 1994. - Vgl. auch Artur Zempliner: Die chinesische Philosophie und J.Ch. Wolff, in: Deutsche Zeitschrift für Philosophie 1/1962, S. 758ff. Zempliner weist nach, daß Kants Kategorie des kategorischen Imperativs über Wolff von Kong Fuzi beeinflußt wurde.

[17] Vgl. oben, S. 126.

[18] Schluchter (Hrsg.) 1983.

[19] Hannspeter Hellbeck, Botschafter der Bundesrepublik Deutschland in Beijing 1986-1992, schreibt 1994: „Deutschland ist bemüht, die Verbindungen in den asiatischen Raum zu intensivieren und das Bewußtsein unserer Öffentlichkeit für die Bedeutung dieser Beziehungen zu mobilisieren. Diese Bemühungen haben allerdings noch nicht den erhofften Erfolg gehabt; sie müssen erheblich verstärkt werden." Hellbeck fordert, wir müßten den Eurozentrismus in Frage stellen und aufgeben. Die Öffentlichkeit habe die Notwendigkeit (,,den Zwang") der Hinwendung nach Asien noch nicht erkannt. Geschichtsbewußt stellten die Asiaten die Frage, ,,wie alt die Geschichte Amerikas ist und wie es Europa mit dem Verhältnis von Gewalt und Freiheit in den letzten 300 Jahren gehalten hat". (Hannspeter Hellbeck (1994) Nach dem Kalten Krieg droht ein Kampf der Kulturen, in: Rheinischer Merkur v. 30.9., S.14). Eine (im Sinne Kants schlechte) Alternative wäre Überlagerung durch Wanderung in Gegenrichtung. Nach Marx müßte dies zur Vergrößerung der ,,industriellen Reservearmee" willkommen sein. Der Freiburger Sinologe von Senger fragt indes, ob ,,die USA ca. 300 Mio., der EWG-Raum ca. 200 Mio. und Kanada, Australien und Sibirien usw. je etwa 50 Mio. chinesischen Auswanderern eine neue Heimat gewähren" wollen, falls die VR China ihre Grenzen öffnet, sei es in Verfolgung einer den starken Bevölkerungsdruck lindernden aktiven Auswanderungspolitik, sei es beim Scheitern der gegenwärtigen Politik der VR China (von Senger 1994, S. 164). Vgl. auch von Senger 1995, wo die Sinologie als ,,eine der Transplantation von Elementen der chinesischen Kultur nach Europa dienende Kulturwissenschaft" reklamiert wird (S. 23).

184

Literatur

Aufgenommen in das inhaltlich gegliederte Verzeichnis sind Literaturhinweise des Textes und der Fußnoten. Nicht einbezogen wurden jedoch Titel, denen nur punktuelle Bedeutung zukommt. Weiterführende Literatur ist in einer Anzahl von Fällen berücksichtigt. Besonders zwischen I. und III. gibt es Überschneidungen, da weltkulturelle Lehren Elemente der geschichts- und kultursoziologischen Grundlagen sind.

Gliederung

I. Geschichts- und kultursoziologische Grundlagen

Anders, Günther (1980) Die Antiquiertheit des Menschen, Bd. 2. München

Bacon, Francis (1670) Novum Organum scientiarum. Lateinisch-deutsch (1990) Neues Organon, 2 Bde. Hamburg

Bergstraesser, Arnold (1962) Gedanken zu Verfahren und Aufgaben der kulturwissenschaftlichen Gegenwartsforschung. In: Gottfried-Karl Kindermann (Hrsg.) Kulturen im Umbruch. Studien zu Problematik und Analyse des Kulturwandels in Entwicklungsländern. Freiburg i.Br., S. 401ff.

Bloch, Ernst (1954-1959) Das Prinzip Hoffnung, 3 Bde. Berlin

Bonasso, Miguel (1990) Das Fünfhundertjährige Reich. Fulda

Borch, Herbert von (1955) Grundlagen der Geschichtssoziologie. In: Alfred Weber (Hrsg.) Einführung in die Soziologie. München, S. 171ff.

Brentjes, Burchard (1988) Die Ahnen Dschingis Khans. Berlin

Breuer, Stefan (1992) Die Gesellschaft des Verschwindens. Hamburg

Childe, Vere Gordon (1968) Soziale Evolution (Social evolution). Frankfurt a.M. (London 1951)

Comte, Auguste (1968-1969) Cours de philosophie positive, Bd. 1-6. Paris

Comte, Auguste (1966) Rede über den Geist des Positivismus (Discours sur l'esprit positif). Hamburg

Comte, Auguste (1974) Die Soziologie (Auszug aus dem "Cours ..."). Stuttgart

Dahrendorf, Ralf (1973) Homo Sociologicus. Opladen

Dostojewski, Fjodor M. (1971) (Dostoevskij, Fedor M.) Winteraufzeichnungen über Sommereindrücke (Zimnie zametki o letnich vpečatlenijach). In: ders.: Über Literatur (Sobranie sočinenij v 10 tomach, Moskau 1956-1958). Leipzig (Bd. 4, Moskau 1956), S. 9ff. (61ff.)

Dschingis Khan (1985) Ein Weltreich zu Pferde. Köln

Eckert, Roland (1970) Die Geschichtstheorie Alfred Webers. Tübingen

Fetscher, Iring (1991) Überlebensbedingungen der Menschheit. Berlin

Feustel, Rudolf (1990) Abstammungsgeschichte des Menschen. Jena

Filser, Franz (1992) Fortschritt wohin? In: PH-FR, H.2, S. 19 f. Chinesische Übersetzung in der Zeitschrift Er Hu, Taibei (Taiwan) 5/1994, S. 27ff.

Grünert, Heinz (Hrsg.; 1992) Geschichte der Urgesellschaft. Berlin

Gruhl, Herbert (1981) Ein Planet wird geplündert. Frankfurt a.M.

Gumplowicz, Ludwig (1926-1928) Ausgewählte Werke, 4 Bde. Innsbruck

Hančar, Franz (1956) Das Pferd in prähistorischer und früher historischer Zeit. Wien

Haug, Frigga (1972) Kritik der Rollentheorie. Frankfurt a.M.

Heberer, Gerhard (1972) Der Ursprung des Menschen. Stuttgart

Henke, Winfried/Rothe, Hartmut (1980) Der Ursprung des Menschen. Stuttgart

Herder, Johann Gottfried (1978) Briefe zu Beförderung der Humanität. In: Herders Werke in fünf Bänden, Bd. 5. Berlin, S. 43ff.

Herder, Johann Gottfried (o.J.) Ideen zur Philosophie der Geschichte der Menschheit. Wiesbaden

Herrmann, Joachim/Ullrich, Herbert u.a. (1991) Menschwerdung. Millionen Jahre Menschheitsentwicklung. Berlin

Hobbes, Thomas (1980) Leviathan. Erster und zweiter Teil. Stuttgart

Hong Handing (1993) Die deutsche Philosophie in China. In: China heute, S. 31ff.

Jaspers, Karl (1957) Vom Ursprung und Ziel der Geschichte. München

Jonas, Friedrich (1968-1969) Geschichte der Soziologie, 4 Bde. Reinbek

Jonas, Hans (1987) Das Prinzip Verantwortung. Frankfurt a.M.

Jünger, Ernst (1963) Der Arbeiter. In: ders.: Werke, Bd. 6. Stuttgart

Kant, Immanuel (1923) Zum ewigen Frieden. In: Kants Werke, Bd. 8. Berlin, S. 341ff.

Kirschke, Siegfried (1990) Grundlinien der Geschichte der biologischen Anthropologie. Halle

Kiss, Gabor (1972 u. 1973) Einführung in die soziologischen Theorien, 2 Bde. Opladen

Köster, Hermann (1967) Hsün-tzu. Kaldenkirchen

Krohn, Wolfgang (1981) Francis Bacon. In: Otfried Höffe (Hrsg.) Klassiker der Philosophie, Bd. 1. München, S. 262ff.

Liao, W.K. (1959) The Complete Works of Han Fei Tzu, 2 Bde. London

Müller-Karpe, Hermann (1970) Die geschichtliche Bedeutung des Neolithikums. Wiesbaden

Müller-Karpe, Hermann (1966-1980) Handbuch der Vorgeschichte, 4 Bde. München

Nahodil, Otakar (1970) Kultur und Humanität. Bad Krozingen

Nahodil, Otakar (1971) Menschliche Kultur und Tradition. Aschaffenburg

Narr, Karl J. (Hrsg.) (1966 u. 1975) Handbuch der Urgeschichte, 2 Bde. Bern

Needham, Joseph (1954-1990) Science and Cicilisation in China, bisher 17 Bde. Cambridge

Needham, Joseph (1984) Wissenschaft und Zivilisation in China, Bd. I. Frankfurt a.M.

Nietzsche, Friedrich (1939) Also sprach Zarathustra. Leipzig

Ogburn, William F. (1969) Kultur und sozialer Wandel (On Culture and Social Change). Neuwied (Chicago 1964)

Oppenheimer, Franz (1922-1935) System der Soziologie, 4 Bde.

Papst Johannes Paul II (1981) Enzyklika über die menschliche Arbeit (Laborem Exercens). Freiburg i.Br. (Rom 1981)

Portmann, Adolf (1958) Vom Ursprung des Menschen. Basel

Reinhard, Wolfgang (1983-1990) Geschichte der europäischen Expansion, 4 Bde. Stuttgart

Roetz, Heiner (1984) Mensch und Natur im alten China. Frankfurt a.M.

Romano, Ruggiero (1967) Entdeckung und Eroberung der Welt. In: ders. und Alberto Tenenti (Hrsg.) Die Grundlegung der modernen Welt. Frankfurt a.M., S. 199ff.

Rüstow, Alexander (1957) Ortsbestimmung der Gegenwart, Bd. 3. Erlenbach-Zürich

Schariati, Ali (1980) Zivilisation und Modernismus. Bonn

Schelsky, Helmut (1959) Ortsbestimmung der deutschen Soziologie. Düsseldorf

Schlette, Friedrich (Hrsg.) (1980) Die Entstehung des Menschen und der menschlichen Gesellschaft. Berlin

Schluchter, Wolfgang (Hrsg.) (1983) Max Webers Studie über Konfuzianismus und Taoismus. Interpretation und Kritik. Frankfurt a.M.

Schneider, Reinhold (1957) Las Casas vor Karl V. Frankfurt a.M.

Schweitzer, Albert (1990) Kultur und Ethik. München

Spencer, Herbert (1966-1967) The works of Herbert Spencer, 17 Bde. Osnabrück

Spengler, Oswald (1988) Der Untergang des Abendlandes. München

Steitz, Erich (1979) Die Evolution des Menschen. Weinheim

Tai Tong-schung (1969) Der chinesische Legalismus (Fa Chia) unter besonderer Berücksichtigung rechtspositivistischer Elemente. Mainz

Teilhard de Chardin, Pierre (1969) Der Mensch im Kosmos (Le Phénomène humain). München (Paris 1955)

Thornton, Russel (1987) American Indian Holocaust and survival. Oklahoma

Tjaden, Karl Hermann (1992) Mensch - Gesellschaftsformation - Biosphäre. Kassel

Toynbee, Arnold (1988) Menschheit und Mutter Erde. Die Geschichte der großen Zivilisationen (Mankind And Muther Earth - A Narrative History Of The World). Düsseldorf (London 1976)

Vajda, Laszlo (1968) Untersuchungen zur Geschichte der Hirtenkulturen. Wiesbaden

Watson, Burton (Übers.) (1967) Basic Writings of Mo Tzu, Hsün Tzu and Han Fei Tzu. New York

Weber, Alfred (Hrsg.) (1955) Einführung in die Soziologie. München

Weber, Alfred (1963) Kulturgeschichte als Kultursoziologie. München

Weber, Alfred (1951) Prinzipien der Geschichts- und Kultursoziologie. München

Weber, Alfred (1959) Das Tragische und die Geschichte. München

Weber, Max (1978) Die Wirtschaftsethik der Weltreligionen. Konfuzianismus und Taoismus. In: ders.: Gesammelte Aufsätze zur Religionssoziologie, Bd. I. Tübingen, S. 276ff.

II. Kriminalität und Kriminalsoziologie

Adler, Freda (1983) Nations not obsessed with Crime. Littleton/Colorado

Alpert, Harry (1973) France's First University Course in Sociology. In: American Sociological Review, S. 311ff.

Becker, Howard S. (1973) Außenseiter. Zur Soziologie abweichenden Verhaltens (Outsiders. Studies in the Sociology of Deviance). Frankfurt a.M. (New York 1963)

Buchholz, Erich u.a (1971) Sozialistische Kriminologie. Berlin

Bundeskriminalamt: Polizeiliche Kriminalstatistik Bundesrepublik Deutschland. Wiesbaden

Burkhardt, Martin (1980) Die gesellschaftlichen Kosten des Autoverkehrs. Freiburg i.Br.

Clinard, Marshall B. (1978) Cities with little crime. Cambridge

Drobisch, Moritz Wilhelm (1867) Die moralische Statistik und die menschliche Willensfreiheit. Leipzig

Durkheim, Emile (1961) Die Regeln der soziologischen Methode (Les Règles de la méthode sociologique). Neuwied (Paris 1895)

Durkheim, Emile (1968) Les Règles de la méthode sociologique, 17. Aufl. Paris

Durkheim, Emile (1973) Der Selbstmord (Le Suicide). Neuwied (Paris 1960; erstmals 1897)

Engels, Friedrich (1972) Die Lage der arbeitenden Klasse in England. In: Karl Marx/Friedrich Engels: Werke, Bd. 2. Berlin, S. 225ff.

Exner, Franz (1949) Kriminologie. Berlin

Fietz, Martina/Jach, Michael (Hrsg.) (1994) Zündstoff Kriminalität. Innere Sicherheit auf dem Prüfstand. Bonn

Filser, Franz (1978) Einführung in die Familiensoziologie. Paderborn (UTB 832)

Filser, Franz (Hrsg.) (1983) Familie und Gesellschaft. Stuttgart

Filser, Franz (Hrsg.) (1988) Die Frau in der Gesellschaft. Stuttgart

Filser, Franz (1983) Einführung in die Kriminalsoziologie. Paderborn (UTB 1217)

Forschungsgruppe Kriminologie (Hrsg.) (1980) Empirische Kriminologie. Freiburg i. Br.

Heintz, Peter und König, René (Hrsg.) (1957) Soziologie der Jugendkriminalität. Opladen

Hellmer, Joachim (1978) Jugendkriminalität, 4. Aufl. Neuwied

Hellmer, Joachim (1966) Jugendkriminalität in unserer Zeit. Frankfurt a.M.

Hellmer, Joachim (1969) Kriminalitätsentwicklung und -abwehr in der Demokratie. Tübingen

Hellmer, Joachim (1981) Verdirbt die Gesellschaft? Zürich

Kaiser, Günther (1989) Kriminologie. Heidelberg

Kaiser, Günther (1988) Kriminologie. Ein Lehrbuch. Heidelberg

Kerner, Hans-Jürgen (1980) Kriminalitätseinschätzung und Innere Sicherheit. Wiesbaden

König, René (Hrsg.) (1971) Soziologie. Frankfurt a.M.

Lange, Richard (1970) Das Rätsel Kriminalität. Frankfurt a.M.

Lekschas, John (1971) Theoretische Grundlagen der sozialistischen Kriminologie. In: Erich Buchholz (u.a.) Sozialistische Kriminologie. Berlin, S. 41ff.

Lekschas, John und Seidel, Dietmar (1975) Verantwortung und Schuld im sozialistischen Strafrecht der DDR. In: John Lekschas (u.a.; Hrsg.) Studien zur Schuld. Berlin, S. 11ff.

Ludwig, Martin (1990) Die extrem hohe Kriminalität Freiburgs. Unv. Diplomarbeit. Preis der PH Freiburg des Jahres 1990.

Mannheim, Hermann (1974) Vergleichende Kriminologie (Comparative Criminology), 2 Bde. Stuttgart (London 1966, 2. Aufl.)

Mechler, Achim (1970) Studien zur Geschichte der Kriminalsoziologie. Göttingen

Merton, Robert K. (1968) Sozialstruktur und Anomie (Social Theory and Social Structure). In: Fritz Sack/René König (Hrsg.) Kriminalsoziologie. Frankfurt a.M. (Glencoe Ill. 1957), S. 283ff. (121ff.)

Meurer, Dieter (1976) Gehalt und Erklärungswert funktionaler Kriminalitätstheorien. In: Günter Warda (u.a.; Hrsg.) Festschrift für Richard Lange. Berlin, S. 555ff.

Mo Ti (1975) Solidarität und allgemeine Menschenliebe. Düsseldorf

Oettingen, Alexander von (1982) Die Moralstatistik in ihrer Bedeutung für eine Sozialethik. Erlangen (1.Aufl. 1869)

Parsons, Talcott (1968) Entstehung und Richtung abweichenden Verhaltens (Deviant behavior and the mechanisms of social control. In: Talcott Parsons The Social System). In: Fritz Sack/René König (Hrsg.) Kriminalsoziologie. Frankfurt a.M., (New York 1951), S. 9ff. (S. 249ff.)

Pinatel, Jean (1971) La Société criminogène. Paris

Quételet, Lambert Adolphe Jacques (1938) Über den Menschen und die Entwicklung seiner Fähigkeiten oder Versuch einer Physik der Gesellschaft (Sur l'homme et le développement de ses facultés ou essay physique sociale). Stuttgart (Paris 1835)

Radbruch, Gustav und Heinrich Gwinner (1951) Geschichte des Verbrechens. Stuttgart

Rössner, Dieter (1976) Bagatelldiebstahl und Verbrechenskontrolle. Bern und Frankfurt a.M.

Sacharow, A.B. (1963) Die Persönlichkeit des Täters und die Ursachen der Kriminalität in der UdSSR (O ličnosti prestupnika i pričinach prestupnosti v SSSR). Berlin (Moskau 1961)

Sack, Fritz (1974) Definition von Kriminalität als politisches Handeln: der labeling approach. In: Arbeitskreis Junger Kriminologen (Hrsg.) Kritische Kriminologie. München, S. 18ff.

Sack, Fritz (1968) Neue Perspektiven in der Kriminologie. In: Fritz Sack/René König (Hrsg.) Kriminalsoziologie. Frankfurt a.M., S. 431ff.

Sack, Fritz (1978) Probleme der Kriminalsoziologie. In: René König (Hrsg.) Handbuch der empirischen Sozialforschung, Bd. 12. Stuttgart, S. 192ff.

Sack, Fritz und König, René (Hrsg.) (1968) Kriminalsoziologie. Frankfurt a.M.

Salisbury, Harrison E. (1962) Die zerrüttete Generation (The shook-up Generation). Reinbek (New York 1958)

Sander, Günther (1979) Abweichendes Verhalten in der DDR. Frankfurt a.M.

Saß, Friedrich (1846) Berlin in seiner neuesten Zeit und Entwicklung. Leipzig

Schneider, Hans-Joachim (1993) Einführung in die Kriminologie. Berlin

Schneider, Hans-Joachim (1987) Kriminologie. Berlin

Schneider, Hans-Joachim (1975) Viktimologie. Wissenschaft vom Verbrechensopfer. Tübingen

Schüßler, Gerhard (Redakteur) (1975) Kriminalitätsursachen und Probleme der Kriminialitätsforschung in der DDR. In: Abhandlungen der Akademie der Wissenschaftlichen Räte, Jahrgang 1975. Nr. W 3. Berlin, S. 5ff.

Stollberg, Rudhard (1977) Gegenstand und Aufgaben der marxistisch-leninistischen Soziologie. In: Georg Aßmann und Rudhard Stollberg (Hrsg.) Grundlagen der marxistisch-leninistischen

Soziologie. Frankfurt a.M. (Berlin 1977), S. 9ff.

Weber, Hellmuth von (1977) Kriminalsoziologie. In: Rudolf Sieverts und Hans Joachim Schneider (Hrsg.) Handwörterbuch der Kriminologie, Bd. 2. Berlin, S. 63ff.

Wehner, Bernd (1957) Die Latenz der Straftaten (Die nicht entdeckte Kriminalität). Wiesbaden

Weidig, Rudi (Leiter des Herausgeberkollektivs) (1977) Wörterbuch der marxistisch-leninistischen Soziologie. Berlin

Zehr, Howard (1976) Crime and the Development of Modern Society. London

Ziegler, Jean (1976) Eine Schweiz - über jeden Verdacht erhaben (Une Suisse au-dessus de tout soupçon). Darmstadt (Paris 1976)

III. Weltkultur und weltkulturelle Lehren

Ahrbeck, Rosemarie (1979) Die allseitig entwickelte Persönlichkeit. Berlin

Ananjew, B.G. (1974) Der Mensch als Gegenstand der Erkenntnis (Čelovek kak predmet poznanija). Berlin (Leningrad 1969)

Archangelski, L.M. (1965) Kategorien der marxistischen Ethik (Kategorii marksistskoj etiki). Berlin (Moskau 1963)

Bartholomä, C. (1905) Gathas des Awesta. Zarathustras Bergpredigten. Straßburg

Bauer, Wolfgang (1974) China und die Hoffnung auf Glück. Paradiese, Utopien, Idealvorstellungen in der Geistesgeschichte Chinas. München

Bei Shouyi (1989) Chinas Geschichte im Überblick. Beijing

Blunden, Caroline/Elvin, Mark (1983) Weltatlas der alten Kulturen. China (Cultural Atlas of China). München (Oxford 1983)

Böttger, Walter (1977) Kultur im alten China. Köln

(Buddha) (1969) Die Lehrreden des Buddha, 5 Bde. Köln

(Buddha) (1983) Reden des Buddha. Stuttgart

Buhr, Manfred (1981) Immanuel Kant. Leipzig

Cerutti, Herbert (1987) China - wo das Pulver erfunden wurde. München

Conze, Edward (1986) Der Buddhismus. Stuttgart

Conze, Edward (1986) Eine kurze Geschichte des Buddhismus. Frankfurt a.M.

Conze, Edward (1990) Buddhistisches Denken. Frankfurt a.M.

Cotterell, Arthur/Yong Yap (o.J.) Das Reich der Mitte. München

Debon, Günther (1994) China zu Gast in Weimar. Heidelberg

Debon, Günther (Übers.) (1979) Chinesische Dichter der Tang-Zeit. Stuttgart

Debon, Günther (1993) Daoistisches Denken in der deutschen Romantik. Heidelberg

Dostojewski, Fjodor M. (o.J.) Der Jüngling (Podrostok). Stuttgart (in: Sobranie socinenij, Bd. 8, Moskva 1957)

Düwel, Wolf (u.a.; Hrsg.) (1986) Geschichte der russischen Literatur, 2 Bde. Berlin und Weimar

Eberhard, Wolfram (1980) Geschichte Chinas. Stuttgart

Eichhorn, Werner (1976) Die alte chinesische Religion und das Staatskultwesen. Leiden

Engels, Friedrich (1973) Dialektik der Natur. In: Marx/Engels: Werke (MEW), Bd. 20. Berlin, S. 305ff.

Engels, Friedrich (1973) Herrn Eugen Dührings Umwälzung der Wissenschaft (Anti-Dühring). In: MEW, Bd. 20. Berlin, S. 1ff.

Feifel, Eugen (1982) Geschichte der chinesischen Literatur (nach Nagasawa Kikuya). Hildesheim

Fichte, Johann Gottlieb (1976) Die Bestimmung des Menschen. Leipzig

Filser, Franz (1964) Die sowjetische Theorie des Kolonialismus und der Entwicklungsländer. Freiburg i.Br.

Franke, Herbert/Trauzettel, Wolfgang (1968) Das Chinesische Kaiserreich. Frankfurt a.M.

Franke, Wolfgang (1978) China-Handbuch. Opladen

Frolow, Iwan (1984) Über Leben, Tod und Unsterblichkeit. In: Gesellschaftswissenschaften, Moskau (in dt. Sprache), H. 2, S. 84ff.

Gandhi, M.K. (1993) Sarvodaya, Gladenbach

Gandhi, M.K. (1938) Hind Swaraj. Ahmedabad

Geldsetzer, Lutz/Han-Ding, Hong (1991) Chinesisch-deutsches Lexikon der Klassiker und Schulen der chinesischen Philosophie. Aalen

Gernet, Jacques (1983) Die chinesische Welt (Le Monde chinois). Frankfurt a.M. (Paris 1972)

Glasenapp, Helmuth von (1983) Pfad zur Erleuchtung. Köln

Glasenapp, Helmuth von (1986) Indische Geisteswelt, 2 Bde. Hanau

Glasenapp, Helmuth von (1949) Die Philosphie der Inder. Stuttgart

Glasenapp, Helmuth von (1946) Die Weisheit des Buddha. Baden-Baden

Glasenapp, Helmuth von (1993) Die fünf Weltreligionen. München

Glesermann, G.E. (1982) Roždenie novogo čeloveka. Problemy formirovanija ličnosti pri socialisme (Die Geburt des neuen Menschen. Problem der Herausbildung der Persönlichkeit im Sozialismus). Moskau

Goerdt, Wilhelm (1984 u. 1989) Russische Philosophie, 2 Bde. Freiburg i.Br.

Goethe, Wolfgang (1986) Weimarer Ausgabe, Bd. 47. Weimar

Gramsci, Antonio (1980) Zu Politik, Geschichte und Kultur, Leipzig

Gulyga, Arseni (1978) Johann Gottfried Herder. Frankfurt a.M. (Moskau 1975)

Gulyga, Arsenij (1985) Immanuel Kant. Frankfurt a.M. (Moskau 1977)

Harvest, Harry (1951) Dostojevskij und Europa. Aus dem "Tagebuch eines Schriftstellers" (F.M. Dostoevskij: Dnevnik pisatelja, in: Polnoe sobranie sočinenij v 30 tomach, Bd. 22-27). Zürich (Leningrad 1981-1984)

Hegel, Georg Wilhelm Friedrich (1970) Enzyklopädie der philosophischen Wissenschaften. Werke in zwanzig Bänden, Bd. 10,11,12. Frankfurt a.M.

Hegel, Georg Wilhelm Friedrich (1970) Grundlinien der Philosophie des Rechts. Werke in zwanzig Bänden, Bd. 7. Frankfurt a.M.

Hegel, Georg Wilhelm Friedrich (1976) Phänomenologie des Geistes. Werke in zwanzig Bänden, Bd. 3. Frankfurt a.M.

Hegel, Georg Wilhelm Friedrich (1970) Vorlesungen über die Philosophie der Geschichte. Werke in zwanzig Bänden, Bd. 12. Frankfurt a.M.

Herder, Johann Gottfried (1889) Sämtliche Werke, Bd. 30. Berlin

Hinkelammert, Franz J. (1986) Die ideologischen Waffen des Todes. Zur Metaphysik des Kapitalismus. Freiburg (Schweiz)/Münster

Hollitscher, Walter (1984) Ursprung und Entwicklung des Lebens. Köln

Hong Handing: Die deutsche Philosophie in China. In: China heute, Juli 1993, S. 31ff.

Hsia, Adrian (Hrsg.) (1985) Deutsche Denker über China. Frankfurt a.M.

Humboldt, Wilhelm von (1980) Werke, Bd. 1. Darmstadt

Husain, Zakir/Alfred Ehrentreich (Hrsg.) (1924) Die Botschaft des Mahatma Gandhi. Berlin

I Ging (Yijing) (1983). Köln

Ikeda, Daisaku (1990) Buddhismus. Das erste Jahrtausend. Bindlach

Ikeda, Daisaku (1990) Der chinesische Buddhismus. Frankfurt a.M.

Institute of the History of Natural Sciences, Chinese Academy of Sciences (1983) Ancient Chinas Technology and Science. Beijing

Israel, Joachim (1972) Der Begriff Entfremdung. Reinbek

Jian Bozan u.a. (1982) Kurzer Abriß der chinesischen Geschichte. Beijing

Jiang Zemin (1992) Die Reform, die Öffnung und die Modernisierung beschleunigen. In: Beijing-Rundschau v. 27.10.1992, S. Iff.

Kant, Immanuel (1911) Grundlegung zur Metaphysik der Sitten. In: Kants Werke, Bd. 4. Berlin, S. 385ff.

Kant, Immanuel (1968) Werke in zwölf Bänden, Bd. 8. Frankfurt a.M.

Klostermeier, Klaus (1968) Mahatma Gandhi. Freiheit ohne Gewalt. Köln

Köster, Hermann (1958) Symbolik des chinesischen Universismus. Stuttgart

Konfuzius (1983) Gespräche. Frankfurt a.M.

Konfuzius (1992) Gespräche des Meisters Kung. München

Kramer, W. Gerd (1995) Berthold Schwarz. Chemie und Waffentechnik im 15. Jahrhundert. München (Abhandlungen und Berichte des Deutschen Museums, Neue Folge, Bd. 10)

Kramer, W. Gerd (1993) Der Fall Berthold Schwarz. Freiburg i.Br.

Kraus, Fritz (Hrsg.) (1957) Vom Geist des Mahatma. Baden-Baden

Krieger, Silke und Trauzettel, Rolf (Hrsg.) (1990) Konfuzianismus und die Modernisierung Chinas. Mainz

Kungfutse (1982) Gespräche. Köln

Kurella, Alfred (1981) Das Eigene und das Fremde. Berlin

Kurella, Alfred (1969) Der ganze Mensch. Berlin

Laotse (1958) Frankfurt a.M.

Lao Tse (1983) Tao Te King. München

Lao-tse (1983) Tao-Te-King. Stuttgart

Laudse (1985) Daudedsching. München

Lenin, W.I. (1976) Konspekt zu Hegels "Wissenschaft der Logik", (Konspekt Knigi Gegelja "Nauka Logiki"). In: Werke, Bd. 38 (Polnoe sobranie sočinenij, Bd. 29). Berlin (Moskau 1963), S. 77ff. (77ff.)

Li Gi (Liji) (1981) Düsseldorf

Liu Guojun/Zheng Rusi (1988) Die Geschichte des chinesischen Buches. Beijing

Mann, Heinrich (1974) Ein Zeitalter wird besichtigt. Düsseldorf

Mao Tsetung (1978) Gedichte. Peking

Marx, Karl (1974) Grundrisse der Kritik der politischen Ökonomie. Berlin

Marx, Karl (1972/73) Das Kapital. Marx/Engels: Werke (MEW), Bd. 23-25, Berlin

Marx, Karl (1973) Kritik des Gothaer Programms. In: MEW, Bd. 19, Berlin, S. 11ff.

Marx, Karl (1973) Ökonomisch-philosophische Manuskripte aus dem Jahre 1844. MEW, Ergänzungsband, Erster Teil, Berlin, S. 465ff.

Marx, Karl (1972-74) Theorien über den Mehrwert. MEW, Bd. 26.1, 26.2, 26.3, Berlin

Marx, Karl/Friedrich Engels (1973) Die deutsche Ideologie. In: MEW, Bd. 3, Berlin, S. 9ff.

Miller, Reinhold (Leiter der Red.) (1984) Sozialismus und Ethik. Einführung. Berlin

Mong Dsï (Mengzi) (1994) München

Moritz, Ralf (1990) Die Philosophie im alten China. Berlin

Mo Ti (1975) Solidarität und Menschenliebe. Düsseldorf

Museum of Chinese History (o.J.) An Introduction to Chinese History. Beijing

Ni Liangkang (1990) Das Problem des Seinsglaubens in der Phänomenologie Edmund Husserls. Freiburg i.Br.

Opitz, Peter J. (1968) Chinesisches Altertum und konfuzianische Klassik. München

Ormea, Ferdinando (1970) Marxisten angesichts des Todes. In: Internationale Dialog-Zeitschrift. Freiburg i.Br., S. 98ff.

Osterhammel, Jürgen (1989) China und die Weltgesellschaft. München

Porkert, Manfred (1978) China. Konstanten im Wandel. Stuttgart

Rau, Heimo (1991) Gandhi. Reinbek

Reißig, Wolf (Leiter d. Koll.) (1984) Bedürfnisse und Interessen als Triebkräfte unseres Handelns. Berlin

Roy, Ramashray (1985) Self and society. A study in Gandhian thought. Tokio

Röhr, Werner (1979) Aneignung und Persönlichkeit. Berlin

Rubinstein, S.L. (1961) Grundlagen der allgemeinen Psychologie (Osnovy obščej psichologii). Berlin (Moskau 1946)

Sagladin, Wadim/Frolow, Iwan (1982) Globale Probleme der Gegenwart (Global'nye problemy sovremennosti). Berlin (Moskau 1981)

Schariati, Ali (o.J.) Ja, so war es, Bruder. Teheran

Schariati, Ali (1983) Das Menschenbild im Marxismus, in anderen abendländischen Denkschulen und im Islam. Bonn

Schiller, Friedrich (1959) Schriften zur Philosophie und Kunst. München

Schiller, Friedrich (1962) Über Anmut und Würde. In: Schillers Werke, Nationalausgabe Weimar, Bd. 20, S. 251ff.

Schillers Werke, Vierter Band (1966) Frankfurt a.M.

Schleichert, Hubert (1980) Klassische chinesische Philosophie. Frankfurt a.M.

Schmollack, Jürgen (1984) Sinn menschlichen Lebens im Sozialismus. In: Reinhold Miller: Sozialismus und Ethik. Berlin, S. 333ff.

Schumann, Hans Wolfgang (1994) Der historische Buddha. München

Schwarz, Ernst (1992) Konfuzius. Gespräche des Meisters Kung. München

Schwarz, Ernst (1985) Laudse, Daudedsching. München

Senger, Harro von (1995) China und Europa. In: Schweizer Monatshefte. H. 2, S. 22f.

Senger, Haro von (1994) Einführung in das chinesische Recht. München

Sequeira, Ronald (Hrsg.) (1987) Gandhi für Christen. Freiburg i.Br.

Sève, Lucien (1972) Marxismus und Theorie der Persönlichkeit (Marxisme et théorie de la personnalité). Frankfurt a.M. (Paris 1972)

Shimada, Kenji (1987) Die neokonfuzianische Philosophie. Berlin

Solov'ev, Wladimir (1953-1980) Deutsche Gesamtausgabe der Werke, 8 Bde, Freiburg i.Br. und München (Sobranie sočinenij Vladimira Solov'eva, S. Peterburg 1901-1903)

Staiger, Brunhild (Hrsg.) (1980) China. Tübingen und Basel

Stifter, Adalbert (1948) Bunte Steine, Gütersloh

Stökl, Günther (1990) Russische Geschichte. Stuttgart

Temple, Robert K.G. (1990) Das Land der fliegenden Drachen. Chinesische Erfindungen aus vier Jahrtausenden (China, land of discovery). Bergisch Gladbach (Wellingborough 1986)

Tolstoj, Lew (1979) Auferstehung (Voskresenie), Berlin

Tolstoj, Lev N. (1991) Was sollen wir denn tun? (Tak čto že nam delat'?). In: ders.: Religions- und gesellschaftskritische Schriften, Bd. 3 u. 4 (Polnoe sobranie sočinenij, Bd. 25), München (Moskva 1937, S. 182ff.)

Tugarinov, W.P. (1962) Über die Werte des Lebens und der Kultur (O cennostjach žizni i kultury), Berlin (Leningrad 1960)

Ulenbrook, Jan (Übers.) (1969) Pflaumenblüte und verschneiter Bambus. Chinesische Gedichte. Zürich

Watson, William (1980) China. Kunst und Kultur (L'art de l'ancienne Chine). Freiburg i.Br. (Paris 1979).

Weggel, Oskar (1987) China: zwischen Mao und Konfuzius. München
Wilhelm, Richard (1994) Mong Dsï, München
Wilhelm, Richard (1982) Kungfutse. Gespräche. Köln
Wilhelm, Richard (1984) Dschuang Dsï. Köln

Schriftenreihe der Pädagogischen Hochschule Freiburg

Band 1:
Horst Buszello (Redaktion): **Der Oberrhein in Geschichte und Gegenwart,**
36 Abb., 3. Auflage, 1986, 256 Seiten. ISBN 978-3-89085-747-3, DM 38,00

Band 2:
Ferdinand Graf (Herausgeber): **Eugen-Fink-Symposion Freiburg 1985,**
1987, 132 Seiten. ISBN 978-3-89085-749-7, DM 24.80

Band 3:
Wolfgang Hug (Redaktion): **Lehrerbildung und Erziehungswissenschaften.**
25 Jahre Pädagogische Hochschule Freiburg, 1987, 25 Abb., 388 Seiten.
(vergriffen)

Band 4:
Wolfgang Behler (Herausgeber): **Gustav Siewerth zum Gedächtnis,** 1989,
123 Seiten. ISBN 978-3-89085-748-0, DM 24.80

Band 5:
Peter Staechelin: **Texte zur neueren Kunst,** 1990, 20 Abb., 124 Seiten.
ISBN 978-3-89085-744-2, DM 19,80

Band 6:
Marianne Klemm: **Das Volkslied in Schule und Öffentlichkeit,** 1991,
228 Seiten. ISBN 978-3-89085-745-9, DM 29,80

Band 7:
Antonius Wolf: **Wandel im Jargon des Nationalsozialismus,** 1992,
196 Seiten. ISBN 978-3-89085-746-6, DM 29,00

Band 8:
Norbert Boteram (Hrsg.): **Interkulturelles Verstehen und Handeln,** 1993,
360 Seiten. ISBN, 978-3-89085-810-4, DM 39,80

**Vereinigung der Freunde der Pädagogischen Hochschule Freiburg e. V.,
Kunzenweg 21, 7800 Freiburg**

Der **Zweck des Vereins** ist die Förderung der Aufgaben der Pädagogischen
Hochschule in Freiburg in Lehre und Forschung, der wirtschaftlichen und
sozialen Unterstützung, der kulturellen und sportlichen Betreuung der Studie-
renden und der internationalen Zusammenarbeit. Der Verein verfolgt dabei
ausschließlich und unmittelbar gemeinnützige Zwecke.

Die **Mitgliedschaft** erwerben kann jede natürliche Person, jede Gesellschaft
oder Handelsfirma sowie jede juristische Person des privaten und öffentlichen
Rechts, die sich zu den satzungsmäßigen Zielen des Vereins bekennt und
diese zu fördern bereit ist.

Die Mitglieder sind verpflichtet, einen jährlichen Beitrag, dessen Höhe in ihr
eigenes Ermessen gestellt wird, zu entrichten.